U0895199

本书为2016年度教育部人文社会科学重点研究基地重大项目『高考制度改革研究』（16JJD880029）之成果

高考形式与内容改革研究

张耀萍／著

高考改革研究丛书

刘海峰／主编

华中师范大学出版社

新出图证（鄂）字10号

图书在版编目（CIP）数据

高考形式与内容改革研究/张耀萍著. —武汉：华中师范大学出版社，2016.11

（高考改革研究丛书/刘海峰主编）

ISBN 978-7-5622-7612-8

Ⅰ.①高… Ⅱ.①张… Ⅲ.①高考—教育改革—研究—中国
Ⅳ.①G632.474

中国版本图书馆CIP数据核字（2016）第310454号

高考形式与内容改革研究

责任编辑：童 雯
责任校对：王 胜
编辑室：学术出版中心
电话：027－67867792
出版发行：华中师范大学出版社
社址：湖北省武汉市洪山区珞喻路152号
电话：027－67863426/3280（发行部）
027－67861321（邮购）
传真：027－67863291
邮编：430079
网址：http：//press.ccnu.edu.cn
电子信箱：press@mail.ccnu.edu.cn
印刷：湖北新华印务有限公司
督印：王兴平
封面设计：甘 英
封面制作：胡 灿
开本：710mm×1000mm 1/16
印张：19.25
版次：2016年12月第1版
印次：2016年12月第1次印刷
字数：335千字
定价：48.00元

欢迎上网查询、购书

总　序

高考是我国各类考试中最重要、影响最大的考试。高考改革不仅关系到国家创新人才的培养、学生的健康成长，而且关系到社会公平的维护、高等教育资源的分配，还涉及宏大的社会利益再分配问题，关系到维护我国改革发展稳定的大局，是一项“牵一发而动全身”的社会系统工程，具有综合性、系统性。高考改革事关教育全局，不仅已成为重大的民生议题，而且是教育领域中最复杂、最敏感的问题，受到民众和国家教育主管部门的高度关注。

2010 年 7 月正式颁布的《国家教育中长期改革和发展规划纲要(2010—2020 年)》列有关于招生考试的专门一章，即第十二章“考试招生制度改革”。在中国历次教育改革文件中，这是第一次将招生考试单独列出一章，足见此问题在现阶段的重要性。2012 年 7 月，国家教育考试指导委员会在北京成立，研究制定考试改革方案，指导考试改革试点。国家专门成立一个国家级决策咨询机构来指导高考改革实践，说明考试招生改革意义非常重大。2013 年 11 月，十八届三中全会通过了《中共中央关于全面深化改革若干重大问题的决定》，其中教育方面最主要的就是考试招生改革的内容。2014 年 9 月公布的《国务院关于深化考试招生制度改革的实施意见》，是恢复高考以来最全面、最系统的改革文件。以往也有各种各样的高考改革政策出台，但多数都是单项的或者某一个侧面的改革，而这次改革涉及考试招生的方方面面，是一个顶层设计的系统改革，标志着高考改革进入一个新阶段。

由于高考是一个至为复杂的大规模选拔性考试，是一项“横看成岭侧成峰，远近高低各不同”的制度，从某一特定的角度去观察，站在某一种特定的立场去评说，可能所见都是事实，所言也都有一定道理，但也可能会出现盲人摸象、各说各话的情况。因此，在评价高考时，重要的是全面和客观。

而要理性地、全面地评价高考，提出切实可行的改进意见，就应该对高考进行全面深入的研究。

中国是考试制度的发源地，不仅是一个考试古国，而且是一个考试大国。有些西方国家的大学入学考试只是一种测量手段，只是在小范围内引起关注，只是一个部分人关心的话题。然而，受传统和现实的制约，中国人却将高考变成了文化，变成了经济，变成了政治，变成了盛大的仪式，变成了一种备受关注的社会活动，变成了一种惯例式的全民动员。在有五千年悠久文化传统和千余年科举考试影响的中国，在一个幅员辽阔、人口众多、地域和城乡文化教育水平差异很大的中国，在民众高度重视甚至是过度重视教育的中国，高考既与世界各国的大学入学考试有相同的规律，也有不少独有的现象和问题。

长期以来，高考作为一项影响重大、关注度甚高的重要制度，总体而言是“三多三少”，即新闻报道多，理论研究相对较少；一般议论多，深入分析相对较少；零星探讨多，系统研究相对较少。近年来，情况有了一些改观，特别是 2012 年前后讨论异地高考政策问题，2014 年《国务院关于深化考试招生制度改革的实施意见》出台以后，出现了研究高考改革的热潮，许多相关论文见诸报刊。但是，对于整个高考制度还缺少系统的研究，尤其缺少真正有分量的高考改革研究著作。

高考改革是一个谁都能说得上两句的话题，但又是一个专业性很强的问题。要谈谈自己关于高考改革的观点，发表一两篇文章不难，而要深入阐述自己的观点，发表不重复的系列论文或出版专著却很难。为了将高考研究推向深入，并为现实高考提供决策参考和理论依据，在深入研究的基础上，特组织一套“高考改革研究丛书”。

作为中国高考研究的重镇，厦门大学考试研究中心一直将高考改革作为重点研究方向之一，推出了一系列研究论文和专著，研究成果为全国性的和部分省市的高考改革提供重要的理论支持。本丛书是中国第一套较全面、深入研究高考改革的丛书，对高考从理论、制度、政策、法治、内容、形式，到招生考试的区域公平、民族政策、效度和评价等各方面进行全面的研究，同时对美国、英国、法国、俄罗斯、加拿大、澳大利亚、日本和我国台湾地区的高校招生考试制度等进行了探讨；既有对高考制度的理论剖析，又有对高考改革的一些热点问题的专题论述；是从理论到实践、从宏观到微观、从国内到域外，对高考制度及其改革进行的全面而深入的研究。

“高考改革研究丛书”是对高考的基础性、系统性研究。2015 年，该丛书获得国家出版基金资助，出版社与丛书主编将原来已出版的十多本著作加以修订，并扩充至 22 本，使之成为一个更全面、成气候的书系。本丛书基本上由我自己的著作和历年指导通过答辩的高考研究博士论文、博士后出站报告为基础构成。在我历年指导的众多博士论文或博士后出站报告中，以高考研究为选题的占大多数。要想真正为高考改革提供参考，我们的研究应力求建立在对招生考试历史与现实充分了解的基础之上。为了使这些论文的写作不至于陷入空谈，我总是要求博士生和博士后多了解高考实际。多年来，以高考为选题的博士生和博士后一般都要到部分省市教育招生考试院等考试机构实习，真正深入招生考试第一线，多与考试管理工作者接触交流，这样他们才不会太书生气，所写论文才能脚踏实地。凡是研究别国高校招生考试制度的博士生和博士后，都通晓所在国的语言文字，并尽可能到研究对象国去搜集资料和实地调研，多位博士生和博士后都在研究对象国留学多年或做访问研究一年以上。

丛书中每本著作各有专攻，希望都能切中肯綮，真正做到既有学术价值，也有现实意义；对高考改革的顶层设计，对高考改革的顺利推行，进而对维护教育公平和社会稳定起到一定的作用。恢复高考 40 周年即将到来，相信本丛书的出版能够为高考改革提供理论支撑，为完善中国的考试招生制度贡献绵薄之力，作为一名上世纪的 77 级大学生，我深感欣慰。

刘海峰

2016 年 10 月 6 日

目　录

绪　论

第一节　问题的提出

在中国，高校招生入学考试制度是社会长期关注的热点问题。高考的重要性在于其衔接中等与高等教育的角色，向下影响中等教育的实施，向上影响高等教育的发展。因此，高考几乎与每一个曾经或正在就学的高中生、大学生都发生过直接或间接的联系，它对时代、社会、家庭产生巨大而深远的影响是毋庸置疑的。

现代产业社会中，人们社会地位的高低，取决于他拥有多少“社会资源”。除财富、权力、威望外，知识和技能也是重要的社会资源。由于社会资源的绝对量有限，因而在人们之间总是不平等地被分配着。人们获取社会地位的过程，实际上就是社会利用一定标准选拔适当群体，分配社会资源的过程。由于教育，特别是学校教育与社会资源中的“知识和技能”的获得有着重要的关联，因此现代社会的学校常被称为“筛选装置”，或被叫作“社会选拔和分配机构”。而在学校的各种教育制度中，考试制度是选拔和分配机构最富有战略性的部分①。因为考试是一种客观、合理而公正的能力评价手段，其彰显出的“公平竞争”、“能力优先”等价值取向确定了社会各方可以接受的分配社会资源的规则。高校入学考试制度，是学校各项考试制度的重要组成部分，是国家公平分配高等教育机会的主要手段之一。由于通过高等教育获得的学历的类型、层次与其后职业选拔、社会地位的竞争具有很高的相关性，因此入学考试通常具有很强的选拔性、竞争性，自然时刻处于社

① 张人杰：《国外教育社会学基本文选》，华东师范大学出版社，1989 年，第 152、160 页。

会公众的密切关注之中。

当前，我国高考不仅是一项教育制度，还是一项重要的政治制度和社会制度。它不仅负责为高等学校选拔生源，也承载着诸如维护社会公平、促进社会流动、稳定社会秩序、维护多民族国家统一①等多种社会功能。由于现阶段我国经济发展不平衡，各地区、各行业之间的贫富差距不断扩大，家庭对子女就业、从业及其职业发展前途的关注程度越来越高，独生子女政策的推行，使得原先多子女家庭中，父母对某一个或几个子女的升学期望全部集中于目前的一个子女身上——考上了就是百分之百的成功，没考上就是百分之百的失败，因此对子女的期望和压力更大②。社会公众对高考关注的持续升温，进一步强化了高考的社会功能，而使其受到更高的期望与更严密的监察。这样，看似单纯的高校入学考试制度逐步突破学校的范围而深入影响到社会的方方面面，也为高考制度的改革增添了难度。

考试内容与考试形式是考试制度的重要组成部分。借助科学、适当的内容和形式，考试可以促进教育教学水平的提高。早在 1978 年，邓小平就曾在全国教育工作会议上指出，考试是检查学习情况和教学效果的一种重要方法，如同检验产品质量是保证工厂生产水平的必要制度一样。要认真研究、试验，改进考试的内容和形式，使它完善起来③。高校招生统一考试制度（简称高考）自 1952 年建立以来，考试内容与形式经历了一系列的变革与调整，特别是 20 世纪 90 年代末以来，高考内容与形式更是进入改革的密集期，但社会各方对高考内容与形式的责备与批评却仍然不绝于耳。

统一高考建制 60 多年来，不少人认为“繁、难、偏、旧”一直是我国中学考试内容的主要特征④。尽管改革不断，但高考仍然无法脱离“以考核学生的知识和技能为主”的状况⑤。只注重对学生知识数量的考核，而轻视对学生能力的考查，导致了学生的高分低能，成为素质教育难以顺利推行的

① 刘海峰：《高考改革的教育与社会视角》，《高等教育研究》2002 年第 5 期，第 35～36 页。

② 刘海峰：《高考改革的统独之争》，《教育发展研究》2006 第 11A 期，第 49 页。

③ 杨学为：《高考文献》（下），高等教育出版社，2003 年，第 89 页。

④ 周先进、赵风雨：《新课程改革背景下的考试内容和考试形式的构建》，《学科教育》2004 年第 8 期，第 23 页。

⑤ 金一鸣、唐玉光：《中国素质教育政策研究》，山东教育出版社，2004 年，第 21 页。

瓶颈。统考制度中实行统一考试试题、标准答案，甚至被指责为：使得中国教育死水一潭，是直接扼杀人才、泯灭民族创造力的罪魁祸首[①]。而在部分中学生眼中，高考已俨然成为新八股：是对我们创造力的无情压杀，我们必须服从教材才能得到高分，面对试卷上刁钻古怪、离实际生活十万八千里的题，我们要硬着头皮做，不准问为什么，因为成绩是唯一标准[②]。

对高考内容改革中关于命题和试题的一系列问题的责难，也连带地引发了对高考形式的批判与讨论。其中，要求废除全国统一高考形式一直是一股激进的力量。1998 年，孙绍振教授以语文高考中不断出现的偏题、怪题为由，批判语文高考命题混乱，并日益以学生为敌，进而要求改革束缚着试题的高考体制，提出当前最为迫切的任务就是要及早废除全国性统一的高考体制[③]。此举拉开了近十年来关于高考存废之争的序幕。2001 年，顾海兵在《中国高考制度批判：计划经济式的考试可以休矣!》一文中再次提出废除统一高考，指出统一高考已背离了公平公正的原则，背离了正当竞争的原则，背离了科学原则，亟待进行批判[④]。2006 年《中关村》杂志上更有文陈列了高考的七宗罪名：考试至上，素质滑坡；目标缺失，理想倒置；违背规律，漠视人性；扼杀创造，散落文明；片面功利，教育错位；资源浪费，脑力衰微；信息封锁，公信力差[⑤]。这使得对统一高考的批判更加白热化。

社会公众对高考内容和形式的批判是否客观、合理？高考内容为何会出现“重知识轻能力”“重客观题，轻主观题”“重统一标准，轻弹性标准”？改革要如何实现由知识立意、能力立意向素质立意转变，克服命题的混乱，既考查出学生的能力，也让学生的素质得以提高？高考形式为何出现“重统一、轻多样”？统一高考形式在现阶段是否已没有存在的必要？高考形式改革要如何配合高考内容的革新才能既促进中学素质教育、课程改革的推行，又有利于高考选拔人才？这些问题都是当前高考制度改革中亟待回答的，急

---

① 冯增俊：《全国统一高考制度与中华民族创新精神》，《华东师范大学学报》（教育科学版）2001 年第 4 期。

② 李明明：《一个高三学生眼中的高考》，《北京文学》2006 年第 1 期，第 121 页。

③ 孙绍振：《废除全国统一高考体制——孙绍振对高考说“不!”》，《艺术·生活》1998 年第 6 期，第 13 页。

④ 顾海兵：《中国高考制度批判：计划经济式的考试可以休矣!》，《中国改革》2001 年第 10 期，第 12 页。

⑤ 明子：《高考“七宗罪”》，《中关村》2006 年第 8 期，第 88～90 页。

需从理论上进行深入探讨，为改革提供科学依据。

第二节　相关概念的界定

一、高考

高考泛指高等学校招生统一考试制度，既包括以普通高中毕业生为主要对象的普通高校本专科招生统一考试制度，也包含以在职在业人员为主要对象的成人高等学校招生统一考试制度。本研究以前者，以普通高考为主要对象。自1952年统一高考建制以来，普通高校招生逐渐采用全国规模的统一招生，实行统一的计划、统一的组织领导、统一的报考、统一的录取调配①。其中，统一招生和统一考试是两个最重要的环节。一般而言，考试是招生录取的手段之一，招生录取可采用包含考试成绩在内的多种标准，招生的含义大于考试。由于长期以来高校招生主要以入学考试成绩为录取的唯一标准，理论和实践中容易将这两者混为一谈，将招生等同于考试，或将因招生引发的问题或弊端迁怒于考试。因此，笔者认为，在探讨和研究高考制度时，应该区分招生与考试这两个紧密联系而又性质不同的概念。

中外考试发展的经验都表明，考试以其甄别、测试、评价的功能在人才选拔中发挥着日益突出，甚至是不可替代的作用。当前，随着高等教育入学人数的急剧增加，各国大学利用考试成绩作为招生录取标准也越来越成为通用的做法。尽管考试成绩在录取中的比重不同，考试的类型、形式各异，但完全不借助任何考试而进行招生录取的现象仍然是难以想象的。鉴于此，本书将研究的重点放在考试上，文中的高考制度，主要是指为普通高等学校招生而进行的统一考试制度。

二、高考内容

考试内容是教育部门为测试受教育者的学习结果，有目的、有计划地安排的考核内容。它是实现考试测量、甄别、评价人才功能的核心环节。高考内容是一个约定俗成的概念，指的是“考什么”的问题。由于把握与了解的角度不同，学术界对这一概念的解释也存在一定的差别。例如，杨学为认

① 杨学为：《高考文献》（上），高等教育出版社，2003年，第22页。

为，对于高考来说，考试内容主要有两个方面：一是考试科目的设置问题；二是考知识与考能力的问题。也有学者提出，高考内容有广义和狭义之分。广义的内容是指高考要考什么，既包括考什么科目，也包括每一科目要考的内容；狭义的内容就是各个科目所要考查的内容[①]。高考内容改革的重点是命题改革，本书对内容改革的研究主要集中在宏观的命题立意上，即是考知识、能力还是考素质。由于具体的考试内容需要借助一定科目为载体才能实现考测的目标，因此本书涉及的高考内容不可能绕开高考科目，但对高考科目的探讨与论述主要为高考内容服务。

三、高考形式

考试形式是为完成考测目标，以一定的考核内容为载体，组织实施考试的方式方法。相对于考试内容关注“考什么”，考试形式则侧重“怎么考”的问题，它与特定的考测目标、具体的考试内容紧密相连。考察以往的高考研究，学者们对高考形式的提法与界定五花八门，大致可归纳为宏观、中观和微观的高考形式。

宏观的高考形式即高考的组织形式，是就整个高考制度而言的，体现整体考试制度的结构方式和表现方式，涉及的内容有高考由谁来组织：是国家、地方还是高校；以什么形式组织：是采用全国统一考试、地方分别组织还是高校单独考试，是使用一次高考、二次高考还是多次高考。

中观的高考形式是就高考内容在学科、科目上的选择而言的，是高考内容的组合形式以及实施形式。它包括高考的分类形式（文史类、理工类、医农类等)、高考的科目组合形式（“3＋2”、“3＋X”、“3＋大综合”、“3＋文/理科综合”、“3＋大综合＋1”等）以及高考考试方法（口试、笔试、实验、操作考试，开卷、闭卷考试）等方面。

微观的高考形式是相对具体的、各门考试科目的内容而言的，主要指考试的题型（主观题、客观题，开放题、半开放题或封闭式题等)。我国从 20 世纪 80 年代实行的标准化考试就是作为一种考试形式而出现的。

为使研究更具针对性，本书中的高考形式主要指宏观的考试形式，即高考的组织形式。笔者将高考形式定义为：为高校招生录取服务，以考试为手段，在既定考查内容的基础上组织实施考试的方式和方法。

① 李立峰：《高考科目与内容改革》，厦门大学硕士学位论文，2003 年，第 4 页。

第三节 相关研究回顾

高考内容与形式改革是一个既老又新，既涉及理论又涉及实际操作的复杂问题。直接以高考内容与形式为题的研究，学术界还不是很丰富，大多数的研究成果主要散落在专著和单篇论文中。有关本研究之重要文献，按类别分项评析如下：

一、高考制度的宏观研究

（一）主要研究著作

刘海峰等的《中国考试发展史》（2002 年），谢青等的《中国考试制度史资料选编》（1992 年），杨学为的《中国考试史文献集成》（2003 年）等，以大量的史实、文献资料对我国古代、近代、现代考试制度，包括科举考试、学校教育考试、国家公务员或职业资格考试的产生、发展、演变进行了详细的介绍。其中部分章节对近代大学入学考试制度以及 20 世纪 50 年代后建立的高考制度的介绍与评论，为本研究提供了大量的研究史料。特别是杨学为的《高考文献》（上、下）（2004 年），收集了 1949 年至 1999 年 50 年间包括中共中央、国务院、教育部（高教部、国家教委）、有关部委、总政治部的有关高考的文件、领导人讲话、简报、资料及报刊社论、文章，为研究中国高考 50 多年的历史提供了基础性的资料。

唐佐明、黄国勋的《高校招生体制改革研究》[①]（2000 年）比较完整地介绍了我国现行高校的招生体制，除了理论探讨外，也以广西、上海、广东等地高校招生工作的改革实践为例，分析了当前高校招生体制改革出现的问题与改革构想。该文认为，当前我国招生体制正处于不断的改革之中，但改革不能头痛医头、脚痛医脚，必须从理论上对高校招生体制改革进行研究。要立足我国国情，从高等教育思想观念的高度予以审视，以面向 21 世纪的高等教育思想观念，审视面向 21 世纪的我国高等教育的发展趋势、高等教育体制改革的走向。由此，作者指出，当前我国高校招生体制改革应该着重对计划管理体制、招生考试体制、新生选拔体制、招生管理体制以及与此密

① 唐佐明、黄国勋：《高校招生体制改革研究》，广西师范大学出版社，2000 年。

切相关的高校收费制度进行整体改革。

《中国考试改革研究》[①]（2001年）是教育部考试中心原主任杨学为先生从事考试管理工作多年后积累的考试研究论文集。文中比较宏观地把握了高考制度的发展与改革。其中《恢复高考廿年——兼论高考与社会、经济关系》、《高考改革与国情》等文，深刻剖析了高考制度存在的社会背景以及出现高考竞争的社会根源。作者认为，高考不是单纯的教育问题，脑体差别是高考竞争的根源，高考实际上起着普通高中毕业生第一次遇到的社会分工的作用，是社会竞争的手段。这些观点都对本研究十分有价值。

韩家勋、孙玲的《中等教育考试制度比较研究》（1999年）[②] 介绍了英、美、法、德、日、韩等国中学毕业考试与升学考试的由来、现状与发展趋势，并就世界各国共同关心的考试制度，考试科目、内容、方法，考试的控制与管理，考试与社会的关系等问题进行了深入的研究。此外，介绍和评论国外大学入学考试制度的著作还有康乃美等的《中外考试制度比较研究》[③]，Myths and Tradeoff：the Role of Tests in Undergraduate Admissions（Steering Committee for the Workshop on Higher Education Admissions）[④]，James Crouse 和 Dale Trusheim 的 The Case Against the SAT[⑤]，Rebecca Zwick 的 Fair Game：The Use of Standardized Admissions Tests in Higher Education[⑥] 等。这些著作为本书了解与分析国外大学入学考试制度提供了很好的材料和视角，参考价值自然不言而喻。

此外，博士学位论文：田建荣的《中国考试思想史》（2001年）、郑若玲的《考试与社会之关系研究——以科举、高考为例》（2006年）、刘清华的《高考与学校教育的关系研究》（2003年）、杨李娜的《台湾的大学入学

① 杨学为：《中国考试改革研究》，北京大学出版社，2001年。

② 韩家勋、孙玲：《中等教育考试制度比较研究》，人民教育出版社，1999年。

③ 康乃美、蔡炽昌：《中外考试制度比较研究》，华中师范大学出版社，2002年。

④ Steering Committee for the Workshop on Higher Education Admissions. Myths and Tradeoff：the Role of Tests in Undergraduate Admissions. National Academy Press，1999.

⑤ James Crouse and Dale Trusheim. The Case Against the SAT. The University of Chicago Press，1988.

⑥ Rebecca Zwick. Fair Game：The Use of Standardized Admissions Tests in Higher Education. Routledge Falmer，2002.

考试制度研究》（2003 年），硕士学位论文：李立峰的《高考科目与内容改革研究》（2003 年）等的研究成果也给本研究以不同程度的启发。

（二）主要期刊论文

高考宏观研究的成果更多集中于单篇的论文之中，其中以厦门大学考试研究中心的高考理论研究最为突出。该中心主任刘海峰教授长期致力于科举与高考制度研究，发表了一系列研究论文。他认为，高考并非“素质教育”的对立物①，也并非“一试定终身”②。尽管当前高考引起了诸如倾斜的高考分数线、高考竞争日益激烈、高考科目与考试负担以及追求高考升学率等问题，但产生这些问题的根源并不在高考，而是在社会竞争。只要社会竞争存在，高考的竞争就无法避免③。由于高考是各种教育及社会矛盾的集合点，受政治、经济、传统文化等多种因素的制约与影响④，改革存在着一系列的两难。例如，统一考试与考察品行的矛盾、统一考试与选拔专才的矛盾、考试公平与区域公平的矛盾、保持难度与减轻负担的矛盾⑤、考测能力与公平客观的矛盾、灵活多样与简便易行的矛盾、扩大自主与公平选才的矛盾、考出特色与经济高效的矛盾。因此，高考改革中应把握全局观，兼顾这些两难问题的两端，掌握平衡点，本着循序渐进的原则，既积极又稳妥地推行高考改革⑥。而在现阶段，应着力于建立以统考为主的多元招生考试制度⑦。与刘海峰教授相同，张亚群教授与郑若玲教授也是统一高考制度的积极支持者。张亚群认为，高考改革既要结合时代背景，也要立足本国实际，

---

① 刘海峰：《坚持统一高考的必要性》，《中国考试》1997 年第 2 期，第 27 页。

② 刘海峰：《高考并非“一试定终身”》，《高等教育研究》1997 年第 5 期，第 55 页。

③ 刘海峰：《高考竞争的本质与现象》，《高等教育研究》2006 年第 12 期，第 27～31 页。

④ 详见刘海峰系列论文：《传统文化与高校招生考试改革》，《上海高教研究》1995 年第 3 期；《再论传统文化与高考改革》，《上海高教研究》1996 年第 1 期；《高考改革与政治经济的关系》，《教育发展研究》2002 年第 6 期；《传统文化与两岸大学招考改革》，《高等教育研究》2004 年第 3 期。

⑤ 刘海峰：《高考改革中的两难问题》，《高等教育研究》2000 年第 3 期，第 36～38 页。

⑥ 刘海峰：《高考改革中的全局观》，《教育研究》2002 年第 2 期，第 21～25 页。

⑦ 刘海峰：《高考改革何去何从》，《教育研究》2005 年第 3 期，第 29 页。

而不是片面地追求“与国际接轨”，高考无论怎么改，统一高考在高校招生中的主导地位都不可替代，这是由中国国情决定的[①]。尽管当前高考要向多样化发展，要留给高校根据层次和学科特点自主录取学生的空间，但这不是简单地否定统一高考制度[②]，改革的根本取向与长远目标，不是完全以高校单独考试取代全国统一考试，而是要增加统一考试的类型，强化其针对性与适应性[③]。对于统一高考长期施行后产生的一系列弊端，他认为，要减少这些负面影响是一项长期而艰巨的任务，需要从文化传统、人事制度、教育与考试制度等方面进行配套改革[④]。郑若玲认为，当前高考改革常陷入理想与现实的矛盾与冲突中，这既受制于中国的政治、经济和教育国情，亦有传统文化影响之根源[⑤]。在中国目前的国情下，高考仍有坚持的必要性；而在坚持高考的诸多理由中，公平是最重要的因素之一。考试制度的改革，若改掉公平，就等于革自己的命[⑥]。因此，高考改革必须凸显公平[⑦]。

此外，潘懋元、覃红霞的《高考：从选拔性考试到适应性考试》(2003年)，杨学为的《片面追求升学率对高考的启示》(2006年)、《全国统考中共性与个性的矛盾》(2002年)、《高考改革与国情》(1999年)，杨东平的《高考制度是否应该废除》(1997年)，扈中平的《高校招生改革：挑战社会诚信》(2006年)，裴云的《公平与效度：统一招考与自主招考比较的两个指标》(2003年)，顾明远的《试论高考制度的改革》(1999年)，孙东东的《走出高考认识误区，推进高考实质性改革》(2004年)等也从宏观上为本研究提供了重要的参考价值。

---

① 张亚群:《高考的“改”与“不改”》,《社会观察》2006年第9期，第23页。

② 张亚群:《高校招生体制改革的契机与导向》,《教育发展研究》1999年第9期，第59页。

③ 张亚群:《高校自主招生不等于自行考试》,《教育研究》2005年第3期，第34页。

④ 张亚群:《科举革废与近代中国高等教育的转型》，华中师范大学出版社，2005年，第262页。

⑤ 郑若玲:《高考改革的理想与现实》,《上海机电技术高等专科学校学报》2004年第6期，第130页。

⑥ 郑若玲:《高考改革与公平》,《湖北招生考试》(理论版) 2004年第10期，第15、19页。

⑦ 郑若玲:《高考改革必须凸显公平》,《教育研究》2005年第3期，第36页。

二、高考内容改革研究

（一）相关著作述评

李立峰的硕士学位论文《高考科目与内容改革研究》① 是与本研究直接相关的文献资料。在文中，作者梳理了古今中外大学招生考试科目与内容的发展历程，分析了当前改革存在的问题，并从教育学、心理学、社会学、考试学等视角探讨了高考科目与内容改革的理论基础以及改革的影响因素。该研究得出以下结论：

（1）高考科目与内容改革必须遵循教育内外部关系规律，改革既要受到教育和考试内部因素的影响，也要受到外部政治、经济、文化等诸多因素的制约，同时它又能能动地反作用于政治、经济、文化及教育制度。

（2）高考科目与内容改革在坚持能力考测的方向下，必须注重教育测量学、统计学及计算机技术的应用；但由于考试自身缺陷的存在，也要改变过分倚重考试的观念，树立科学合理的考试价值观。

（3）高考科目与内容改革要遵循一定的原则，在全面衡量、统筹兼顾的基础上循序渐进地推行。

（4）高考科目与内容改革必须适应高等教育大众化的需求，单一的考试内容和形式已制约了类型各异、层次不同的高校的发展，分类考试是大众化时代的必要选择。

还有一些著作以某科高考试卷为分析框架，分析高考内容的社会性，展现出独特的研究视角。例如，余秀兰在《中国教育的城乡差异——一种文化再生产现象的分析》② 一书中，运用布尔迪厄的文化再生产理论，选取 1992 年至 2001 年高考语文试卷为对象，通过分析 10 年间高考语文试卷的结构以及试卷内容的选择，考察中国城乡存在的文化偏向。研究结果表明，此 10 年高考语文试卷中存在一定程度的不利于农村考生的文化偏向。张行涛的《必要的乌托邦：考选世界的社会学研究》③，也曾以 1978 年至 2000 年语文

① 李立峰：《高考科目与内容改革研究》，厦门大学硕士学位论文，2003 年。

② 余秀兰：《中国教育的城乡差异——一种文化再生产现象的分析》，教育科学出版社，2004 年。

③ 张行涛：《必要的乌托邦：考选世界的社会学研究》，北京师范大学出版社，2003 年。

高考阅读题和作文题为分析框架之一，研究“考选世界”的权力运作与控制形式。作者认为，作为考试内容的体现形式的考卷是社会统治阶级价值观念的体现，蕴涵着社会主流意识形态。

此外，杨学为的《考试社会学问题研究》（2003 年）、蒋超的《高考对话录——困惑与希望》（1993 年）等著作的相关章节也对高考内容进行了深入的探讨。

（二）主要期刊论文

期刊方面，学术界对高考内容的研究成果有：

针对当前教育界对高考内容的批判，不少学者认为，现阶段我国高考内容改革要着重处理好考全面与考倾向、考知识与考能力、考文化与考素质等问题[①]。高考的内容应充分体现改革性和时代性，发挥“指挥棒”的正确导向作用[②]。对于当前高考内容如何实现从知识立意向能力立意转变，有学者指出，要对高考的题型进行功能改造，高考命题应注意转变传统的学科体系观念，不过分强调学科知识内容的覆盖率，创设一些相对新颖的情境，考查学生运用已有知识解决问题的能力，增加实验题型和非客观题的比重[③]。唐滢在《素质教育视野中的高考改革——兼论高考内容改革从知识立意到能力、素质立意的演进》一文中指出，从近年来高考命题立意的改革实践可以看出，高考目标即是素质教育目标，但高考对于素质教育质量的评价具有一定的局限性。因此，一方面要看到高考命题原则由“知识立意到能力、素质立意”的转变，对促进高考自身的良性发展以及发挥高考对素质教育正面的导向作用将产生积极影响；但另一方面，也不能过分夸大高考的功能[④]。

高考内容的公平问题也是学术界讨论的重要问题之一。有学者认为，高考命题中考测能力与考测知识两者之间存在着公平与效率的张力。一方面，

① 袁祖望：《高考内容改革的若干问题》，《教育评论》1999 年第 3 期，第 26～27 页。

② 马文卿：《改革高考内容是时代的要求》，《山东教育科研》1999 年第 4 期，第 47 页。

③ 陈文晋、徐琼：《高考内容改革的若干思考》，《湖北招生考试》（理论版）2003 年第 10 期，第 15～16 页。

④ 唐滢：《素质教育视野中的高考改革——兼论高考内容改革从知识立意到能力、素质立意的演进》，《教育发展研究》2004 年第 7—8 期，第 68 页。

试题应给考生发挥创造性的空间；另一方面，试题也应避免出现性别、城乡及文化背景的歧视内容①。当前高考内容改革中增设能力型和应用性考题，表现出一定的城市价值倾向，对农村考生不利②。以语文高考命题为例，当前语文高考力图在命题中贯彻人本性、素养性、表现性等原则，改变以往命题偏重工具性而忽视语文人文性的偏差，注重考查学生的语文素养，由此语文考试的题型有了较大变化。这种弱化语文文字训练，强化语言表达与思维的举措在一定程度上让城镇学生更加受益③，造成了一定的不公平。

此外，对高考内容的研讨也有从教育统计、测量学等角度展开的。例如，丁树良等人的《用信息量控制测试误差的几个问题》(2002 年)、戴海崎的《高考等值试验的几个相关问题研究》(2003 年)、徐欣辛等人的《大规模口语测试的实践与质量——上海市计算机辅助高考英语口试》(2003 年)、雷新勇的《上海市高考“3+1”科目组测量误差研究》(2004 年)、钱钟的《选考科目的总分计算问题》(2003 年) 等。这些研究成果也为本书很好地把握高考内容提供了另一视角。

三、高考形式改革研究

直接以高考形式为题的研究著作学术界所见不多。除刘海峰等著的《中国考试发展史》(2002 年) 的相关章节以及笔者的硕士学位论文《高考形式改革研究》 (2004 年) 涉及之外，多数研究成果均反映在单篇的期刊论文中。

田建荣是较早进行高考形式研究的学者之一。他指出，高考形式涉及内容极为广泛，包括开考次数、考试的方式方法、考试题型的设计等。在《高考形式的统一性与多样性》一文中，他对“春秋两次高考”“高职、普高分开招考”以及“高校自主招生招考”三种高考形式进行了“现实性”分析。

① 刘海峰：《高考改革中的公平与效率问题》，《教育研究》2002 年第 12 期，第 83 页。

② 李立峰：《高考科目与内容改革中的公平问题》，转引自：《公平与效率：21 世纪高等教育改革与发展》，福建教育出版社，2003 年，第 405 页。

③ 张耀萍：《区域性高考改革中应协调的几对关系——兼论我省新高考改革的走向》，《福建教育》2006 年第 12 期，第 15 页。

他认为借鉴历史经验，博采各国考试制度之所长，根据我国具体国情，今后仍实行“大一统”的国家高考或纯粹让各高校实行自主招生考试都是不现实的，也是不科学的。只有坚持在统一高考基础上走多元化大学入学之路，才会有持久的生命力与光明的前景①。

高考的“统”与“独”之争是高考形式改革长期研究的内容之一。主张坚持统一高考，即“统派”的观点主要体现在刘海峰②、雷颐③、黄光扬④、张亚群⑤、郑若玲⑥、李均⑦等学者的系列论文中。主张废除统一高考、实行“宽进严出”或高校自主招考的，即“独派”的观点可参考顾海兵⑧、黄全愈⑨、唐安国⑩等学者的系列论文。

“考试次数”是另一高考形式长期研究的内容。1999 年天津市教科院等单位在进行《高考制度改革研究》课题的研讨、调研和访谈时发现，调查对象中赞成两次高考的占多数。在分析多种“两次考试”形式的利弊后，课题

---

① 田建荣：《高考形式的统一性与多样性》，《高等教育研究》2000 年第 4 期，第 45～48 页。

② 刘海峰：《传统文化与高校招生考试改革》，《上海高教研究》1995 年第 3 期；《再论传统文化与高考改革》，《上海高教研究》1996 年第 1 期；《高考存废与科举存废》，《高等教育研究》2000 年第 2 期；《高考改革的统独之争》，《教育发展研究》2006 年第 11A 期；《在理想与现实之间——三论坚持统一高考》，《高等教育》1998 年第 2 期。

③ 雷颐：《教育与社会》，《中国教师》2004 年第 2 期；《珍惜考试》，《大学生》1997 年第 10 期。

④ 黄光扬：《高考给我国社会带来更多的是福音》，《中外教育》1997 年第 3 期。

⑤ 张亚群：《理性认识高考负面影响》，《粤海风》2003 年第 2 期。

⑥ 郑若玲、杨旭东：《高考改革：历史与现实的思考》，《厦门大学学报》（哲学社会科学版），2003 年第 1 期。

⑦ 刘海峰、李均：《中国高校不宜推行“宽进严出”》，《高等教育研究》1996 年第 3 期。

⑧ 顾海兵：《中国高考制度批判：计划经济式的考试可以休矣!》，《中国改革》2001 年第 10 期。

⑨ 黄全愈：《“高考”在美国：旅美教育学专家眼里的中美“高考”》，北京师范大学出版社、广西师范大学出版社，2003 年。

⑩ 唐安国：《改革是向传统问题的挑战——与刘海峰同志商榷》，《上海高教研究》1995 年第 5 期；《试论上海高校实行“宽进严出”办学模式的必要性与可行性》，《上海教育研究》1995 年第 7 期。

组认为，两次考试形式的方案以“先专科后本科”更切合实际，而且容易操作①。笔者也曾撰文《关于“二次高考”的理论思考》对此问题进行探讨，认为当前“二次高考”有着不同的类型，不仅包括时间多元的“春秋二次高考”，标准多元的“重点与非重点学校、本科与专科二次高考”，还包括组织主体多元的“国家（或地方）统考与各校单考相结合的二次高考”。从理论上看，“二次高考”有利于弥补目前统一高考制度存在的诸如“共性多、个性少”以及“一锤定音”的缺陷，是我国高考形式改革在未来一段时间的发展方向；但在现实条件下，“二次高考”的全面推行仍受到经济和教育本身诸多因素的限制，需要在充分考虑各方面因素的前提下循序渐进地推行②。

此外，还有部分期刊论文也对本研究具有重要意义。例如，苏尚锋的《分类·构架·编码——考试形式和内容的社会控制》(2004 年)，顾海兵的《高考与统一高考之辩——兼与孙东东教授商榷》(2005 年)，刘清华的《高校分类发展与高考制度改革》(2005 年)，乔丽娟、张景华的《统一高考制度下的试卷多样化研究》(2005 年)，樊本富的《统一与自主：高考改革之争》，张亚群的《高校招生考试改革趋向辨析》(2002 年)、《理性认识高考负面影响》(2003 年)、《从单独招考到统一招考——民国时期高校招生考试变革的启示》(2005 年)，卢艳红的《我国普通高校高考形式改革初探》(2002 年)，杨曾宪的《质疑高考改革的形式化趋势》，晏扬的《争鸣：高考改革首要任务是改内容还是改形式》等。

第四节　研究的切入点与研究思路

一、研究切入点

改革，无论是什么领域的改革，都涉及最根本的利益调整和利益分配。社会改革的实质是权力和利益的再调整与再分配过程，改革过程涉及广泛而深刻的物质利益调整与物质利益冲突。长期以来，高考形式、内容的改革一

---

① 张华等：《全国普通高校招生选拔制度的论证报告——兼谈每年举行两次高等学校招生考试的必要性与可行性》，《天津市教科院学报》1999 年第 4 期，第 9～13 页。

② 张耀萍：《关于“二次高考”的理论思考》，《考试研究》2003 年第 2 期，第 51 页。

直陷入左右为难、举步维艰的两难境地，原因之一就在于改革牵涉的各利益主体之间的冲突日益激烈，矛盾难以调和。高考改革必须从利益集团的冲突中寻求前进的依据。抓住利益矛盾及其协调这一主线，是保证高考改革在稳定的社会政治环境下得以顺利进行的基本前提。因此，本研究拟以高考形式、内容改革中涉及的利益冲突为切入点，分析围绕高考形成的利益格局，并以各利益主体的利益博弈为视角，探讨其如何对当前高考形式、内容产生影响。同时，本研究也力图探讨建立有效的利益协调机制，为推进高考形式与内容改革提供助力。

二、研究基本假设

针对以往研究中涉及较少的问题，在已有研究的基础上，通过广泛收集资料和阅读文献，本研究提出以下几点基本研究假设：

(1) 高考制度“统一性”特征明显，是植根于中国特定的政治、经济和文化土壤之中。撇开政治、经济和文化的特殊性而匆忙“废统立独”，实际上是没有认识到统一高考长期实行后所产生的巨大社会影响。

(2) 长期以来，高考制度承载着太多教育与社会功能，这是引发公众对统一高考关注与争论的源头。而高考过强的统一性，即以一张考卷、一次考试、一项分数选才，已越来越不能满足教育和社会发展的需要。多元化、多样化、多层次化是我国当前高考改革的发展方向。

(3) 当前高考制度改革中，政府、高校、中学、考生和家长是最主要的利益主体，他们的利益差别是客观的。改革必须正视不同主体之间的利益冲突，建立平衡和协调各方利益的制度。

(4) 兼顾公平选才与科学选才是高考制度改革的长远目标。高考形式逐渐从统一走向多样，高考命题强调以能力、素质立意取代知识立意，是高考制度追求科学选才的重要途径，但并不能因此而忽视考试选才的公平性。其中，高考内容的公平应受到足够的重视。

三、研究思路

高考制度改革是一项系统工程，高考内容与形式改革是其中复杂的子系统。尤其内容改革既是高考改革的重点，也是高考改革的难点。对这一复杂的问题进行研究是相当困难的。因此，本书力图从历史的、比较的视野探讨古今中外高校招生入学考试制度的发展历程和演变规律，对改革中涉及的教育问题、社会问题进行一定的理论分析，以期比较全面而系统地把握改革的发展态势与发展方向。具体而言，本研究的框架结构如下：

1. 高校招生考试的形式与内容的历史考察

对民国时期及高考制度建制后高校招生入学考试形式与内容的发展历程进行梳理，探索考试内容的演变规律，描绘入学考试形式的发展轨迹，分析不同历史时期高校招考内容和形式形成的原因，并着重探讨考试内容、形式与政治、经济、文化发展的关系。

2. 高校招生考试形式与内容的国际比较

选择美、英、韩三国大学入学考试内容和形式为对象，分析其考试内容、形式的历史演变及其特点，试图探讨其演变过程中考试的规律，并预测大学入学考试内容、形式改革的趋势和走向，以期对中国高考改革有所裨益。

3. 高校招生入学考试形式与内容的多样化探讨

在梳理高考的“统独之争”基础上，对这一争论中涉及的“教育与考试”、“高考的教育逻辑与社会逻辑”以及“科学选才与公平选才”等矛盾进行分析，以明确统一高考与单独招考的关系。同时，对当前高考形式和内容的多样化试点进行归纳与述评，并对多样化的发展自由度进行探讨。

4. 高考形式、内容改革中的利益博弈分析

对高考形式和内容改革中涉及的利益主体及其各自的利益诉求进行归纳和探讨。运用博弈理论中的“纳什均衡”作为分析框架，具体分析高考形式、内容改革中出现的利益博弈，以及由此形成的利益格局对高考形式和内容改革产生的影响。

5. 高考内容和形式的公平性研究

以某普通高校2006级新生高考成绩为个案，分析高考分数与性别、家庭出身及其社会阶层的关系，以此探讨高考形式（分省命题）的公平性。此外，以某省2005年语文、外语等科考卷为对象，分析不同性别、生源地的考生对各题的作答情况。运用SIBTEST方法对这两科高考试题中的客观题进行项目功能差异检测，分析该省高考内容的公平性。

6. 结语

综合前面的分析结果，提出本研究的基本结论，以及高考形式、内容改革的基本走向。

第五节 研究方法

本书采用定性与定量相结合的研究方法。具体来说，主要包括以下几种：

一、历史文献法

本研究方法主要用于梳理大学入学考试内容与形式的演变历程，通过查阅相关历史文献资料勾勒大学入学考试形式的发展脉络，总结考试内容的发展规律。此外，借助对国外相关资料的整理与分析，介绍和评述世界发达国家大学入学考试制度的发展历程，探索共同发展趋势，为中国高考改革提供可资借鉴的经验与做法。

二、实证研究法

实证研究方法在本书中主要集中于高考内容、形式的公平程度的分析上。在数据处理上，运用 SPSS 统计软件，对有着不同家庭背景的学生的高考成绩进行差异性检验；同时采用 SIBTEST 软件，对高考试卷进行 DIF (项目功能差异) 检验，考察某省分省命题的试题公平性。此两项研究结论可为研究高考内容、形式改革的公平性提供实证资料。

三、调查访谈法

本书以某省一级达标中学为对象，对其师生进行问卷调查与访谈。了解中学师生对高考内容与形式改革的具体看法。通过访谈部分中学教师，了解中学新课程改革实际。就高考内容与形式改革如何更利于中学教学，提供中学教师的意见与建议。

此外，书中某些部分还运用了多学科研究法和比较法。

第一章　高校招生入学考试形式与内容的历史革变

高等学校招生入学考试连接中学与大学，改革牵动学校、家庭与社会，有“牵一发而动全身”之势。民国时期高等学校主要采用单独招考录取新生，对当时人才培养、教育和社会的发展都产生了重要影响。新中国成立后，于1952年建立了全国普通高校招生统一考试制度。近年来随着统一高考的弊端日益凸显，许多改革者、研究者纷纷把目光投向民国时期的高校招考制度。有学者甚至认为民国时期高校单独考试、自主招生是解决当前中国统一考试模式众多弊病的良药。本章将对民国时期以及统一高考建制后高校招生入学考试形式与内容的发展历史进行梳理，勾勒考试形式的发展脉络，总结考试内容的演变规律，并分析它们与社会发展的关系。

第一节　民国时期高校招生考试制度的发展演变

民国教育是中国近、现代教育发展史上一个极其重要的发展阶段。这一历史阶段正值中国封建主义教育向资本主义教育发展的转折时期，又是中国传统旧教育走向新教育的过渡时期，也是中国教育与西方教育相融合时期①。其间推行的许多教育政策、教育改革在当前仍具有一定的借鉴意义。

从形式上看，民国时期的高校招生入学考试以单独招考为主。以1938年—1940年短暂实行的三年统一招考为界，可将民国时期高校入学考试制度分为统考之前的各校单独招考、短暂实行的统考以及后期的招生考试形式

① 熊明安：《中华民国教育史》，重庆出版社，1990年。

多样化三阶段①。本节以此三阶段为线索，对各时期大学招生入学考试内容和形式的实施情况及发展演变进行介绍。

一、抗战前的高校单独招考制度

民国始建，百端待举。1912 年到 1913 年，教育部通过颁布一系列法令和规程，重新修订了学制，通过出台“壬子癸丑学制”，建立起新的学校系统。

（一）“招考权在学校”传统的形成

清末民初是引进西方教育模式，建立中国近代高等教育体系的初始阶段。从这一时期开始，中国近代高等学校在管理体制、教育内容、教学方法等诸多方面越来越受到西方高等教育的影响。就招生而言，由于传统教育培养的生源同近代高等教育的发展需要（借鉴西方教育）存在很大差距，所以清末高等教育机构多采用单独招考形式选择生源。民国时期，高等学校受西方“学术自由”“大学自治”思想的影响很深，因此在招生形式上也采用西方大学的单独招考，确立了大学在招考中的主导权。这种单独招考方式，既是清末引进西方教育模式的自然延续，也是这一时期教育发展的必然选择②。它在一定程度上减轻了当时由于高等教育性质、质量不一，生源不足以及社会动荡不安给高校招生带来的振荡，体现出较大的自主性与灵活性。

此外，当时的教育部也从法规和政策上确保了学校在招生考试上拥有自主权。1912 年 10 月 25 日，教育部发布第 18 号令和第 19 号令，通令京师学务司、教育部直辖学校、各省教育司，公布《学生操行成绩考查规程》和《学生学业成绩考查规程》。这两个考试规程是“壬子癸丑学制”的一个组成部分，也是民国时期第一个比较系统的考试规程③。就入学招生考试而言，由于当时各级各类学校的入学考试在招生对象、考试方法、考试科目、考试内容、录取比例上都存在差别，教育部没有也不可能公布一个全国统一的学生入学考试规程。因此，这一时期各级各类学校的入学考试由学校自行办

① 高耀明：《民国时期高校招生制度述略》，《高等师范教育研究》1997 年第 4 期，第 69 页。

② 刘海峰等：《中国考试发展史》，华中师范大学出版社，2002 年，第 227 页。

③ 谢青、汤德用：《中国考试制度史》，黄山书社，1995 年，第 507 页。

理，教育部仅作原则性的规定，逐渐形成了“招考权在学校”的传统，即各级各类学校都设有招考处或招生委员会等招生的组织机构，命题、考试、阅卷、录取等均由各学校自行办理。

当时，教育部通过公布《大学令》、《大学规程》、《专门学校令》、《公立私立专门学校规程》等对高等学校的入学资格作了如下规定：大学设预科和本科，其中预科附设于大学，学制 3 年，入学资格为中学毕业及经考试确认有同等学力者；大学本科 3～4 年，其入学资格为预科毕业及经考试确认有同等学力者；高等专门学校分法政、医学、药学等十大类，设预科 1 年、正科 3 年，学生入学资格与大学预科相同①。

（二）高校单独招生的实施情况

教育界一般认为，民国时期中国公、私立高等学校之所以能够在较短时间内取得较大的发展，其原因之一就在于各校可以根据自己的需要、偏好自主招生。尽管当时各高校单独招生的具体做法各异，但一般都包括以下内容：

1. 自主确定招生专业、招生名额以及投考资格

1920 年《北京大学招考简章》规定：本校设哲学、中国文学、史学、英文学、法文学、德文学、数学、物理学、化学、地质学、法律学、政治学、经济学十三系。本校今年招考预科一年级生，及本科英文学、法文学、德文学、俄文学四系一年级生。投考预科者，必须中学校毕业，但其所认考之外国语为德文、法文，或俄文，则有中学毕业同等学力者亦得报考，投考本科英文学、法文学、德文学、俄文学系者必须高等或专门学校毕业②。

高校在确定招生专业、招生名额以及投考资格上拥有很大自主权。

2. 自主组织实施考核

这是单独招考的核心部分，通常包括两个环节。

首先，学校自主确定考试的科目及应试程度。以 1920 年《北京大学招考简章》为例，招生章程规定③：

---

① 潘懋元、刘海峰：《中国近代教育史资料汇编》，上海教育出版社，1993 年，第 368、461 页。

② 杨学为等：《中国考试制度史资料选编》，黄山书社，1992 年，第 579～580 页。

③ 杨学为等：《中国考试制度史资料选编》，黄山书社，1992 年，第 579 页。

（1）投考预科者，初试科目及程度见表 1-1：

表 1-1　投考预料的初试科目及程度

试验科目	程　　度
国文	解释文义、作文及句读（句读用教育部颁行之标点符号）
外国语	（英文或法文、德文、俄文）文法、翻译
数学	算术、代数、平面几何

（2）复试科目：中外历史、中外地理、理化、博物。初试不及格者，不得复试。

（3）投考该校本科（当年招考英文、法文、德文、俄文系一年级新生），其试验科目及程度如表 1-2：

表 1-2　投考本科的试验科目及程度

试验科目	程　　度
国文	略通中国学术及文章流变
英、法、德、俄文	曾读过数种文学者，能列举及批评其内容 能以国语与外语互译 能作文，无文法之谬误
数学	代数、平面几何、平面三角
伦理学	
历史	须习过中国通史及西洋通史，其西洋史亦可用西文本
地理	须考中外人文地理

部分学校在规定普通科目的同时，还针对不同学科和专业对报考者文化上的不同要求试验一些特别科目。1932 年七八月的《厦门大学招生简章》[①]大学部的试验科目包括：普通试验科目有党义、国文、英文、口试等，特别试验科目如表 1-3：

① 厦门大学校史编委会：《厦大校史资料》第一辑（1927—1937），厦门大学出版社，1987 年，第 86 页。

表 1-3　1932 年厦门大学大学部入学试验科目

学 院	试验科目				备注
文学院	史地	哲学概论	算学	自然科学	四科选二
理学院	平面三角 解析几何 初步	物理	代数 平面 几何	化学 生物学	
法学院	法学通论	经济概论	算学	自然科学	四科选二
教育学院	教育学概要	心理学	算学	自然科学	四科选二
商学院	簿记	经济学原理	算学	自然科学	四科选二

其次，自行命题并组织考试。大部分学校特别是名校都十分重视考试命题，延聘命题人员往往经过反复斟酌，才由招生委员会正式发出聘书，并多半是本校的名教授及优秀教师。由于各校在命题过程中的自主权很大，考试科目和试题编制就存在很大的差异，从而突出了自身的特色，“有的重理轻文，有的重文轻理，有的突出国文，有的突出英文，亦有突出数理化者，也不乏重视实验者”①。

此外，各校考试单独命题中，题型也有较大差别。例如，1930 年各校的国文考试题型有：清华大学为二题作文。武汉大学共四题，一是文言文加标点并译成白话文；二是改正病句，共五句话；三是常识简答计十二小题，任选其十；四是作文一篇。中山大学为作文二题，还有“测验”，包括文言文加标点，并简答文中提出的问题。同济大学预科为五题作文题，任选一题。浙江大学共三题，一是两篇作文题任选一题；二是常识问答，计十小题；三是文言文加标点符号，并解释加点的字的词性等②。但就总体而言，此时各校考试命题的题型都比较简单。

在各科考试的考题中，以主观题为主，题量较少。例如，当时不少高校的国文考试中，作文题型和分值占据主导地位。以 1929 年北京大学和北洋大学的国文考题为例，该年这两所大学国文考试都仅考作文一篇。北洋大学国文试题是“青年切实读书即是社会繁荣之基础说”。北京大学甲部国文试

① 熊贤君：《20 世纪上半叶中国高等学校自主招生的回顾》，《教育研究与实验》2002 年第 4 期，第 39 页。

② 谢青、汤德用：《中国考试制度史》，黄山书社，1992 年，第 562 页。

题是“清季曾李诸人提倡西学，设江南制造局，翻译科学书籍甚多，其中不乏精深之作，何以对当时社会影响甚微？试言其故”；乙部国文试题是“清儒治学方法，较诸前代，有何异同？试略言之”。可见，考试的题量较少。

简答题和论述题是当时各科考试使用最为普遍的题型。这除了在历史、三民等文科的考试中出现外，连部分理科考试也频繁使用。以 1921 年北京大学招考新生物理考题①为例。

国立北京大学预科物理试验试题：

(1) 牛顿的运动三定律。

(2) 问平常人喝茶的方法，含有何种物理学的作用？一个人想跳远时，何以必先蹲下？

(3) 何谓冰点、沸点、溶解潜热、蒸发潜热？

(4) 试详述音波与光波不同之点，并举日常的经验或特别的试验以说明之。

(5) 有磁铁一条，两端未标极性，电池一个，两极未标电性，今设有缝针一根，水一碗，铜丝一根，问如何用此数物可将磁铁的南北极性与电池的阴阳电性找出？

简答题一般考查学生对知识的识记能力和一定的概括能力，而论述题除了考查学生对相关知识的掌握和牢记程度之外，也可以在一定范围内考查学生利用已有知识分析问题的能力；但由于当时中等教育的知识丰富程度、教育发展水平都还不高，因此各科考试仍偏重考查学生知识的掌握程度和识记能力。考试以简答和论述等主观题为主，受题量和试卷篇幅的限制，考题较难完全覆盖中学教学内容。

3. 自主制定招生录取标准

各高校不仅自行命题、自行考试，而且自行决定标准录取新生。学校组织入学考试后，由学校考试委员会组织阅卷，根据考生的考试成绩择优录取新生。招生的标准主要依据考试成绩，但学校之间在分数的使用上也存在差别。例如，1922 年，报考北京大学的共有 2 488 人。考国文、英文、数学三科。北大考试委员会录取标准，不是仅视某一学科的成绩，而是根据三学科的情况排列学生成绩。在录取的 163 人中，三科 60 分以上的 28 人；两科

① 《北京大学日刊》，1921 年 9 月 15 日、26 日，转引自杨学为、刘芃：《中国考试史文献集成》(民国卷)，高等教育出版社，2003 年，第 48 页。

60分，一科50分以上的45人；一科60分，两科50分以上的35人；三科50分以上的10人；两科60分，一科40分以上的45人①。

此外，还有部分学校不完全局限于考试分数，而是针对各自的需要对某方面有特长的学生不拘一格破格录取，这有利于选拔一些真才实学者。如1929年，钱锺书数学仅考了15分，但国文和英语成绩都是第一名，被清华大学破格录取。1931年吴晗报考清华大学，数学为0分，清华依然以文史成绩优秀而接纳了他。这种灵活的标准突破了传统的以单科最低分为底线，使得部分偏才考生不因为考试单科分数太低而无缘进入大学，充分体现了学校的办学自主权，也反映出单独招考的灵活性与多样性。

（三）高校招考自主权的调整与紧缩

民初至1938年之前，在组织高等学校招生入学考试上，高校一直处于主导地位。各校根据学校自身的特点以及专业设置的不同侧重选拔适合校情的学生，体现出较大的特色与灵活性。由于当时高校招考的自主权在学校，教育部仅制定有关招生原则，对招生人数以及专业系科设置缺乏宏观统筹，加上各校多从学校角度出发单独招考，各自为政，逐渐暴露了学校系科发展不平衡、区域发展不平衡以及招生考试与中学教学相脱节②等诸多弊端。这里仅以当时文科和实科学生比例为例。1928年，全国高等学校学生为25 198人，其中文科类学生占73%，实科类学生占27%；到1930年，文理比例失调更加严重，全国高校学生为37 566人，其中文科类学生占75%，实科类学生占25%③。因此，从1933年起，国家开始有计划地干预各高校的招生活动，对高校招生计划的制订和考试内容的选择等进行调整。

1933年教育部实施“比例招生法”，规定各大学设有文、实科两类学院的，任何文科类学院所招新生数额，连同转学生在内，不得超过任何实科类学院所招新生数额。1934年，国家进一步紧缩高校的招生自主权，采用以系为单位的限制招生办法，规定任何文科类学院各系、专办文科类学科的独立学院各系及专修科所招新生及转学生不得超过50名。由于这

---

① 《教育杂志》，1923年，第15卷，第12号。

② 薛成龙：《近代中国高校招生考试研究》，厦门大学硕士学位论文，1999年，第30页。

③ 谢青、汤德用：《中国考试制度史》，黄山书社，1992年，第563页。

些办法实施后仍未能很好地缓解文、实科学生比例失调的矛盾，到 1937 年，开始取消“比例招生法”，代之以实际名额。规定各大学设有文科类学院或独立学院设有文科类学科的每一学系，所招新生及转学生的平均数为 30 名①。高校的招生开始从各自为政逐渐走向国家宏观调控下的自主招生。

此外，在考试内容、考试命题上，教育部也对各高校的权利进行了一定的调整。自主招考制度长期使用以来，大学和中学一直处于紧张的关系之中。由于高校自主命题多从学校自身出发，较少考虑到中学的实际情况，中学与大学教育难以衔接的问题日益凸显。高校入学考试内容与中学教育脱节，导致中学毕业生升学困难。1919 年全国中学校长会议上，中学反映高校自行考试给中学带来的难处如下：

首先是升学试验，各科多以外国语命题，但中学课程并未规定必须以外国语教授，中学多采用教育部审定之教科书，故此举似与中学课程不无扞格；其次，以外国语来说明题目或以外国语应试，使各科试验除测验原有知识外，另寓含外国语之试验性质，难度增加不少；第三，为了应付考试，有的学校则用西文原本教授，学生在学习科学中增加一重障碍；第四，大学招考新生时，往往提高程度，以便入学后可以较快适应新课程，然究竟提高到何种程度，各大学并无一致的标准，更未预先公布，也导致学生无从准备②。

因此，1919 年教育部公布《各专门学校大学校中学校招生办法训令》，规定各专门学校及大学预科招生，命题概须依照中学毕业程度，勿使太过不及，致于学校衔接有所妨碍。该训令也要求各中学尤须郑重招生，认真授课，俾毕业时适合相当程度，以此双方并进。并在《各高等专门学校及大学校变通招考新生办法并宣布招生程度以资预备而宏造就案》中规定了具体的办法，要求：各高等专门学校及大学校招考新生，除外国语外，其他各种科学，应以本国文命题；生徒答案，应用本国文，其能以外国文作答者听；请部通令各高等专门学校及大学校预将招生程度详细昭示，其一年级生或预科生所读何书，以若何程度为课程之开始，函达各省教育厅，于每年寒假中通

① 谢青、汤德用：《中国考试制度史》，黄山书社，1992 年，第 563～564 页。

② 《教育杂志》，1919 年，第 11 卷，第 3 号，转引自杨学为等：《中国考试制度史资料选编》，黄山书社，1992 年，第 574 页。

知各校，俾早预备，以便衔接①。

尽管抗战前教育部已针对高校自主招考制度的部分弊端进行了一系列的变革与调整，但从总体上看，改革的效果并不明显。而且，虽然当时各主要大学坚持宁缺毋滥，严定标准，严格招生，但也有部分学校特别是一些私立高校为了多招学生多收学费而不断降低入学标准，学生质量参差不齐、鱼目混珠现象层出不穷。1923 年教育部也曾抽调 1917 年各校新生入学试卷加以复查，发现：合格者固多，浅易者复不少，有数校英文一科甚至与中学一年级程度相同②。这些为民国后期改革单独招生，试行统一招考形式埋下了伏笔。

二、抗战期间短暂实行，却影响颇深的统一招考制度

民国前期高校自行招考模式在很大程度上导致了高校类型、专业的畸形发展，大学各有特色的招考标准扰乱了中学教学秩序，也增加了考生的负担，同时也使得大学招生缺乏相对统一的标准。为克服这些弊端，提高大学程度以及招生效率，同时适应"抗战建国"的需要，国民政府教育部于 1937 年在中央大学、浙江大学和武汉大学等校试办了"联合招生"，并在此基础上，于 1938 年开始推行国立大学和独立学院的统一招考，至 1940 年又将高校范围扩大到公立各院校。此次高校招生考试组织形式的变化除了上述原因之外，也同政府与高校关系的调整有关。

（一）政府与高校的关系及其调整

民国前期，政府与高校一直处于比较松散的关系中。大学秉承西方"学术自由""大学自治"的传统，坚守阵地，并抵抗着来自社会、政府干预学校内部事务的压力。与此同时，民国前期的政权频繁更换，各派政治力量纷纷登上历史舞台，政权的混乱和动荡不安使得政府无暇顾及教育发展，因此高等学校在一定的历史条件下享受着一定的自主权。就入学考试而言，教育部仅在投考资格上对各大学、高等专门学校作原则性的规定，而由高校自行命题、自行组织考试和录取，这也反映了民国初期政府和高校的松散关系。

---

① 《教育杂志》，1919 年，第 11 卷，第 3 号，转引自杨学为等：《中国考试制度史资料选编》，黄山书社，1992 年，第 574 页。

② 《教育杂志》，1919 年，第 10 卷，第 5 号，转引自薛成龙：《近代中国高校招生考试研究》，厦门大学硕士学位论文，1999 年，第 25 页。

历经民初的南京临时政府、北洋政府等阶段，到国民政府时期，国家逐渐趋于稳定，尽管其中经历了国共两党的政权之争、抗日战争等动荡政局，但国民政府的力量仍然获得较大增强。由于国家经济在这一时期获得了一定的发展，政府有能力加强财政拨款的立法力度。教育部通过各项法令法规，将政府的教育拨款经常化、制度化，并将这些拨款同加强教师队伍、提高学生质量、规范大学系科发展统一起来，促使高等教育向制度化、规范化方向发展。这也使得从 1925 年开始到抗战爆发前的十余年成为民国高等教育发展的“黄金”时代。与此同时，政府还致力于统一当时紊乱的教育行政体系，在将教育体系部分地纳入国家的控制与管理之下的同时，提高了政府、教育部的权威地位。这在一定程度上改变了原先政府与高校之间的松散关系。就高校招生入学制度而言，20 世纪 30 年代政府加大对高校招生计划的干预力度就是政府力量逐渐增强的突出反映。从 20 世纪 20 年代起，由于各校单独招考、各自为政，高等教育的发展多偏重文法科，忽视农、工、医科的问题开始出现；到 30 年代后，文、实科毕业生数量失调现象愈演愈烈，不仅使失业人数逐年增加，也使得国民政府推行的十年经济建设计划难以落实。在此背景下，政府开始干预高校招生活动，高校从原先的自主招生向计划招生转变。

民国时期高校与政府关系的演变实际上是高等教育与政治关系的集中体现。由于教育不能完全独立于政治之外，任何社会的教育实际上都要被当时占统治地位的政权所制约。民国前期高校自主招考的弊端不断凸显，加之政府力量的不断增强，这些都使得高校从单独招考走向统一招考成为可能。

（二）三年统一招考制度的短暂实施

统一招考制度于 1938 年正式实施。尽管前后只有三年，但对当时高校招生、高等教育系科发展，以及国家实科人才的培养都有着重要的意义。当时统一招考的实施情况如下：

1. 设立统一招生的组织机构

1938 年教育部设临时性的统一招生委员会，以各司司长及高等教育司主管科长一人为当然委员，同时聘大学校长及教授若干人为委员。统一招生委员会，规划并执行统一招生各事宜。是年在武昌、长沙、广州等地设立了 12 个招生区，具体办理新生报名、考试等事宜。随着统一招生经验的积累，1940 年国民政府教育部以“二十七年度（1938 年）举办国立各院校统一招生结果尚见成效，有确立制度之必要”，设立永久性质之统一招生委员会，并在《公立各院校统一招生委员会章程》中明确该委员会的主要任务①为：订定招生规章；规定命题阅卷及录取标准；制定及颁发试题；复核考试成绩；决定及分配录取学生；研究招生改进事项；教育部交议有关招生事宜等。

此外，全国统一招生各区仍临时设立招生委员会，其职权为办理学生报考、监试、阅卷事宜，聘请命题委员会拟定试题一份；审核投考学生之资格；审核投考学生之考试成绩；造送投考学生名册及各项成绩；榜示经部录取之学生等项②。1938 年，由于统一招考实施的仓促，统一考试由各区招生委员会组织命题；但自 1939 年后，各区招生委员会所负任务，仅为办理报名、考试、监试、阅卷、造送成绩手册、榜示录取学生等事宜，而制定法规、制定试题、制定标准、取录与分发学生等重要事宜，则由教育部统一招生委员会办理。

2. 统一命题与各科评分标准

1938 年，统一招生委员会因为筹备不及，命题及阅卷由各区招生委员会自行办理。各区招生委员会聘请公立各院校教员为命题监试及阅卷委员，根据当时教育部颁布的命题及评分标准的规定组织命题。规定指出：命题之范围及程度，须以高中课程标准为限，命题之内容，应以经部审定之通用教科书为依据；各科试验数目，应以一般考生能于规定时数内完卷者为准（国文、数学、英文或德文各三小时，其余各科各两小时），试题应规定由学生全做，不得采用任择或选做办法，但答题次序得由学生变动。此外，还对各科考试的题型和评分标准进行了规定。例如，国文试题，作文一篇（文言文、白话文均可），文言文、白话文互译各一篇；英文试题，作文一篇及英汉互译各一篇（应考德文者仿此）。各科命题，不宜空泛或偏重记忆，除国文、英文外，较难者与较易者约各占 25%，难易适中者约占 50%；各科评定分数，采用百分制，国文试题，作文占 50%，文言文、白话文互译占 25%，英文作文占 50%，汉英互译者各占 25%③。尽管当时各考区都力图

---

① 《教育通讯》，1940 年，第 3 卷，第 21 期，转引自杨学为、谢青等：《中国考试制度史资料选编》，黄山书社，1992 年，第 675 页。

② 黄龙先：《大学统一招生考试的检讨（上）》，《教育通讯》，1939 年，第 2 卷，第 46 期。

③ 谢青、汤德用：《中国考试制度史》，黄山书社，1992 年，第 569 页。

遵循命题标准，但仍采用各区自行命题，考试题目不同，评卷标准也难以统一。因此，1939年改各区招生委员会命题为教育部统一命题。当时统一的考题是以周密的方法从好几套题目内选择出来的，虽然不免有难易不一的地方，但是为提高学生程度起见，未可加以厚非①。到了1940年，命题委员会除了拟定试题外，还要拟各题答案一份，并附评分标准一份，使各区阅卷有比较一致的办法。这样，考试内容、标准答案、评分标准逐渐得以统一。

3. 调整与统一考试科目

由于采用统考形式，考试的科目也得到统一。新生入学考试分笔试和口试。口试只投考师范学院者用之。笔试科目分三组进行，1938年、1939年均为七科，其中公民、国文、英文、本国史地四门为必考科目（见表1-4）。

表1-4　二十七年度统一招考笔试试验科目②

组别	应试科目	投考院系
第一组	公民；国文；英文；本国史地；外国史地；数学丙（代数、平面几何、三角）；物理、化学、生物三科中任选一门	文、法、商学院各系，师范学院教育、公民训育、体育、国文、英语、史地、家政等系及艺术专修科、劳作专修科
第二组	公民；国文；英文；本国史地；数学甲（高等代数、平面几何、解析几何、三角）；物理；化学	工学院各系及理学院之数学、物理、化学、天文、气象、土木等学系及师范学院数学、理化等学系
第三组	公民；国文；英文；本国史地；数学乙（高等代数、平面几何、三角）；生物（投考地理系者，以外国史地代替生物）；物理、化学两科中任选一门	医、农学院各学系，理学院生物、地理、地质各学系，师范学院博物系及牙医专科学校

① 黄龙先：《大学统一招生考试的检讨（上）》，《教育通讯》，1939年，第2卷，第46期。

② 《二十七年度国立各院校统一招生简章》，转引自张思敬等：《国立西南联合大学史料》（教学、科研卷），云南教育出版社，1998年，第55页。

1940年依据中等学校课程标准，改为八门，公民、国文、英文（或德文）、生物四门为公共必试科目。笔试科目仍分三组[①]：第一组：文、法、商（包括管理）、教育各学院及师范学院文组。除四门必试科目外加考数学（高等代数、平面几何、三角）、中外历史、中外地理及理化。第二组：理、工学院及师范学院理组。加考数学（高等代数、平面几何、三角）、物理、化学、中外史地。第三组：医、农学院。加考数学（高等代数、平面几何、三角）、物理、化学、中外史地。

4. 统一录取与分发

由于采取统一招考，录取已不再是由各个学校单独进行，而是采用统一的录取标准，主要参考考试分数并对考生进行复试录取。1938年颁布的国立各院校统一招生办法就对该年的录取标准进行了详细的规定[②]，凡考生考试成绩具有下列标准之一者，经复核录取之：笔试七科总分在210分以上，但报考第一组（除体育、美术外）者，国文30分以上，英语非0分或30分以上，国文10分以上而数学非10分以上者。报考第二组者，国文10分以上，而英法文非0分者。报考第三组者，国文10分以上，理化生三种有一科在30分以上。报考史地系者，本国史地、外国史地二课目中有一课目在30分以上，而数学、英法文非0分以上者，有加试课目分数代替记入总分。

由于1938年各招生区命题和评卷并未统一，引发各地考生分数宽严不一以及不同组别之间考生人数悬殊、录取标准不一等问题。1940年开始，公立各院校统一招生录取标准，采用分组标准制。第一组报考人数多而法科名额有限，应提高录取标准；第二组和第三组因为招生名额多，而报考学生少，所以录取标准均较宽。统考录取学生，分发一般依据其所填志愿的次序为标准，但志愿相同的学生循成绩优良者先行分发。到1940年，分发时分院不分系，入学后由校预先试分系，到学年结束时由校考核各生成绩、志愿及各系容量，正式分系。

（三）统一招考余论

抗战时期，高校采用的统一招考形式是近代高校招生制度改革的一次重

① 教育部教育年鉴编纂委员会：《第二次中国教育年鉴》（二），商务印书馆，1948年，第535页。

② 柯绛：《抗战时期中国高等教育的招生和考试》，《中国考试史论文集》，高等教育出版社，1997年，第313页。

要尝试。统一招考实施的时间不长，参加统一招生的院校也不多，当时全国专科以上院校 1938 年为 91 所，1939 年为 101 所，1940 年为 113 所，而参加统一招生的学校分别为 21、38、38 所，而且仅局限于公立高校①。教育界对此项改革也褒贬不一。

对于国民政府在战时推行高校入学统考的评价，传统的观点是毁多誉少②，认为在战争条件下贸然改变高校招生的惯例实行统考，本无必要，又会陡然增加招生的难度。政府执意推行，其本意是欲加强对高校的控制。也有人指出，统一招考没有实行的必要，是因为：招生是大学行政的一种，应由各校自行举办，尤其大学院系复杂，各院系自有特点，自行招生可以保持其特点于不坠。而且这种具有特殊性质的院校，招收新生的标准不同，如实行统一招考，采用统一标准，未必可以适应各校的特性③。还有人提出，这种统考制度引起了许多大学的不满，认为这样会降低入学学生的标准，上海交通大学就曾登报拒收统一分配的学生。为了抵制统考，有的学校则对统一分配来的学生进行严格的第二次甄别试验，要求主科太差者补读一至二年，许多学生为避免淘汰，只好忍痛订了一个“五年计划”或“六年计划”补习功课④。如 1939 年中央大学统一分配的 600 名新生中，留级和退学者就占了总人数的 1/3，全部课程及格能够升级的仅 170 人⑤，由此证明统一招考的弊端之大。

然而，也有部分学者对统一招考给予了肯定的评价。1939 年，黄龙先先生在《教育通讯》第 2 卷第 46 至 48 期上发表《大学统一招生考试的检讨》（上、中、下），详细介绍了当年统一招考的实施情况，并针对当时教育界对实施统一招考的弊病进行了分析。他认为，当前举办大学统一招生考试具有重大的意义，一方面可借统一的标准，提高学生的程度，另一方面可免

① 房列曙：《论抗战时期国统区高考模式的改革》，《安徽史学》1997 年第 1 期，第 90 页。

② 侯德础：《抗日战争时期中国高校内迁史略》，四川教育出版社，2001 年，第 207 页。

③ 黄龙先：《大学统一考试的检讨（下）》，《教育通讯》，第 2 卷，1939 年第 48 期。

④ 侯德础：《抗日战争时期中国高校内迁史略》，四川教育出版社，2001 年，第 208 页。

⑤ 曲士培：《中国大学教育发展史》，山西教育出版社，1993 年，第 543 页。

考生彷徨歧路兼考数校之苦。……统一招考是统筹全局的，对于全国大学的学额有通盘的筹划，对于各大学的院系和班级亦可筹事增设①。以 1938 年、1939 年文科、实科、师范生的比例为例（见表 1-5）②，统一招考很好地扭转了民国前期文、实科学生比例失调的局面，对于培养适应抗战建国、经济发展需要的实科性、应用型人才有着重要的意义。

表 1-5　1938 年—1939 年文科、实科、师范生招生比例

科类＼年度	二十七年度		二十八年度（上海除外）	
	录取人数	百分比	录取人数	百分比
实科（理工农医）	2942	53.9%	2706	59.4%
文科（文法商）	1427	26.2%	1182	26.1%
师范	1091	19.9%	665	14.5%
合计	5460	100%	4503	100%

何开先生也曾于 1942 年撰文《论大学联考》③，指出统考取消了各大学个别的招生办法，其目的一方面是欲以统一的标准，做到提高学生的程度；一方面是根据实际需要统筹大学设备的方针，借以推行国家教育政策，解决战时交通和物资的困难，加强中学与大学的联系作用。这一改革实为教育制度上的一种新贡献。而后来大学的分区联考是统考的继续，延续着统考精神。这有着四方面的用意，也是联考制度的精神：统一标准，以考试成绩为进退（即招生）标准，在录取上方显示其公；提高程度，按中学课程标准命题，有力地督导了各中学完成教学任务，有利于提高中学的质量；减少浪费，联考改变了过去单独招考中考生兼考数校的费时、费力、费钱局面，提高了招生的效率；诊断教学、联考是学生成绩的总决算，也是判断各校办理成效的试金石。

直至当前，教育界在总结此阶段统一招考经验时，仍对其持以相当的赞

① 黄龙先：《大学统一考试的检讨（上）》，《教育通讯》，第 2 卷，1939 年第 46 期。

② 黄龙先：《大学统一考试的检讨（下）》，《教育通讯》，第 2 卷，1939 年第 48 期。

③ 中国第二历史档案馆藏：《国民政府教育部档案》，全宗号五，案卷号 1431，转引自杨学为、刘芃：《中国考试史文献集成》（民国卷），高等教育出版社，2003 年，第 325～329 页。

誉，认为抗战时期实行的高校统一招生，其影响似应以积极的方面为主①。它有效地控制了高校科系发展不平衡，在一定程度上维护了学生入学机会的区域公平，有利于加强中、高等教育的衔接，从整体上提高了高校生源的质量②。

三、民国后期高校招考制度的多样化

随着抗战进入相持阶段，各校迁移分散，联络与分发的困难日益增加，1941 年国民政府教育部停止了统一考试招生，实行“联合招生”等多种入学考试方法。到新中国成立前，各高校招生入学考试形式差别非常大，高校招生主要采用单独招考、联合招考、委托招生、成绩审查等形式，采用一种或几种，具体何种，由各大学自行决定。各校招生如录取不足额时，经批准后可举行第二次招生。下面简略介绍各招考形式的实施情况。

（一）有限制的自主招考

统一招考停办后，教育部于 1941 年颁布《三十年度公立各大学与独立学院自行招生办法要点》，重新恢复各高校的自主招考。与民国前期的自主招考相比，这一时期高校的招生自主权受到一定削弱。各校的招生名额、考试科目以及命题、评分标准不再像民国初期那样由学校自行决定，教育部通过该要点③对此进行了相应的规定。例如，要求国省立各大学及独立学院拟定的招生名额需要呈教育部备核，各校要依照核定的名额自行招生；入学考试试验科日分三组，（甲）文、法、商（管理学院各系包括在内）、教育各学院及师范学院文组：公民、国文、英语、数学（高等代数、平面几何、三角）、中外历史、中外地理、理化、生物。（乙）理工各学院及师范学院理组：公民、国文、英语（或德文）、数学（高等代数、解析几何、三角）、物理、化学、中外史地、生物。（丙）医、农各学院：公民、国文、英语（或德文）、数学（高等代数、平面几何、三角）、物理、化学、中外史地、生物、体育。入学试验各科，应严格按照高中课程标准命题，入学试验成绩计

① 侯德础：《抗日战争时期中国高校内迁史略》，四川教育出版社，2001 年，第 211 页。

② 刘海峰等：《中国考试发展史》，华中师范大学出版社，2002 年，第 231 页。

③ 《三十年度公立各大学与独立学院自行招生办法要点》，《第二次中国教育年鉴》（二），商务印书馆，1948 年，第 537 页。

算标准为：国文、英文（或德文）、数学三科各占50%，其他各科占50%。

（二）联合招生、委托招生、成绩审核

在各校继续实行单独招考的同时，为便利各校招生及学生报考，教育部又积极推动公、私立院校联合招生。从1942年开始，教育部划定了重庆区、贵阳区等十大考区①，分别设立招生分处。举行联合招生的各区组织联合招生委员会。联合招生的报名、命题、阅卷等事宜，一般根据教育部的规定，由各区招生委员会自行办理。各校招生的名额亦由教育部核准。

委托招生是联合招生中的另一种形式，按照当时的招生规定，凡不在本考区的院校，可以征求他区同意，委托其代为招生。受委托各区可以另行组织考试，代为招收学生。如委托学校较多时，举行入学考试至多以两次为限。委托他区代招学生的命题、阅卷及揭晓等事宜，由校区间自行商定②。

举办联合招生的各院校，除考试外，对未设立招生考区的地区，教育部允许院校采用成绩审查办法招收新生。一般在该区办得有成绩的中学内，选择成绩优秀的高中毕业生经审查合格后，参加复试，及格者予以录取，成绩次者可以暂时列为“试读生”，或授以补习课程③。教育部还规定，私立大学院校除各校自行招生外，亦得酌情采取联合招生、委托代招及成绩审核办法。

（三）会考升学联合考试

为沟通高中会考与高校升学考试，节省学生时间，减轻学生负担，1943年教育部试颁江西、贵州、甘肃三省《高中毕业生夏令营会考与专科以上学校入学考试联合举行办法》，规定所有该三省境内公、私立高中毕业生一律参加三民主义青年团举办之夏令营，并于受训期间参加联合考试，方能取得毕业及升学资格，该三省境内之公、私立专科以上学校不另举行大学新生入学考试，即将高中毕业会考与高等学校的入学考试合二为一。

教育部设委员会，负责规划及指导；各省设委员会，负责命题，拟定标准答案、阅卷及有关考务。考试科目分甲、乙两组，均考国文、外文、数学

---

① 教育部教育年鉴编纂委员会：《第二次中国教育年鉴》（二），商务印书馆，1948年，第538～539页。

② 谢青、汤德用：《中国考试制度史》，黄山书社，1992年，第575页。

③ 教育部教育年鉴编纂委员会：《第二次中国教育年鉴》（二），商务印书馆，1948年，第540页。

(甲组为高等代数、解析几何，三角，乙组为高等代数、平面几何、三角)、中外史地、理化、生物、公民。

核算成绩时有四项原则：

(1) 毕业成绩的标准仍照《修正中学学生毕业会考规程》的规定办理。

(2) 升学录取与否以联合考试成绩为凭，录取标准由联合考试委员会制定。

(3) 升学成绩计算标准，国、英、算三科占50%，其他各科占50%。

(4) 会考一二科不及格学生，可录取为专科以上学校试读生[①]。

学生非经夏令营结业，其考试成绩无效，学生升学以优先入各省原有大学为原则。该年三省总计参加联合考试 3 835 人，录取 1 777 人[②]。

会考，即毕业会考制度，始于 1932 年，是国民政府为“整齐小学、初级中学、高级中学普通科学生毕业程度及增进教育效率”而积极推行的考试制度，规定“会考非各科皆能及格，不得毕业”[③]。会考以省为单位，按全国统一的会考科目，统一命题、统一评分标准、统一阅卷。省内统一高中毕业的文化测试标准，有利于中学课程标准的执行，也使国家掌握了比较科学的宏观控制中学教学质量的方法。由于当时会考与高校入学考试并存，会考在试行中带来了学生负担过重、中学教学应试严重以及会考“指挥棒”作用过大等一系列负面影响。因此，教育部一直力图沟通二者，1943 年试办的联合考试就是一次尝试。它是在利用会考成绩推行免试保送升学之后，试图结合大学入学和中学毕业考试的一种重要尝试，即期望这次考试能够发挥两种功能，在作为中学毕业考试考核学生文化水平的同时又体现升学考试的功能。这在一定程度上是对西方特别是英、德等国大学入学证书制的一种借鉴；但这次考试的形式在总体上仍未能发挥预期的作用，1944 年即被暂停办理。尽管国民政府 1947 年有意恢复“联合考试”，但实际上没有进行。到国民政府统治结束前，高校又恢复了单独考试、单独招生的形式。

---

① 杨学为、刘芃：《中国考试史文献集成》(第七卷)，高等教育出版社，2003 年，第 178 页。

② 谢青、汤德用：《中国考试制度史》，黄山书社，1992 年，第 578 页。

③ 《中小学学生毕业会考规程》，转引自谢青、汤德用：《中国考试制度史》，黄山书社，1992 年，第 609 页。

四、民国时期高校招生入学考试形式与内容的特点

（一）入学考试形式的演变一定程度上是高校与国家（政府）关系的反映

民国时期高校入学考试形式大致呈现以下发展脉络：单独考试—高校联考—统一招考—联考与单考并存。沿着这一轨迹，考试的组织主体相应经历了高校—高校联合—国家—国家、地方与高校联合的转变。入学考试活动本身也逐渐从单纯的学校行为发展成兼具学校、国家意义的社会行为。考试形式的演变不是简单的考试实施主体的变更，它既受考试自身发展规律的制约，同时也是不同阶段政治、经济、文化发展的产物。其中政治因素对此一时期入学考试形式转变的影响比较明显。民国前期，由于政局动荡，政府的力量相对较弱，无暇亦无力顾及高校招生，各校亦从本校实际出发，选择适合自己的招考形式。随着政局趋于稳定，政权力量逐渐增强，政府地位不断提高，加之各校招生中各自为政暴露的种种弊端，在一定程度上偏离了国家、社会对人才规格的需要，从长远上看不利于政治统治。为此，政府开始密切关注并积极介入高校招生，使招考的形式逐渐走向统一。到了民国后期，政局再次陷入动荡，尽管政府仍试图控制高校招生，但“心有余而力不足”，统一的招考形式再次走向多元和分散。

（二）改单独招考为统一招考一定意义上是当时学校选才与国家选才相矛盾的结果

抗战时期统一招考的出现，除了是政府欲加强对高校的控制之外，也与高校的人才类型偏离社会发展需求有关。民国时期，教育部颁布了各级各类学校的办学规程和办学标准以控制和保证教育质量。与文科专业相比，举办理科、实科专业对经费、场地、仪器设备等有更多的要求，高校要达到教育部的办学标准需要付出更多的财力、物力。因此当时很多高校在发展上多偏重文法科，而忽视农、工、医等实科。此外，中国传统社会“士农工商”的等级观念也影响着考生对文、实科专业的选择，与农、工、医科相比，文法科对考生更具吸引力，这也正好与高校重文轻理的实际相吻合。然而，由于当时国家要发展资本主义经济，促进民族工业的发展，直至经历抗日战争，急需大量理工科和技术性人才，这又与高校人才培养中文强理弱的现实相矛盾。一方面，大量法政专业学生无法就业；另一方面，众多实科、技术性职

业又缺少专业人才，严重制约了经济的发展。因此，民国中后期，政府开始介入高校招生计划的制订，严格控制文、实科学生的比例。而改各校单独招考为统一招考无疑是当时最快、最有效的做法。通过统一招考，政府可全盘规划，将高校的人才选拔直接纳入国家的整体发展之中，既能很好地控制人才类型，也兼顾人才选拔的质量和数量，同时体现公平、高效。从这一角度看，统一招考是实现国家选才的有效途径之一。

（三）入学考试内容的设置一直处于中学与高校的紧张关系中

沟通高校与中学关系一直是民国时期高校招生入学考试制度面临的重要问题。民国初期，高校根据自身学科发展和专业侧重自主设置考试科目、选择知识点，各校在考试内容上存在很大差别。这对于提高高校生源选拔的针对性有着一定的意义，但是由于入学考试客观上对中学教育教学产生强大的导向作用，考试内容的设置不仅影响学生的学，也制约着教师的教。各校入学考试差别太大，没有统一的标准，不仅加重了考生的负担，也同当时中学教育目标的实现产生一定矛盾。

从 1912 年起，教育部通过颁布一系列法令、法规，对中学的教学内容、课程设置和各科教学目标做了规定。尽管历经南京临时政府、北洋政府和国民政府等政权，学制也从壬寅到壬戌转变，但中等教育注重基础性、全面性的特点一直都未曾改变。以当时高中课程设置为例。民初《中学校令施行规则》订中学科目为修身、国文、外国语、历史、地理、数学、博物、物理、化学、法制、经济、图画、手工、乐歌、体操等。到了 1936 年教育部《修正中学课程标准》时，高中课程仍坚持德、智、体、美等全面要求，设置公民、体育、军事训练或军事看护、国文、论理、英语、算学、生物学、化学、物理、本国历史、本国地理、外国历史、外国地理、图画、音乐等科目。尽管前后课程科目有差别，但课程的覆盖面都很广，且具基础性，对于提高国民基础教育水平起着重要的作用。然而，由于入学考试各校各异，且大多仅从高校要求出发，较少考虑中学实际。一方面，考试命题分散，题型过于简单，主要以简答为主，影响了知识点的选择面和覆盖面，不利于中学生掌握全面的基础知识；另一方面，由于各高校命题程度不一、难度各异，给教师教学和考生备考都带来了很大的困难，影响了中学正常的教学秩序。所以从 1919 年开始，教育部在颁布各项有关高校招生工作的规定和法令时，都无一例外地强调入学考试命题要严格依照中学程度，以促进大学与中学的衔接。

第二节　统一高考形式的确立与革变

新中国成立后于1952年建立的全国普通高校招生统一考试制度被誉为中国现代教育考试的创举①。高考在迄今60多年的发展过程中，除1958年实行以地方为单位的联合招考，以及“文革”期间的推荐选拔制度外，基本上都是实行全国统一招考。国家统考形式占据主导地位，发挥了重要的作用。统一高考形式的变革大致可以分为以下阶段。

一、过渡时期高校招生考试形式的“由独渐统”

1952年，高考制度的建立确立了高校招生考试的国家统考形式。在此之前，高校招生入学考试制度经历了从单独招考到联合招生，到统一招生的三年过渡期。

1949年，为保持教育事业的稳定性，中央政府提出“维持现状、立即开学”的方针，除了北京、上海等地少数大学实行联合招生外，其余高校都采取单独招生。招生计划、招生条件、考试方法均由各校自行决定。尽管此时有部分学校实现联合招生，但这种联合招生已与民国时期不同，只是在考试时间和地点上对各区考生进行了统一的规定，但命题、阅卷、录取仍由各校自行负责。因此有人认为，当时的联合招生只不过是各大学单独招生的某种变形而已，在很大程度上是为了减轻在外地招生的工作量，以及为外地考生能够在最近的考场参加考试提供方便②。因此从实质上说，是年高校招生仍然是以单独招考为主要形式。由于各大学条件和报考人数的差异，各校之间招生结果出现了巨大的不平衡，条件好的学校经过一次或两次招考即可招足学额，其他学校则多次招考仍不足额。有些学生往往被几所学校同时录取，高校录取学生的报到率很低，最高的只达录取额的75%，最低的仅有20%③。这些都与新中国成立初期对大量技术人才需求的实际产生了巨大的矛盾。

---

① 刘海峰等：《中国考试发展史》，华中师范大学出版社，2002年，第330页。

② 大塚丰：《现代中国高等教育的形成》，黄福涛译，北京师范大学出版社，1998年，第251页。

③ 《中国教育年鉴》(1949—1981)，中国大百科全书出版社，1984年，第337页。

为解决新生报到率低的问题，方便考生参加考试，同时将普通高等学校招生工作纳入国家计划轨道，教育部在《关于高等学校 1950 年度暑期招考新生的规定》[①] 中指出，1950 年“高等学校招生由各大行政区分别在适当地点定期实行全部或局部的联合或统一招生，并允许各校自行招生”。1951 年教育部又进一步补充规定：为进一步改正各校自行招生所产生的混乱状态，各大行政区分别在适当地点争取实行全部或局部高等学校统一或联合招生，全国统一考试日期；如有困难，仍允许各校单独招生；在其他地区招生应尽量采取委托的办法进行[②]。考试实行高校联考或单独考试，各系可实行加试或复试，1951 年统一招生的范围进一步扩大。至此高校的招生额和报到率有了较大的提高，新生报到入学率上升到 90%[③]，学生不必到各校投考，负担也相应减轻。

二、国家统一高考形式的确立、反复及停废

由于新中国成立头三年过渡期的联合招生试验取得了一定的成效，也积累了一些工作经验，1952 年教育部发布《关于全国高等学校 1952 年暑假招收新生的规定》，规定从该年开始，全国除个别高等学校经教育部批准外，一律参加统一招生，并采用统一领导与分省、市、区办理相结合的招生办法。这实际上是为解决当时高等教育基础薄弱、各校差距过大、高校人才培养整体效益不高等问题提出的，同时也是当时国民经济发展对大量高级专门人才需求的产物，一定程度上也是对民国时期统一招考、整齐教育水平、提高招生效率、利于培养国家建设人才等诸多优势的继承与发扬。从 1952 年开始，中央成立全国高等学校招生委员会，统一指导和组织招生考试工作。各校的招生名额须报请各大行政区人民政府（军政委员会）、教育（文教）部根据全国招生计划（由教育部在通盘考虑全国高等教育的区域布局的基础上制订）审核批准。全国统一命题，统一规定报考条件、考试科目、政治审核标准、健康检查标准、录取新生原则。各地根据统招规定，分别办理

---

① 杨学为：《高考文献》（上），高等教育出版社，2003 年，第 3 页。

② 教育部：《关于高等学校 1951 年暑期招考新生的规定》，转引自谢青、汤德用：《中国考试制度史》，黄山书社，1992 年，第 801 页。

③ 宋葆初：《单独—联合—统招：忆新中国建国初期全国高校统招制度形成的过程》，《高校招生》2001 年第 5 期，第 44 页。

报名、考试、政审、体检、评卷、录取等工作。至此全国普通高校本专科招生统一考试制度开始建立，全国统考开始成为高校招生入学考试的重要形式。

自高考建制后，全国统一考试形式的发展经历了多次反复与变革，除了与当时特殊的政治环境密切相关之外，统一高考在建立之初制度上的不够完善以及统考形式本身的局限也是制度反复甚至被停废的重要原因。

全国统一高考制度从1952年确立到1965年（1958年除外），在节省人力、物力、财力，提高生源质量，减小各地高校录取差异，方便学生投考以及迅速培养人才等方面取得巨大成就，但在实际的招生考试工作过程中也暴露出较多的弊端，主要集中于统考统招形式的共性过多、个性不足。国家在制定招生政策与招生计划，统一命题与组织考试、阅卷上统得过多过死，在很大程度上无法顾及全国各地、各校、考生的较大差异，加上长期单独招生的思维定式作用①，关于“学校单独招生好还是全国统一招生好”的讨论几乎年年出现。当时教育部也曾积极提议实行单独招生，甚至在《关于1955年高等学校招生工作的几个主要问题的意见》② 中提出，“（由于）统一分配（录取）对学校特殊要求与学生志愿照顾不够，1955年为根本解决统招中存在的问题”，“终止在全国范围内统一调配的统一招生，而实行在中央统一计划、省（市）指导下的各高等学校自行单独组织招生的方针”。但由于实际中实行各校单考、单招负担太重，每次讨论除了个别学校同意单独招生外，绝大多数学校都主张继续实行全国统一招生考试。

1958年，中央以“全面规划与地方分权相结合”为原则提出要多快好省地发展教育事业，在教育领域发起一场极左的“教育革命”。为了使高校招生便于因地制宜、因校制宜，发挥地方和高校办学的积极性，教育部提出把“教育事业管理权力下放”，决定“改变全国统一招生制度，实行学校单独招生或联合招生。招生工作的具体安排，由省、市、区及各高校根据地方和学校的情况，分别办理”③。该年少数学校单独招生，多数学校以省、市、区为招生单位联合招生。教育部制定考试大纲，各省、市、区命题、考试、

① 刘海峰等：《中国考试发展史》，华中师范大学出版社，2002年，第339页。

② 杨学为：《高考文献》（上），高等教育出版社，2003年，第96页。

③ 教育部：《关于高等学校1958年招收新生的规定》，转引自杨学为：《高考文献》（上），高等教育出版社，2003年，第325页。

评卷、录取；面向全国或跨地区招生的学校，参加相关省、市、区联合招生考试。同时，为了体现招生考试应强调政治挂帅，提高政审标准，“贯彻阶级路线”，大批工人、农民、工农干部和老干部、工农速成中学毕业生被免试保送入学①。1958 年的单独招考和联合招生由于政治运动的需要被提出，却也因此而导致新生质量的严重下降，给大学教学造成很大的困难。到 1959 年国家又恢复全国统一高考形式，并逐渐形成全国统一命题、一次考试，分省、市、区组织实施的工作体制。

1966 年教育领域开展的“文化大革命”以废除统一考试为突破口。1966 年 6 月 18 日《人民日报》社论指责高等学校招生考试办法“基本上没有跳出资产阶级考试制度的框框，不利于贯彻党中央和毛主席提出的教育方针，不利于更多地吸收工农兵革命青年进入高等学校，这种招生办法，必须彻底改革”；“招生考试制度的改革正是贯彻毛泽东的教育路线，彻底搞掉资产阶级教育路线的一个突破口。我们将从这里入手，对整个旧的教育制度实行彻底的革命”②。接着，中共中央、国务院又发出《关于改革高等学校招生工作的通知》，提出从该年起，高等学校招生工作下放到省、市、区办理。高等学校招生取消考试，采取推荐与选拔相结合的办法。

至此，全国高等学校停止按计划招生达 6 年，统一高考停废 11 年。1972 年高校恢复招生，但取消文化考试，实行“自愿报名、群众推荐、领导批准、学校复审”的招生办法，结果使各地招生工作中程度不同地存在着“走后门”现象。有少数干部，利用职权，违反规定，采取私留名额，内定名单，指名选送，授意录取，甚至用请客送礼、弄虚作假等不正当手段，将自己、亲属和老上级的子女送进高等学校。有些招生主管部门和负责招生的干部，不按党的原则办事，讲私人交情，私送名额，或强令招生人员违章接受不够条件的人入学③，造成社会风气的极大败坏。仅以家庭出身、政治表现、路线觉悟、实践经验作为选拔高校学生的标准造成新生质量的严重下降，带来的恶果必然是高等教育质量的全面倒退，高级专门人才的断层与社会发展的灾难性停滞。

---

① 刘海峰等：《中国考试发展史》，华中师范大学出版社，2002 年，第 340 页。

② 杨学为：《高考文献》（上），高等教育出版社，2003 年，第 625 页。

③ 《中共中央关于杜绝高等学校招生工作中“走后门”现象的通知》，转引自谢青、汤德用：《中国考试制度史》，黄山书社，1992 年，第 805 页。

三、“文革”后统一高考形式的恢复与调整

（一）统一高考形式的恢复

1977 年高考制度的恢复，是“文革”之后教育战线上拨乱反正的重大举措，被人誉为“推翻‘两个凡是’、打破‘两个估计’的‘突破口’”①。教育部在《关于 1977 年高等学校招生工作的意见》中指出，为了保证招收新生的质量，要求考生具有高中毕业或相当于高中毕业文化水平，“应根据德、智、体全面衡量，择优录取的原则，实行自愿报名，统一考试，地市初选，学校录取，省、市、区批准”。由于 1977 年恢复高考仓促，国家统考一时难以准备充分，所以规定该年“考试分两类，由省、市、区拟题，县（区）统一组织考试，各省组织考试、评卷”。考试科目分两类，文史类考政治、语文、数学、历史、地理、外语，理工农医类考政治、语文、数学、物理、化学、外语。1978 年改分省命题为全国统一命题，由省、市、区组织考试、评卷。至此高考制度得以恢复，国家统考重新成为高考制度的主要形式，至今仍是当前高考形式的主体。高考制度的恢复有着重大的历史意义，它对于抵制“走后门”等不正之风，提高高等学校新生质量，迅速扭转社会混乱局面，树立正常的教学秩序，调动广大学生和教师的积极性，促进中小学教育，转变社会风气等都产生了积极的影响。

统一高考的恢复从表面上看是拨乱反正、对“文革”之前正确政策的恢复与继承。“文革”之前高考制度的发展表明，统一高考形式有利于节约人力、财力，提高考试工作效率，是对考生最方便、对学校最经济、最能保证文化质量的考核形式。同时，全国统一考试体现国家意志，代表国家考试水平，是国家用来控制和保证高等学校招生质量和新生水平的宏观调控手段，也是迅速培养国家经济建设专门人才的重要保障。这些优势使得统一高考在“文革”后的政治经济环境下必然继续成为高校招生入学的重要形式。然而笔者认为，“文革”后恢复高考的必要性远不止这些，统一高考本身蕴含的“公平、公正”与这一特定历史时期社会对高等学校招生入学选拔的公平性要求相契合也是重要的原因。具体表现为：

---

① 杨学为、廖平胜：《考试社会学问题研究》，华中师范大学出版社，2003 年，第 1 页。

第一，对“文革”之中“考试废、道德堕”风气的拨乱反正迫切要求提高高校招考形式的公平与公正性，统一高考形式公平性的彰显适应了这一要求。“文革”期间高校采用“自愿报名、群众推荐、领导批准、高校复查”的办法招生，由于文化考试成绩被取消，采用非客观的选拔标准，“推荐保送”几乎成了“走后门”的同义语，“私留名额、内定名单、指名选送、授意录取”之风盛行，严重败坏了社会风气，“唯成分论”也挫伤了广大出身“不好”的青年的学习积极性。如果说“文革”前统一高考的公平性优势体现得不够明显的话，那么“文革”中废除考试、实行推荐保送带来的弊端就使得恢复统一高考制度具有更大的意义。

第二，与20世纪60年代相比，70年代末考生人数的不断增加（见表1-6），在高校招生规模远远小于学生报考人数的供求矛盾面前，文化考试保证了入学选拔的公平性，而公平的考试又规定必须要有统一而公开的考试程序和考试标准，统一高考形式满足了这样的需求。“文革”前的统一招考实践证明，统一高考有着客观的评价标准，有利于消除特权，使肯努力的学生怀有希望，为所有学生提供了公平竞争的机会，激发了广大学生学习的积极性，对维护高校招生的社会信誉、促进社会稳定都起到了重要的作用。因此“文革”之后恢复统一高考，为高校选才，必然是众望所归。

表1-6　“文革”前三年与“文革”后头几年高考录取率比较（单位：万人）

年度	考生数	录取数	录取率（%）
1963	39.80	13.28	33.36
1964	34.40	14.70	42.74
1965	35.00	16.40	46.92
1977	573.10	27.30	4.76
1978	610.20	40.15	6.58
1979	468.40	27.50	5.87
1980	468.70	28.12	6.00
1981	502.90	27.87	5.54

资料来源：杨学为：《中国高考与社会、经济的关系》，《中国考试》1997年第1期；杨学为：《中国考试改革研究》，北京大学出版社，2001年，第363页。

（二）统一高考形式的调整与改革

全国统一考试形式随着高考制度的恢复得以长期存在，直至今日仍然成为高考的主体形式。“文革”后，高考形式的调整与改革主要包括高考预选考试改革、上海会考与高考单独命题、单独考试改革。

1. 增加考试次数，缓解高考竞争压力的尝试——高考预选考试

1977年恢复高考后，考生的人数不断增加，带来了激烈的高考竞争。由于“文革”期间盲目发展普通高中，1977年至1979年，高中应届毕业生人数分别达到585.8万、682.7万和726.5万；1977年至1981年，高考考生人数分别为573.1万、610.2万、468.4万、468.7万和502.9万。而与此同时，高校的招生人数每年也只能达到27万～28万，因此这几年的高考录取率非常低，分别为4.76%、6.58%、5.87%、6.00%和5.54%[①]。为缓解激烈的竞争带来的学生负担过重和“考试地狱”，一些省市在高考之前另举行一次考试先行淘汰部分考生，称作预选考试。预选考试于1978年由黑龙江率先施行。随后，教育部在《1980年高等学校招生工作的规定》中提出，“考生多的省、市、区应在统考前进行预选。高中毕业考试实行全省会考，按计划招生人数的三倍或五倍，选出成绩优秀的学生参加统考；由省、市、区按计划招生人数的三倍或五倍，参照各地应届毕业生人数、上届录取人数，给各地分配名额，选出成绩优秀的学生参加统考。采取哪种办法，由省、市、区决定”。是年，四川等7省区相继施行，各省按学生预选考试成绩、平时学业和德智体等的考核成绩，淘汰了一部分考生。1981年预选方法改为：由省、市、区根据当年计划招生人数的三至五倍，参照应届高中毕业生数和往年录取情况，把预选数逐级下达给中学，由中学根据高中毕业考试成绩，结合平时成绩，德智体全面考核，择优预选，参加全国统一考试[②]。该年山东等6省区参加预选。1982年又规定“对往届高中毕业生，可以参加中学毕业考试或单独组织考试进行预选”[③]。该年又有安徽等4省进行预选。

高考预选考试是对统一高考形式的一次改革，其目的在于减少正式参加高考的考生数，是高考前的分流和淘汰考试，对于缓解考生人数过多的压力有一定的意义。实行统考前的预考减少了统考的工作量，从1982年起高考

---

① 杨学为：《中国考试改革研究》，北京大学出版社，2001年，第243页。

② 教育部：《1981年高等学校招生工作的规定》，转引自杨学为：《高考文献》（下），高等教育出版社，2003年，第137页。

③ 教育部：《1982年高等学校招生工作的规定》，转引自杨学为：《高考文献》（下），高等教育出版社，2003年，第155页。

录取率有了明显提高。然而预选的实行并未减轻中学学生过重的负担，也并没有利于中学教育的正常化。预选考试的实施方式、考题、评分和录取方式均没有一定的标准，任凭各省、市、区甚至地方有关单位自行决定。例如1982年河北省的预选中，“三好”学生和优秀学生干部可享受10分的加分优待；获得地方或市以上表彰的“三好”学生和优秀学生干部可免经预选，直接参加高考①。而在江苏省预选方式由省内各市自定②。由于预选办法不一，成绩缺乏公信力，因此发挥的作用不大。而且预选在实际操作中由于实行不当，反而助长了中学的“片面追求升学率”。例如，有些省区将预选数下放给中学，一些中学为提高升学率，教师集中精力辅导成绩优秀的学生和重点班，忽略对其他班级学生的辅导。更有一些学校干脆剥夺低成绩学生参加预选的权利③。随着会考制度和高考分类改革的出现，实行预选的省市逐渐减少，到1991年仅剩江苏、贵州、陕西、甘肃、新疆、山东六省区仍实行预选制度。

2. 选拔性考试与水平性考试结合，理顺高考与中学教学的关系

与具有高竞争性的高考相比，会考属于水平性考试。1985年，上海和浙江开始推行会考制度。这一改革主要是为了克服高考对中学教学造成的过重的负面影响，解决中学教学中学生偏科、知识结构残缺的问题，考核高中学生是否达到毕业程度，同时真正改变长期以来用高考升学率作为衡量中学教学质量唯一标准的局面，希望通过会考使高中教学真正面向大多数学生，保证教学质量、保证大多数学生成为合格的毕业生。鉴于会考试点取得了较大的成绩，从1990年开始，会考制度在全国范围内推行，并开始了会考基础上的高考科目改革。上海市的会考改革与高考改革密切结合，在改革高考形式方面也进行了有益的探索。

1984年上海提出高校招生改革的目标是：从1985年开始上海单独命题考试着手，经过两三年的努力，过渡到高中毕业生全市组织会考，减少高考

① 河北省高等学校招生委员会办公室：《今年我省高等学校招生预选工作怎样进行》，《河北教育》1982年第4期，第11～13页。

② 刘炳贵、张霞道：《高考志愿填报问答》，江苏教育出版社，1986年，转引自王瑞琦：《中国大陆大学联招与高教之发展》，台湾文笙书局股份有限公司，1994年，第74页。

③ 《中国青年报》1985年6月12日。

科目；再逐步过渡到一般高校招生不再考试，即凭借考生中学会考成绩和志愿进行录取；报考人数多的院校可根据需要，加考一两门课程，从中选择录取①。这次考试制度改革分为三个阶段②：

（1）1985 年—1986 年，开始会考。鉴于上海高考录取率较高，当时曾设想可用会考成绩录取新生，逐渐取代高考。这是会考与高考的“硬挂钩”阶段。结果，高校和中学都有不同程度的反对。

（2）1987 年，向“会考与高考分开”过渡。语文、数学、外语三门学科不举行全市统一会考，其毕业考试由各区、县统一命题或由中学自己进行，在高中政治、物理、化学、生物、历史和地理六门课程实行全市统一会考的基础上，高校招生考试的科目减少为语文、数学、外语三门。高校招生录取时，考生高考和会考成绩大体按 1∶1 的比例记入招生录取的总分。除高考和会考成绩外，中学要提供考生所学选修课的成绩、参加各种课程兴趣小组与竞赛项目的表现和能力等材料，供高校选拔时参考。

（3）1988 年—1989 年，高考试行阶段。1988 年起，在高中九门学科（语文、数学、外语、政治、物理、化学、生物、历史、地理）全面会考的基础上，高校入学考试试行只考相关科目。各类入学考试的门数最多不超过三门。普通高中阶段的会考成绩将折合成标准分并划出 A、B、C、D、E 五个等级，以便不同类别的高校和专业提出不同的录取要求。

凡要报考高校者，都必须首先通过高中九门课程的全面会考。

上海实行会考的预先设想是希望能从“高考独占天下”向“二考（会考、高考）并存”再向“二考合一考（会考）”转变，最终用难度小的会考取代高考，减轻中学负担过重、减缓“片追”等问题。然而会考与高考从“硬挂钩”发展到“软挂钩”的实践表明，用会考代替高考的设想并不能成为现实，但两者的结合仍然有着重要的意义。会考成为高考的资格准入考试，并在会考的基础上减少高考科目，能够减缓学生负担，减轻一次统考的压力。从严格意义上说，会考和高考改革还不能称为“二次高考”，但对改变“一次统一考试形式”是一次有益的探索，为后来高考形式改革中“二次高考”以及“多次考试”的改革提供了一定的借鉴，因此被称为“二次高

---

① 沪高招（84）第 010 号《关于一九八五年上海市全日制普通高校招生实行改革的请示报告》。

② 杨学为：《中国考试改革研究》，北京大学出版社，2001 年，第 272 页。

考”的雏形①。

3. 扩大地方招考权的尝试——分省命题

上海 20 世纪 80 年代中期实行的高考自主命题也是高考形式改革的一项重要内容。高考恢复后，一方面，随着考生人数的逐年增加，高考竞争日趋白热化，国家统考的难度不断加大，许多科目也出现了“偏题”“怪题”，加之中学“片面追求升学率”现象十分严重，学生负担过重，国家统一高考不断受到责难。另一方面，由于各省市中等教育的情况和水平不一，招生录取以省为单位，要求根据省市实际情况进行录取开始受到重视。当时，上海市招生委员会认为，20 世纪 80 年代以来上海高中毕业生已有很大减少，高校招生的选拔性就不如高中毕业生数大大超过高校招生人数时那样强烈，因而高考命题已无必要用加大难度的办法来拉开考生成绩的差距。时值上海普教实行课程教学改革，采用自编教材，为寻求改革的相对宽松的环境，1984 年上海高等学校招生委员会向教育部请示要求实行单独命题、单独考试改革，1985 年获得批准，开始推行。

上海市高考自主命题后，除了采用“上海卷”之外，仍然保留“国家卷”，由学生自行选择考试种类。实施会考后，考试的门数不断减少，1987 年仅考三门。1988 年改为设置四门科目考，六个科目组。后保留四门四组，并做出兼报、兼收，录取时互相调剂等规定②。

上海市高考自主命题是对统一高考长期采用的国家统一命题、统一考试形式的一次重要改革。这种“地方高考”“分省统考”可以克服国家统一高考共性过多、个性不足，忽视地方差异的弊端，“顾及地区特点，考虑地方差异，可以更好地利用高考的‘指挥棒’作用引导基础教育为地方发展服务，还能使试题更加适合考生的水平”③。它从体制上确立了中央与地方分级管理、分级负责的关系，提高了直辖市举办高等教育和中等教育的领导权与统筹权，也在一定程度上激发了地方办教育的积极性。但是也应看到，分省命题、分省考试只是改变了统考的范围与程度，由国家变成地方，这种变化不会必然带来统一高考弊端的消除。诚然，上海实行地方高考以来，在促

---

① 张耀萍：《关于“二次高考”的理论思考》，《考试研究》2003 年第 2 期，第 44 页。

② 郑挺等：《上海高校招生制度改革的调查报告》，《上海高教研究》1993 年第 4 期，第 37 页。

③ 臧铁军：《高考模式改革研究》，《中国考试》1998 年第 3 期，第 10 页。

进“素质教育”、减轻学生负担方面的确取得了很大的成绩，但这实际上是与全国高校招生名额在上海分配比重大直接相关的。招生人数不断增多，考生人数相对稳定，竞争自然减少，这样分省命题才有可能减轻考试难度，引导基础教育改革。否则，期望依靠分省命题、分省考试改革来减轻学生负担、促进地方素质教育的愿望只能是空想。

第三节　统一高考命题立意的演变与调整

统一高考建制以来，随着社会、经济和文化的变迁，以及教育自身的发展，高考内容得以不断调整，各时期高考内容反映出强烈的时代特色。命题是高校入学考试的核心部分，受不同阶段政治、经济与文化发展的要求，高考命题无论是在立意上还是在具体的考题设计上，都发生了巨大的变化。本节以 1952 年到 1999 年为范围，考察这一时期高考内容在命题上的变化。笔者认为，在这将近 50 年的发展过程中，以“文革”为界，高考命题前后出现了较大变化，特别是 1985 年引进了标准化考试后，考试内容逐渐标准化，科学程度也不断提高，高考命题和试题构成呈现出新的特征。

一、以“政治挂帅”为导向的高考命题时期（1952 年至高考废除前）

新中国成立伊始，国家就将培养各种专门人才和建设干部视为重要的政治任务来看待。由于当时的高等学校招生直接关系着国家培养各类建设人才和国家干部的数量与质量，因此国家开始有计划、有步骤地利用高校招生制度进行国家干部的选拔，并要求各级教育行政部门和全国高等学校应充分重视这项工作。受新中国成立初期政治主导风气的影响，此一时期高等学校的招生入学考试在各方面都打上了鲜明的政治烙印。

（一）过渡时期的入学考试命题

从新中国成立到 1952 年统一高考建制，高校招生的统一程度在不断增强。就命题而言，命题主体从各高校走向高校的联合，再到国家，逐渐从分散、多元走向集中、统一。此阶段对高考命题的要求以顾及中学水平为原则。

教育部在《关于高等学校 1950 年度暑期招考新生的规定》[①] 中规定，各系科共同必考科目为：语文、外语、政治常识、数学、中外历史、中外地理、物理、化学。除各系科共同考试科目外，各校得根据学科之性质，分别加试各该系科之主要科目（如文学院外文系得加试外国语，医学院、农学院各系得加试生物学等）。在命题范围和标准上，教育部规定，各校可依各系课程所要求的入学条件、各投考者有无入有关系科学习的准备条件命题，不应出奇僻的及超出中学课程范围的试题。为指导考生报考，减少报考选择的盲目性，1951 年教育部要求各招生部门编印《高等学校升学指导》，介绍高等学校设置的各系科的性质、培养目标、主要学习内容、学习年限以及将来毕业后可能担任什么工作等。

（二）统一高考建制后的高考命题

1. 命题原则的演变

1952 年起，教育部在《关于全国高等学校 1952 年暑期招收新生的规定》中规定，从本年度起，全国高等学校除个别学校经教育部批准者外，一律参加统一招生。基本办法是：全国统一命题，统一规定报考条件、考试科目、政治审查标准、健康检查标准、录取新生原则。

在命题方面，教育部规定，各科试题由全国高等学校招生委员会拟定。命题的原则[②]有：

（1）考试主要目的在测验报考者有无入有关系科的准备条件，不应出奇僻的及超出中学范围的试题。

（2）试题要顾及全国高中毕业生的一般程度。

（3）试题的立场、观点必须正确。

（4）题意要清晰，以免引起误解。

（5）试题应着重理解性的，内容以基本知识为主，同时要切合实际。

（6）试题难易兼备，由浅到深，由易到难。如数理化等科可按下列比例拟定：容易的占 30%，中间（一般）的占 40%，较难的占 30%。

（7）各科不妨多采用测验性题目，以使试题更具普遍广泛的内容。

（8）政治常识的题目，要使基本理论与时事政策兼顾。

---

① 杨学为：《高考文献》（上），高等教育出版社，2003 年，第 3 页。

② 宋葆初：《单独—联合—统招：忆新中国建国初期全国高校统招制度形成的过程》，《高校招生》2001 年第 5 期，第 44 页。

尽管上述命题原则充分考虑到了当时中学的实际，而且在试题的设计上力求体现科学性，但由于这一时期各地教育和文化发展水平不高，国家对高考内容的重视程度不够，考试内容的科学化水平仍然很低。试题结构比较简单，题型也较单一，试题的分量和难易程度不够稳定。这些弊端在新中国成立初期考生少、高校招生计划大的背景下尚不太明显。但自 1954 年开始，随着高中毕业生的数量不断增加，其与高校的供需矛盾逐渐激化，考试竞争也越来越激烈。为体现选拔性，更好地区分考生水平，考试的难度不断增加。有些科目的考试命题逐渐超出中学教学大纲和考试大纲的要求，出现一些偏题、怪题，造成中小学学生过重的学业负担，也引起了社会对统一高考的不满。因此，从 1958 年开始，教育部在每年的招生工作通知中都重申考试命题要限于当年高等学校招生考试大纲范围，力求既能测验出高中毕业生真实的学业水平，又要体现出高等学校在教学上的要求。由于此时正逢人民内部各阶层矛盾集中、社会政治斗争日益激烈，高考升学难的问题逐步陷入政治斗争的泥沼中，高考命题中也相应体现出为生产斗争、政治斗争服务的政治色彩来。

教育部在《关于 1961 年高等学校招生考试命题工作的通知》① 中对高考命题原则做出如下规定：

(1) 应该根据当前教学改革的精神和各地中学教学的实际情况来出题。

(2) 各科试题应密切联系当前的重要方针、政策和政治、生产斗争的实际。社会科学试题内容，要求观点正确，并能反映考生对基本知识的掌握程度。政治课试题要尽可能做到既能测验考生对马克思列宁主义和党的路线方针政策的理解程度，又能反映考生的思想实际。自然科学各试题要结合生产实际，并符合现代科学发展方向，要考中学教材中最精华、最基本的内容，要考学生对各门科学基本理论的理解和运用能力。各科试题避免出那些偏僻、陈旧落后和死记硬背的题目。

(3) 各科试题难易程度和分量，必须掌握适当。各科试题的分量应根据各科的考试时间和考生一般答题的能力来确定。各科试题应该深浅难易兼备，过易和过难的题目都应注意避免。

高考命题原则的调整反映了高考选拔与中学教学之间客观上存在着矛

① 杨学为：《高考文献》(上)，高等教育出版社，2003 年，第 384 页。

盾，而这一矛盾在当时“政治挂帅”背景下，赋予高考命题以新的意义，即考试内容的设置已非简单的技术性问题，而是具有严肃的政治性质的工作。

2. 命题立意的政治倾向逐渐明显

统一高考自1952年建立到1966年被废除，考试命题也经历了考知识还是考能力、考书本还是考实际的争论，但这些争论是与当时的政治局势密切相连的。由于新中国成立伊始国家便把高校招生视为选拔培养建设人才和国家干部的手段，受当时复杂的政治局势的影响，高校招生不仅关注学生的文化程度、健康条件，也对考生的政治质量有所要求。1953年建立政治审查制度，要求对高考考生进行政治审查，并综合文化考查、健康审查结果决定录取与否。随着社会政治斗争形势的进一步发展，利用高考命题来强化政治导向的特色越来越明显。统一高考逐渐超越单纯的学业水平和文化程度考试的性质。高考应该出什么题；考什么，是主要考文化程度，还是考政治，同时也考文化程度；试题是考知识、背书，还是为参与当时的政治斗争服务……这些就成为当时高考命题立意的焦点。

1958年，受全国政治斗争扩大化的影响，教育部在总结1958年之前几年的招生工作时认为，虽然过去几年高校在完成国家招生计划和逐步提高新生质量上取得了一定的成绩，但却存在业务脱离政治的严重倾向，政治没有挂帅。主要体现为：把主考的工作，委托党外民主人士来做，而不是由党委领导；在考试方面，主要考文化程度，而不是考政治，同时也考文化程度；政治课考试，政治方向不明确，思想性不强。因此教育部在1958年《关于做好今年高等学校招生工作的通知》① 中规定，当年高考命题人选和政治课考题，应当送当地党委或学校党委审查，各科试题应该体现政治挂帅的精神，注意试题的思想性，避免形式主义的考试，特别是政治课考题，更应该有明确的政治方向，不是叫人去背书，而是通过考试，引导青年注意参加现实的斗争。1960年《人民日报》社论指出，高校招生、挑选学生，必须首先注意学生的政治条件，在保证政治质量的前提下，结合考生的学业、健康条件，择优录取②。到“文革”废除统一高考之前，这种以政治为导向、服务于政治斗争、适应政治现实的命题原则都未曾得到改变。

---

① 杨学为：《高考文献》（上），高等教育出版社，2003年，第319页。

② 《力争超额完成高等学校招生任务》，《人民日报》1960年7月1日。

尽管针对当时高考命题中出现的偏题、难题以及偏重死记硬背的考题，教育部在 1963 年高等教育学校招生命题的意见中指出，高考命题要注意考查学生对基础知识的理解程度和运用能力以及对基本技能的掌握和熟练程度；但在“政治挂帅”这一强有力的政治背景下，这一时期的高考各科命题均打上了鲜明的政治烙印。

以 1964 年后各科高考命题标准为例①：语文试题，强调政治思想性，突出政治，紧密结合当前的形势，而且使学生都有话可说，易于联系思想实际；作文评分标准，规定政治标准第一，艺术标准第二的原则。政治常识题，强调以阶级斗争为纲，引导学生活学活用毛主席著作，把学习毛主席著作同改造思想和分析解决实际问题紧密地结合起来。历史试题，强调以阶级斗争为纲，并贯彻厚今薄古、古为今用、史论结合的原则。外语试题，着重考查学生的语言基本功和运用能力，并注意政治思想性。数学、物理、化学试题，除了着重考查学生对基础知识的理解程度和活学活用能力外，尽可能注意联系生产、联系实际。

二、统一高考恢复后过渡时期的高考命题（1977 年到 1984 年）

1976 年，十年动乱结束，教育战线开始拨乱反正。8 月 13 日，教育部召开高校招生工作会议，提出恢复高校招生考试制度。时任教育部部长的刘西尧在招生工作会议的总结中指出，“要理直气壮地抓好文化考试”。他认为，文化考试作为一种方法，是为路线服务的，是为德智体全面衡量、择优录取服务的，是为群众评议和党委审查服务的，它是整个招生工作的重要环节之一。当前要注意的是如何使文化考试能体现党的教育方针，不出偏题、怪题整学生，教育学生正确对待考试，解除他们的紧张心理②。这一阶段高考命题呈现出以下特点：

1. 命题权从地方收归中央

由于 1977 年恢复高考时准备仓促，所以该年的高考命题由省、市、区负责，县（区）统一组织考试。考试分文、理两类：文科考试科目为政治、

---

① 杨学为：《高考文献》（上），高等教育出版社，2003 年，第 574 页。

② 杨学为：《高考文献》（下），高等教育出版社，2003 年，第 46 页。

语文、数学、史地，理科考试科目为政治、语文、数学、理化。

1978 年，恢复后的全国统一考试由教育部组织命题，聘请高校教师、高中教师、中学教材编写人员和科研人员，根据全日制中学教学大纲编制试题。1978 年至 1980 年间，全国尚无统一的中学教材和教学大纲，每年由教育部颁发高考复习大纲，作为统一考试的命题范围，也使考生在复习时有所遵循。1981 年后有了全国统一的教材和教学大纲，高考命题以此为依据，教育部不再颁发复习大纲，但考虑到教学内容会有所变动，所以每年公布一个简单的复习范围①。至此，高考命题权逐渐走向统一，国家开始掌握此后很长一段时间里对高考命题的绝对主导权。

2. 命题立意开始关注知识与能力并重，但仍偏重知识考查

自统一高考恢复以来，有关高考命题中知识和能力关系的讨论就一直未中断过。1977 年教育部在《高等学校招生工作的意见》中就指出，组织统一考试的目的主要是了解学生掌握基础知识的状况和分析问题、解决问题的能力。但由于此一阶段命题水平尚浅，高考还是偏重于知识记忆的考核，对能力的考查还很有限。这里以 1978 年至 1984 年高考历史试题为例进行分析(见表 1-7)。

表 1-7　1978 年至 1984 年高考历史试卷题型和题型分数分布表

题型／年份	问答	填空	填图与识图		名词解释	选择	判断	列举	年代与事件	古今地名对照
	题数（分数）	题数（分数）	题数（分数）	题数（分数）	题数（分数）	题数（分数）	题数（分数）	题数（分数）	题数（分数）	题数（分数）
1978	3（45）	15（20）	1（5）	—	5（25）	—	—	—	10（5）	—
1979	3（44）	21（24）	1（3）	—	5（20）	—	—	—	6（6）	3（3）
1980	3（46）	28（28）	2（6）	—	5（20）	—	—	—	—	—
1981	3（42）	20（28）	2（6）	—	4（16）	—	8（8）	—	—	—
1982	3（36）	18（26）	—	—	—	14（14）	—	6（24）	—	—
1983	3（34）	26（27）	2（6）	—	4（16）	7（7）	—	3（10）	—	—
1984	3（39）	30（30）	1（3）	1（2）	4（14）	—	—	4（12）	—	—

① 唐佐明、黄国勋：《高校招生体制改革研究》，广西师范大学出版社，2000 年，第 43 页。

表中数据是根据1978年至1984年历史高考试卷整理而成的。

一般而言，历史科是一门既考查学生对历史知识、史料的掌握程度，又考查学生利用纷繁复杂、散落各处的史料综合归纳分析问题的能力的考试。离开对史实、史料等知识的记忆和了解，归纳和综合的能力就无从谈起；但若仅有对历史知识的熟记，而不能把对史实的理解与历史的互相联系结合起来，进行有效的归纳和综合，分析问题的能力也难以提高。在1978年至1984年的历史试题中，填空、名词解释等题型和分数占据相当的比例，它们同列举题一样，均是考查学生的记忆能力，即考查对历史知识的掌握程度。虽然各年考卷中问答题也占了很大比重，但从试题考查的要求上看，对考生的归纳和综合能力的考核水平还比较低。例如，1978年问答题第二题：扼要举出周恩来同志在我国民主革命各时期的主要革命活动；1979年问答题第一题：举出中国革命先行者孙中山先生的重要革命活动；1982年问答题第二题：比较《辛丑条约》和《马关条约》的异同，为什么说《辛丑条约》的签订标志着中国完全沦为半封建半殖民地社会？此类考题，一般只要学生掌握了史料，能进行一般的归纳和比较就可以回答了，对学生分析、解决问题能力的考查水平不高。

3. 命题重申以中学教学要求为基准

由于“文革”期间高校中断招生，到1977年恢复高考时，社会已经聚集了大量的生源，当年报考人数超过570万，接下来的两年里考生人数与高校招生人数仍存在着巨大的落差。一时间，考试竞争的程度急剧上升。当时许多中学为了迎接1980年的高考，竟从头年10月开始就进行总复习。这在当时被称为“大突击”现象。1979年10月16日，《光明日报》专门就此“大突击”景象进行报道，指出用这种办法，有损于传授基础知识和培养基本技能的“双基”教学，也不利于学生和教师的健康，并发动教育界对此问题进行讨论①。高考命题如何适应中学教学实际的问题又一次被提出。1981年开始，中学有了全国统一的教材和教学大纲，教育部要求高考命题要严格限制在中学教学大纲和教材范围之内，着重考查基础知识和基本技能及运用能力。在《关于1984年高考命题若干问题的通知》中②，教育部又再次规

① 《“大突击”景象散记》，《光明日报》1979年10月16日。

② 杨学为：《高考文献》（下），高等教育出版社，2003年，第182页。

定，中学教学要从实际出发，着重抓基础，抓发展智力、培养能力。对此，高考命题的指导思想是：必须符合高等学校选拔新生的要求，同时又有利于中学教学。命题的原则是：命题范围不超出中学教学大纲，试题内容的要求不超过中学所用统编教材所能达到的程度。

4. 考试内容的政治倾向逐渐减弱

统一高考恢复后，与 20 世纪五六十年代相比，考试内容的政治倾向在逐渐减弱，但仍存在不少政治导向的题目。以 1978 年语文高考试卷为例，第二大题填字题，第 1 至 3 题。作文题是缩写一篇题为“速度问题是一个政治问题”的文章。

要求在下面的括号里填进最恰当的字，每个括号只能填一个字：

(1) 前不久勃列日涅夫写信给北约各国首脑，警告西方不许搞中子弹。这封恐吓信一披（ ），马上遭到西方许多军政界人士和报刊的抨（ ）。有人愤怒地斥责苏联这样一个武装到牙齿的大国采取恫（ ）的手段是“无（ ）之尤”。有的人反（ ）相讥说：“北约应建议苏联拆除它对准西欧的爆炸力为中子弹二千倍的 SS-20 机动导弹。”

(2) 那些外表道貌（ ）然、内心卑鄙龌（ ）的神父，尽管装出一（ ）穷人的救世主的模样，实际上是（ ）善、（ ）婪、凶狠、残暴的剥削者和压迫者。

(3) 本来，不使用武力和武力威胁，是国与国之间理应（ ）循的准（ ），任何（ ）端都应通过谈判解决。

经过几年的调整，考试内容中的这种明显有着政治倾向的试题在减少，而有关语法、修辞等语文知识和作家、作品等文化知识的考题不断增加。考试内容逐渐转向以语文学科的专业逻辑体系为命题根本，体现了一定的专业性与学科性。

三、以实现“标准化”和“科学化”为目标的高考命题时期（1985 年到 20 世纪 90 年代中期）

从 1985 年开始，高考改革进入一个深入发展的阶段，到 20 世纪 90 年代中期之前，高考命题主要以标准化考试为契机，致力于提高考试内容的科学性。

（一）高考题型的调整与稳定

统一高考建立以来，考试命题一直处于经验命题阶段，随意性比较大。命题工作主要依据命题人员的经验，在短时间内完成。试题使用前缺乏各项统计分析指标，导致试题水平不够稳定，时有过难或过易的现象，题型较为简单，覆盖面窄等等。为改变这一命题低水平局面，从1985年开始，国家教委开始在广东省试行数学、英语试题标准化考试的改革，随后逐渐在各省推行。

在借鉴国外标准化考试经验的过程中，我国的标准化考试并未完全采用国外的做法。例如，与ETS考试全部采用选择题不同，我们认为①，不同题型有不同的考核功能，选择题和论述题各有所长，应该根据各学科考核的内容，确定各种题型的比例。客观题作为一种题型，适用于考查考生对基本知识的识记、领会和简单应用能力，主要根据应答结果反映考生对考核知识的掌握情况。它的长处是知识覆盖面广，评分客观正确，利于考查判断能力，评卷记分也比较经济，误差小；不足之处是不能考查考生的写作能力，考查思维过程也比较困难。而一些主观题，如语文的作文题、英语的表达能力题、数学的推理证明题和抽象思维题、物理的综合应用题、化学的计算题和实验题等，都能比较系统地考查出考生某方面或几个方面的综合能力，主要依据考生对试题的解答过程来反映对知识的掌握程度和思维过程，能考查较高层次的教学目标，发挥客观题无法取代的作用。因此，高考命题的关键在于探索适应每个学科特点的主、客观题型的合理比例。以1987年至1996年高考语文、数学、英语三科试卷为例（见表1-8），10年间此三科试卷采用的题型和所占分数比例情况如下表所示，除英语外，语文、数学的主、客观题的分数比重在1∶1左右。

表1-8　1987年至1996年高考语文、数学、英语试卷采用的题型所占分数比例

		1987	1988	1989	1990	1991	1992	1993	1994	1995	1996
		主∶客	主∶客	主∶客	主∶客	主∶客	主∶客	主∶客	主∶客	主∶客	主∶客
语文	分比例	50∶70	50∶70	50∶70	40∶80	54∶66	50∶70	50∶70	60∶90	60∶90	60∶90
数学	分比例（文史类）	55∶65	55∶65	60∶60	60∶60	60∶60	51∶69	58∶92	61∶89	65∶85	69∶81
英语	分比例	13∶87	15∶85	15∶85	15∶85	15∶85	15∶85	15∶85	25∶125	25∶125	30∶120

在这一命题原则指导下，高考各科试卷逐渐走向标准化，选择题逐渐成为最主要的考试题型，通常占50%的分数，其余为论述题，也有少数填空

① 杨学为：《高考文献》（下），高等教育出版社，2003年，第580页。

题。由于标准化考试在试题命制中注意技巧性，通过试测对考试内容的难度、区分度进行一定的控制，所以体现了较强的科学性。

(二) 加强能力考查逐渐成为高考内容改革的重点

20 世纪 80 年代末，中等教育获得了较大的发展，但与高等学校的招生数仍有巨大差距。以高等教育毛入学率为例，1988 年—1997 年的数据分别如表 1-9[①] 所示：

表 1-9　1988 年—1997 年中国高等教育毛入学率

年份	1988	1989	1990	1991	1992	1993	1994	1995	1996	1997
毛入学率	3.71%	3.68%	3.45%	3.20%	3.47%	4.68%	5.70%	6.86%	8.03%	8.84%

由此，高中的升学竞争十分激烈，导致了学生学习负担过重，中学片面追求升学率。加之高考命题科学性不高，部分学科死记硬背的试题仍然大量存在，产生了巨大的社会负面影响。为此，国家教委在 1985 年开始改革高考，减少高考科目设置。1990 年国家教委在《关于征求在会考基础上改革高考科目设置及录取新生办法意见的通知》[②] 中指出：新的高考科目在注重基础学科的同时，应侧重对考生性向能力的考查，即通过考试将在某一学科方面有特长和发展潜力的学生选拔出来。

为了落实考查能力的命题指导思想，维持高考内容的一致性，同时确保高考试题质量的稳定性，从 1991 年开始，国家教委考试中心聘请各有关学科专家组成高考各学科命题委员会和相对稳定的学科命题组，在完成当年命题任务的同时，研究制定各学科的《考试说明》。从当时颁布的高考《考试说明》(也称《考试大纲》) 的内容来看，各试验学科的考试说明包含：

(1) 考试的目的和性质；

(2) 考试的内容和范围；

(3) 考试的方法和形式 (包括题型、题目数量、各部分内容占分数比例、答卷方式等)；

(4) 样题等部分。

① 谢作栩：《中国高等教育大众化发展道路的研究》，福建教育出版社，2001 年，第 141 页。

② 杨学为：《高考文献》(下)，高等教育出版社，2003 年，第 439 页。

《考试说明》依据中学教学大纲编制，体现各学科的能力考查目标和能力层次，总结能力考查原则和方法，将考查能力学科化、具体化，有利于克服考试工作中的盲目性，实现科学化、标准化，也有利于考生复习备考，减轻盲目的、不必要的负担。最重要的是，《考试说明》可以依据《教学大纲》提出对能力的要求①，有力地促进当时高考改革不断突出能力考查目标的实现。

① 杨学为：《中国考试改革研究》，北京大学出版社，2001 年，第 423 页。

第二章　高校招生入学考试形式与内容的域外视角

不同的政治、经济和文化背景造就了世界各国形式各异、特色鲜明的大学入学考试制度。然而随着全球化步伐的加快，教育领域的趋同现象明显增多，世界各国高等教育的主张、组织模式以及办学经验，经过多年发展已逐渐相互接近和彼此类似①。这在大学入学考试制度方面也不例外。近年来各国高校招生入学考试制度出现两种发展趋势②：一种趋势是以分散考试为主的国家逐渐提高国家或地方统考的比重；另一种趋势则方向相反，那些以统考为主的国家，在保持统一考试作用的同时，扩大高校自主权，积极探索考试形式的多元化。这两种趋势使得各国高校入学考试形式呈现出共同的特征，即由分散考试和统一考试两端向着中间二者结合处发展。而考试内容则日益出现综合化的特征，并突出能力考查。改革致力于提高学生的综合素质，同时改善同中等教育的关系。本章以美、英、韩为例，分析其大学入学考试形式、内容的发展演变及其特点，并试图探讨其演变过程中考试发展的规律。

第一节　美国高校入学考试形式与内容的演变

美国教育以多样化、分散化和地方化等特点闻名于世。受此教育特点的影响，大学招生考试制度也呈现出多元化的特征。这种多元化、多样化不仅

---

①　侯定凯：《高等教育如何步入“大众化”时代——兼评“宽进严出”观点》，《上海高教研究》1996 年第 3 期，第 52 页。

②　田建荣：《高考形式的统一性与多样性》，《高等教育研究》2000 年第 4 期，第 47 页。

体现在招生政策上，而且在考试形式和录取标准上也表现得很明显。近年来招生考试制度的改革在适应各具特色的高校选才的同时，也积极探索建立（国家）统一的中等教育标准，逐渐与当前以保持特色、提高质量为特征的教育改革相吻合。

一、美国大学招生考试制度概况

美国在法规上并没有关于大学入学的统一规定，各大学根据既定的入学条件和标准录取学生。多层次、多类型的高等教育并存是美国高校招生考试制度面临的教育实际，为适应这一实际，高校招生考试制度呈现出一定的层次性。从整体上看，美国高等学校的招生原则是从多方面衡量、选拔合格新生，是以高等学校为主体，在中学和各种考试机构的有机配合下进行。招生考试制度的多样性主要表现在以下方面：

（一）招生政策层次分明

美国多层次、多类型的高等教育实际是形成层次分明的招生政策的基础与前提，高校的层次和类型深刻影响着招生标准的严格性，从而形成以下三种类型的大学和招生政策①：

（1）以培养创新研究型人才为主要目标的第一类大学，如一些著名的私立大学和优质的州立大学实行选拔性招生政策。对申请入学的考生进行相当严格的选拔，因而入学新生一般都有较高的智力水准和学习能力，学生的淘汰率也较高。这种招生政策也称“英才政策”。这类学校重视选拔各种优秀人才，以便保持其第一流的科研和教学水平。它又称竞争选拔型。

（2）以培养工程技术人员和发展研究人员为主的第二类大学，如一般的州立大学，实行“入学后的筛选政策”。这类学校招收新生时对考生只进行一般性、不严格的选拔，入学后学校再根据要求对那些不够水准的学生进行逐年淘汰。它又称基准淘汰型。

（3）以培养生产工艺人员为主的第三类高校，如两年制的社区学院实行开放性的招生政策。学校向所有具备高中毕业水平的成年人开放，给他们以享受高等教育的机会。它又称非选拔型。

---

① 高军：《论美国高校的层次和类型对其招生的影响及其特点》，《湖北招生考试》（理论版）2003 年第 10 期，第 58 页。

（二）衡量与选拔标准灵活多样

不同的招生政策使得各个学校选拔标准各异，考试成绩并不作为唯一的衡量标准。一般来看选拔标准有以下几方面：

1. 审查学生的中学课程和学业成绩

大学一般要求考生在中学期间要修完十五学分左右。有些大学对考生高中期间选课也有些特殊规定，如哥伦比亚大学要求考生必须持有外语三学分、数学三学分和自然科学二学分；加州大学要求考生必须持有外语二学分、自然科学二学分和数学二学分①。至于高中学业成绩，中学须向大学呈送的学生成绩是中学最后几年中各门学科成绩的总平均分，分数为 6 个等级，一般大学都要求在 C 等以上。美国大学入学考试委员会认为，“在大学招生中最主要的因素是学生在中学的成绩”，占整个比重的 30%左右②。各大学在审查高中成绩时，还要看高中成绩在本班的名次。名牌大学要求考生成绩须在前 25%，差一些的学校要求考生成绩在前 60%以内即可。一般私立学校要求高于公立学校，四年制大学要求高于二年制大学③。

2. 审查入学考试的成绩

美国各大学对学生入学考试的项目要求是不同的，大致分为三种：要求参加 SAT 和 ACT 两项考试；要求参加大学指定的一项考试，有的大学也允许考生从两项中自选一项；不要求参加任何考试。一般大学招生所参考的量化成绩就是 SAT 和 ACT 考试，选择哪种考试是由大学和考生自己决定的，考生可以选择一种考试，也可以同时选择两种考试。除了一些开放型学校（如社区学院等）外，各校都划定了一条 SAT 和 ACT 考试分数线作为量化成绩。当然，学校不同标准也不同，考试成绩的使用并不绝对化，只是作为参考的重要因素之一。

3. 审查并评定入学申请书和推荐信

大学招生机构一般都认真审查和评定每个考生的入学申请书和推荐信，他们这样做的主要目的是了解考生的特长、兴趣爱好和才干，以弥补考生考试成绩及名次的不足。

---

① 贾非：《考试制度研究》，四川教育出版社，1995 年，第 141 页。

② 韩家勋、孙玲：《中等教育考试制度比较研究》，人民教育出版社，1999 年，第 63 页。

③ 贾非：《各国大学入学考试制度比较研究》，辽宁教育出版社，1990 年，第 101 页。

4. 面试成绩

一些学校在录取前还要举行面试，利用教师与考生的对话了解考生的能力、个性、兴趣、特长等方面情况。但由于近年来考生人数的增多，越来越多的院校开始取消面试，但在一流大学的录取中面试成绩仍然占据重要地位①。

5. 大学招生中的特殊政策

大学在招生过程中通过审查考生平时参加各种课外活动来评定学生的组织能力、宣讲能力、研究能力、创造能力，学生只要在某方面有特殊才能(特别是音乐、体育、美术等)，不管学业成绩如何，都可以免试录取（包括第一流的大学)。

（三）入学考试种类多样，影响各异

由于各高校招生政策和选拔标准不同，对是否要求参加入学考试以及对入学考试的利用程度存在很大差异。美国没有一个全国统一的大学入学考试制度。大学，特别是著名大学主要利用由民间机构主办的考试机构提供的考试成绩对学生进行选拔。目前美国各大学录取新生时采用的考试主要包括：由美国教育考试服务处（ETS）举办的“学习能力测试”“学业成绩考试”，以及由美国高等院校测验处（ACT）举办的“美国大学入学考试”。

ETS 承办的大学入学考试主要由学习能力考试（SAT）和标准书面英语考试（TSWE）组成。部分高校还要求学生参加学业成绩考试（AT），考查学生某些学科学习的情况。这些考试多被美国东、西海岸的高等学校招生使用。而美国中、南部地区的高等院校招生主要依靠美国高校测验处举办的ACT 考试。

二、美国高校入学考试形式的演变

（一）早期分散性入学考试的建立及推行阻力

早期美国高等教育受欧洲特别是英国的影响很大，无论是教学形式还是教学内容，几乎都是英国高等教育在美洲的“复制品”。当时的大学入学考试由各校自主举行。考试一般采用口试形式进行，口试的科目是希腊语、拉

① 于钦波、杨晓：《中外大学入学考试制度比较与中国高考制度改革》，四川教育出版社，2000 年，第 210 页。

丁语和数学，由校长和一些教授主持考试，最后由校长做出录取决定①。

南北战争之后，美国高等教育得到长足的发展。特别是《莫雷尔法案》颁布之后，各类院校，特别是农工学院得以迅猛发展。学校数量的增多以及学生规模的扩大，使得原有的以高校为单位的、以口试为主体的单独招生考试形式面临巨大压力，部分学校开始改革入学考试形式。

1871 年，密西安大学正式实行证书录取制。该校校长弗里茨提出取消入学考试，和本州中学建立认可关系，由大学每年对中学进行一次视察，审查教师的水平、课程的设置以及学校的设备，通过审查的学校就获得认可，被称为“认可”中学，从“认可”中学获得毕业证书的学生，可以不经考试直接进入大学。证书制的实施扩大了学生的来源，沟通了大学和中学间的交流渠道，而且通过视察在一定程度上也保证了学生的学术水准。到 19 世纪 90 年代，证书制的实行已经遍及全国。然而这种招生办法也带来了不少问题，中学感觉失去了自治，无法自主地决定开设的课程，穷于应付不同大学对学校的视察，中学所在的地方也感到对中学的控制被削弱。同时，中学要求大学对其开设的职业课程给予承认，然而大学却因此批评中学降低了学生质量。证书录取制遇到越来越多的困难。

（二）各类统一考试应运而生

19 世纪末，为适应高校招生录取中招考双方规模增大的需要，提高高校招生的效率和质量，同时处理好大学与中学的关系，不同种类的统一考试开始出现，统考成绩逐渐成为许多高校招生录取的参考因素。这些统一考试是对以前单独招生和证书制等招考形式的重大改革。美国历史上采用的大学入学统一考试，影响大的主要有 AT、SAT 和 ACT 等几种。

1. AT 考试、SAT 考试

19 世纪末，在各地实行证书录取制的同时，美国东部地区仍然有一些学校单独举行入学考试，由于各校考试科目和内容差异很大，给中学的大学预备教育造成极大的困难，也使大学很难在保证质量的同时扩大招生。为此，建立一个超越地方和地区的考试机构的计划显得日益紧迫。1899 年，中部各州大中学校联合会召开会议，决定成立大学入学考试委员会，以统一大学入学考试，统一考试科目与考试时间，提高高校入学考试的效率。

① 符娟明：《比较高等教育》，北京师范大学出版社，1987 年，第 150 页。

1900 年,大学入学考试委员会正式成立。委员会在中学与大学都能接受的基础上着手建立了一个课程大纲系统，为实施统一的考试系统奠定了基础。

大学入学考试委员会成立后于 1901 年 6 月举行了首次跨州的统一考试，即学业成绩考试（Achievement Test)。当时考试科目有英语、法语、意大利语、希腊语、拉丁语、历史、数学、物理和化学九个学科。次年又增加了西班牙语、解剖学和地理。考试属于学科性的论文式考试。教育测验专家在对这种统一考试进行研究后指出，入学考试很难预测学生是否能在大学获得成功；学生在中学的成绩对其升入大学后的成绩影响较大，而传统的考查书本知识的大学入学考试成绩则对学生升入大学后的成绩影响有限①。因此，大学入学考试委员会于 1926 年对大学入学考试进行改革，首次举办大学智能测验——学术性向测验（Scholastic Aptitude Test)。这种考试是一种学业适应性测验，考试目的不是检查考生在高中学了多少知识，而是测验考生是否具备进入大学学习的基础知识和能力。SAT 考试不分科，以文字和数理两方面的能力为考查领域，考查范围很广，所有高中学习内容都包括在内。这有利于回避美国中学课程不一、质量参差不齐的问题，又能为大学选拔提供一种不受学科专业限制的、统一可比的尺度。因此，SAT 考试逐渐取代 AT 考试成为高校入学考试的主要形式。为方便学生投考，SAT 考试每年举行 7 次。

学业成绩考试（AT）被 SAT 考试取代主导地位后，逐渐成为考生在参加 SAT 考试后自愿选择报考的一项学科性考试。该考试每年举行 5 次，主要考查学生对某一学科知识和能力的掌握与运用情况。AT 考试并不被多数大学要求和使用，但那些入学竞争激烈的著名大学仍然要求申请者提供此项考试的成绩。

2. ACT 考试

由于大学入学考试委员会成立之初进行的考试主要为美国东部一些选拔性很强的私立或公立大学服务，很难满足其他地区众多的一般性大学招生的要求。同时 SAT 考试过于强调考生的潜在学习能力，而远离高中的课程和教材（实际上在当时也是 SAT 考试无法做到的)，不利于引导学生在高中阶段认真学习。鉴于此，20 世纪 50 年代末，美国高校测验处设立了另一种类型的统一考试——ACT 考试。当时，这一考试分数仅为一部分较大的州

① 符娟明：《比较高等教育》，北京师范大学出版社，1987 年，第 152 页。

立大学、学院和较小的私立学院了解高中毕业生的水平，以便分班安排不同难度的课程。随着考生人数的不断增加，许多大学和学院希望能用一个可以全面评价学生高中学习水平综合信息的考试成绩来录取新生。因此，ACT考试正式作为一种美国大学入学考试被高校使用，并逐渐涵盖了美国中西部地区的大部分高校。

ACT 考试的目的是在英语、数学、阅读和自然科学四个领域内考查学生在接受中学教育后所达到的水平，考查范围基本依据高中教学及大学教学所需的相关范围。由于美国普通教育没有统一的教学大纲和教材，ACT 认真研究各种教材，确定综合测试学生知识和能力水平的共同点，力求考试与高中教育目标和课程相联系。该考试每年举行 5 次。

（三）统一程度有限，但统考的作用不断增强

美国高校入学考试由专业考试机构独立组织与实施，不受国家行政部门的指导与干预。无论是主持 SAT 考试的美国教育考试服务处（ETS）还是主持 ACT 考试的高等院校测验处（ACT），都是独立的、具有财团法人资格的非营利性的民间教育考试研究和服务性机构。它们的工作属于社会服务性的，受大学委托，以设计、主持、评判、研究考试为职业，以客观、可靠的考试结果及相关的分析，为大学提供效度高的学生测试结果。因此，与国家组织和推行的考试相比，它的强制性较小，统考成绩的利用程度由高校根据自身的需要来决定。而实际上，在不同的招生政策影响下，高校之间对是否要求参加统一考试以及对考试成绩的利用程度也存在很大差异。

但从近年的大学招生来看，标准化统一考试发挥着越来越重要的作用。2001 年，ACT 网站公布，每年有超过 2 000 000 学生参加 SAT 考试，参加 ACT 的考生数也超过 1 700 000①。而 1998 年美国国家研究中心（The National Research Council）的研究数据表明，在 1979 年到 1992 年间，美国四年制高校要求申请者提供 SAT 考试或 ACT 考试成绩的数量增长到 90%，而参加这两项考试的学生也从 1979 年中学毕业生的 1/2 增长到 1998 年的 2/3②。因此，难怪有人评价 SAT 考试为“美国人生活中最具影响力的

---

① Rebecca Zwick. Fair Game?: The Use of Standardized Admissions Tests in Higher Education. Routledge Falmer, 2002, 39.

② Rebecca Zwick. Fair Game?: The Use of Standardized Admissions Tests in Higher Education. Routledge Falmer, 2002, 38.

考试，它是进入国家最好的公立、私立高校求学的关键”①。

美国教育界在评论标准化考试时指出，在各州中等教育缺乏统一标准的情况下，这种统一形式的入学考试成为美国评价不同地区、学校和学生的相对统一标准，也为大学的招生提供了一个考生之间相对客观和可比的尺度。利用统考，大学也减少了招生的成本，提高了效率②。而且，在教育测验专家、学科专家和测验心理学家的共同努力下，SAT 和 ACT 的质量不断提高，同时考试机构不断强化服务与质量意识，力求向考生、中学和大学提供全方位、多侧面的信息服务，因此为越来越多的高校所肯定。

由于考试研究的深入，考试技术水平的提高，特别是测量技术运用到考试领域，SAT 和 ACT 开始使用分数转换与等值技术，保证了考试分数年度间的可比性。从 20 世纪 30 年代起，SAT 就出现了在一年之中进行多次考试的局面。目前 SAT 和 ACT 每年分别举行 7 次和 5 次，学生可以根据需要选择报考一次或多次，ETS 与 ACT 机构将选择最好的一次成绩报告给大学。考试次数的增多与报考的自由，对于减轻考生的心理负担，缓解一次考试的压力有着重要的意义。

需要指出的是，美国人对标准化考试的态度爱恨并存，人们对更多测验的需求以及对测验的高期待与对其强烈的批评同时存在③。尽管统考的作用在不断增强，但与我国统一高考相比，它在高校招生录取中并不是唯一的主导因素。正如 Steering Committee 指出的④，由于考试分数能提供的学生信息有限，入学考试只有在联合其他考查标准时才能简便、有效地评价学生。因此高校应该避免将考试分数当作检测学生的精确手段，而仅仅依靠其选拔生源。

---

① Rebecca Zwick. Fair Game?：The Use of Standardized Admissions Tests in Higher Education. Routledge Falmer，2002，38.

② Steering Committee for the Workshop on Higher Education Admissions. Myths and Tradeoffs：the Role of Tests in Undergraduate Admissions. National Academy Press，1999，1.

③ 杨学为：《废科举百年祭——兼议〈美国标准化测验一百年：争论和反复〉》，《中国考试》2003 年第 10 期，第 6 页。

④ Steering Committee for the Workshop on Higher Education Admissions. Myths and Tradeoffs：the Role of Tests in Undergraduate Admissions. National Academy Press，1999，25.

三、美国高校入学考试内容的设置与调整——以SAT、ACT考试为例

SAT、ACT是当前美国高校入学考试中最具影响力的考试。由于这两项考试起初设置的目的不同，在考试的内容上也存在一定差别。但从总体上看，SAT、ACT均注重对学生能力的考查。

（一）SAT考试内容

SAT考试最初是为美国东部海岸的一些竞争性高校招生所设立的，旨在预测学生是否具有在大学学习的相关能力，考试着重考查学生的基本语言和数学推理能力。SAT考试不分科目，只分语言和数学两部分。1926年SAT的语言词汇考试包括定义、分类、反义词、虚拟、逻辑推理、短文阅读等测验，主要考查学生的词汇量、阅读能力和理解能力；数学考试包含代数、几何和算术问题等。1928年开始把词汇能力考试与算术能力考试分开记分。考试以多项选择题为主。从试题内容来看，考试不与某一教学内容直接联系，类似智力测验，主要是评价学生在校内外学习中发展起来的认识和分析能力，因此与中学教学的联系不大。ETS通过公布测验题型以及考查要求来组织实施考试。以词汇部分为例，1998年词汇部分的测验包括analogy questions（类比题）、sentence completion questions（完成句子）、critical reading questions（批判性阅读）三种题型，各题型能力考查的要求①分别是：

analogy questions：考查单词的意思；能够识别两个词之间的关系；能够识别词汇之间相近或类似的关系。

sentence completion questions：理解单词的意思；能够明白如何将不同部分的句子有逻辑地连接起来。

critical reading questions：能够阅读并仔细思考数篇不同种类的阅读材料。

从19世纪30年代开始，词汇测验和数学测验在考试内容上都发生了较大变化，主要是考试题型一直处于不断调整中。不同时期使用的题型以及题

① Steering Committee for the Workshop on Higher Education Admissions. Myths and Tradeoffs: the Role of Tests in Undergraduate Admissions. National Academy Press, 1999, 18.

量有差别，以1958年至今词汇考试各部分题目量（见表2-1）为例。

表2-1 词汇测验中各类题型的数目①

	1958—1973/1974	1973/1974—1978/1979	1978/1979—1994/1995	1994/1995至今
antonyms 反义词	18	25	25	
analogies 类比	19	20	20	19
sentence completions 完成句子	18	15	15	19
reading comprehension 阅读理解	35 (7 passages)	25 (5 passages)	25 (5 passages)	
critical reading 批判性阅读		—		40 (5 passages)
total verbal questions 词汇题总数	90	85	85	78
total testing time 总考试时间	75分钟	85分钟	85分钟	78分钟

同时，同一题型在不同时期呈现方式也不同。1934年和1952年两道词汇测验中都有反义词（antonyms）试题，但作答形式却不同。

1934年（six-choice antonym）：

1. gregarious，2. solitary，3. elderly，4. blowy

（1，2）（1，3）（1，4）（2，3）（2，4）（3，4）

答案（1，2）

1952年（five-choice antonym）：

virtue：（A）regret （B）hatred （C）penalty （D）denial E（depravity）

答案：E

由于早期SAT类似智力测验，考试内容不与特定的教学内容相连，考查学生潜在的能力，使得学生不需要接受完整的中学教育就可以参加考试，在一定程度上妨碍了中等教育的正常秩序。为此，SAT改革一直力图以促

① Rebecca Zwick. Rethinking the SAT：the Future of Standardized Testing in University Admissions. Routledge Falmer，2004，64.

进中等教育服务为目标：一方面更加强调考查学生是否具备胜任大学教育所需的阅读、写作以及数学能力、技巧；另一方面也试图利用考试内容的调整提高考试与中学课程的联系。

首先，改变早期词汇测验中重视考查生僻单词的现象，对早期 SAT 考试中频频出现的类似复杂的“文字游戏”（puzzle-solving questions）的考题进行改造，使当前考试题目更类似于学生日常的课程学习中碰到的一般问题。而这些问题却是对学生就学或是生活成功所必须具备的推理和思考能力的测量①。

此外，1994 年，将 SAT 由原先的 Scholastic Aptitude Test（学术性向测验）改为 Scholastic Assessment Test（学术评估测验）。考试分为两部分，原来的 SAT 更名为 SAT－Ⅰ，又称理解测验，仍然以测试学生的学术能力为主；另一项新的考试称为 SAT－Ⅱ，又可称为科目测验，主要测试学生在不同科目学习方面的理解能力和程度。SAT－Ⅰ的地位与作用和原先 SAT 考试一样，为绝大多数本科院校申请所要求；但要进入一流或水平较高的私立或公立学校，考生还必须参加 SAT－Ⅱ考试。科目测验即是原先的 AT 考试，考试内容与中学课程结合较紧，但由于中学教材不同，要不受特定教材或教学方法的限制，考试只能尽量考共同要求的知识和能力。总体来看，改革后的 SAT－Ⅱ考试基本向着反映高中课程变化的总趋势发展。将学术性向测验改为学术评估测验，实际上就是把原先的 SAT 考试与 AT 考试合并，这有利于更加全面地反映学生信息，也加强了高校、入学考试与中学教育间的联系。

（二）ACT 考试内容

ACT 考试是美国另一项重要的高校入学考试。1975 年，“美国高校测验纲要”阐明了这一测验的目的②，即帮助学生了解自己的能力与兴趣类型，了解自己今后需要受何等教育；测验为中学和大学提供可靠的、综合性参考资料；测验还评价学生的学习能力和课外活动能力；测验向大学提供学生的中学成绩，供设置课程和分班时参考。

---

① Rebecca Zwick. Rethinking the SAT: the Future of Standardized Testing in University Admissions. Routledge Falmer，2004，58.

② 唐滢：《美国高等院校招生考试制度研究》，厦门大学博士学位论文，2005 年，第 106 页。

1989 年改进后的 ACT 考试分四部分①：

（1）英语测试，主要考查学生理解标准书面英语在标点、语法、句子结构、修辞技巧、文章结构和文体方面的水平，而不考拼写、词汇、语法规则等“死记”的知识。

（2）数学，主要考查学生的数学推理能力，考试强调实际生活中常见的数学问题，以及高中数学中涉及与大学教学需要的数学技能，强调数学推理能力而不是记忆公式或计算能力。

（3）阅读，主要考查运用归类和推理进行阅读理解的能力。

（4）科学推理，主要考查在自然科学中需要的解释、分析、评价、推理和解决问题的能力。

改进后的 ACT 考试内容更直接与高中课程相联系。ACT 强调，学生升入大学所具备的知识和能力，是通过整个学校教育过程获得的，并不是通过短期突击和考前辅导获得的。因此，考试必须与高中的教育目标和课程紧密相连，考试的分数反映考生在高中就读期间努力学习的结果②。在命题过程中，要考查的知识和能力主要依据以下三方面来确定：

（1）美国各州公布的初一至高三的教育目标。

（2）各州批准使用的初一至高三的教材。

（3）中学及大学教师分别认定的中学必须掌握的教学内容及大学所需要的知识和能力。

根据以上三点确定内容覆盖面及各知识点的占分比例③。由于 ACT 考试既考查学生的智能，又考查学生在几个学科所掌握的知识和应用这些知识的能力，因此，它是学生学业成绩考试和学术性向考试的一种综合考试④。

---

① 韩家勋、孙玲：《中等教育考试制度比较研究》，人民教育出版社，1999 年，第 102 页。

② 康乃美、蔡炽昌：《中外考试制度比较研究》，华中师范大学出版社，2002 年，第 180 页。

③ 韩家勋、孙玲：《中等教育考试制度比较研究》，人民教育出版社，1999 年，第 105 页。

④ 于钦波、杨晓：《中外大学入学考试制度比较与中国高考制度改革》，四川教育出版社，2000 年，第 210 页。

第二节 英国高校入学考试形式与内容概况

英国高等教育以等级性、精英性著称，由于经过初等和中等教育的多次分流，到中等教育的最后阶段——第六学级（实际属于大学的预科性质），学生的数量和质量已与高等教育的要求差距不太大，同时学生还要参加比较严格的毕业考试，因此大学不再单独举行全国范围的入学考试，高等学校招生录取实行证书制，参考毕业考试成绩和其他标准录取。当前英国高校入学时所采用的统一考试成绩包括 16 岁的 GCSE 考试和 18 岁的 GCE 考试，这两项考试是目前英国最重要的、影响范围最大的中等教育考试。

一、英国中等教育考试的种类及功能

英国中等教育考试层次鲜明，种类繁多。在学生学习过程中几个重要阶段的开始和结束都有国家承认或指导的大规模考试。《1988 年教育改革法》规定，按年龄划分初等、中等教育的学段。16 岁之前的教育都属于义务教育。中等教育分为两个阶段：11 岁～16 岁的 3、4 学段是第一阶段，结束后进行 16 岁考试，用于评价义务教育效果；16 岁～18 岁是中等教育的第二阶段，又称第六学级，实际带有大学预科性质；结束后举行毕业考试即 18 岁考试，为大学提供考生学术水平的成绩证明。

（一）16 岁考试（GCE 一般水平、CSE 和 GCSE 等考试）

16 岁考试主要是对义务教育结束时的学生实行的考试。由于考试的目的和适应的考生不同，16 岁考试经历了几个发展阶段，从最初的普通教育证书一般水平（General Certificate of Education Ordinary-level，简称 GCE O-level）考试发展到中等教育证书（Certificate of Secondary Education Examination，简称 CSE）考试，最后逐渐形成当前的中等教育普通证书（General Certificate of Secondary Education，简称 GCSE）考试。

1951 年，英国“中等教育考试委员会”对考试加强了全国管理，将原先种类较多、证书名称混乱的 16 岁和 18 岁考试分别统一为普通教育证书一般水平（GCE O-level）考试和高级水平（General Certificate of Education Advanced-level，简称 GCE A-level）考试。其中一般水平考试成绩是决定学生能否升入“第六学级”学习的主要依据。“第六学级”一般学习两年，结束后参加高级水平考试，通过后即能升入大学。由“中等学校考试委员会”指导8个地方考试委员会举行考试，考试委员会逐渐吸收包括大学、中学和教师联合会的代表等参加。

由于GCE考试偏重学术性，基本上为文法中学的学生而设，对象为占全国同龄人口的20%的最聪明的学生。为满足其他中学（科技中学和现代中学）学生获得证书的要求，20世纪60年代英国开始设立中等教育证书（CSE）考试，出现了GCE和CSE并存的局面。GCE一般水平考试为能力最佳的20%的学生而设，CSE为随后的40%的学生而设。中等教育证书（CSE）考试由12个地方考试机构主持。为加强考试之间的联系，英国还建立了两种考试的互认标准，CSE考试成绩分5级，达到最高级1级即相当于GCE一般水平考试的合格，并规定学生可以根据需要参加任何一项考试。在双重考试制度下，由于考试机构“各自为政”，编制的考试科目、考试大纲各不相同，不仅给学校的教学带来困难，而且学生的负担也加重了很多，所以20世纪70年代英国政府开始考虑合并这两个中学会考。

在经过了20世纪70年代的酝酿后，80年代英国政府设立“中学考试委员会”（SEC），开始制定和推行统一的国家课程标准（GCSE国家标准），并于1984年宣布建立“中等教育普通证书” （General Certificate of Secondary Education，简称GCSE）考试。1988年举行首次GCSE考试，取代以前的GCE一般水平考试和CSE考试，保留以前的GCE高级水平考试。GCSE考试与此阶段推行的国家课程改革相配套，由5个合并普通教育证书和中等教育证书考试机构的团体主持①。该考试分为七个等级，不同能力的学生可以根据自己的需要选择不同的试卷与试题。GCSE考试有三种组织形式：第一种是由校外GCSE考试联合委员会制订考试大纲，编制试题，组织考试、评卷及报告成绩。这是目前英国大多数学校采用的形式。第二种是学校因教学需要自行制订某些学科考试大纲，由校外GCSE考试联合委员会按照这些大纲编制试题，组织考试、评卷，报告成绩。第三种是那些因特殊需要设置，教学内容与众不同的学科，由学校自行制订考试大纲，编制试题，组织考试、评卷，报告成绩。自行制订的大纲、试题以及评定成绩的标准均需送有关GCSE考试机构审核②。GCSE考试科目包括必考科目即核心

① 王承绪、徐辉：《战后英国教育研究》，江西教育出版社，1992年，第157页。

② 韩家勋、孙玲：《中等教育考试制度比较研究》，人民教育出版社，1999年，第29页。

科目：英语、数学和科学，学生还需要在国家统一课程规定的另外7门基础学科（即历史、地理、现代外语、音乐、艺术、体育以及技术）中选择其他选考科目，必考科目与选考科目总和最少为5门。GCSE考试的另一个重要特点是强调课堂测验，要求考生的考试成绩除了由考试团体评定的课程内容之外，还必须把由教师评定的课堂测验正式包括在内①。课堂测验又称学科作业、课程作业，其形式多种多样，如实验报告、论文、调查报告、实际操作等。GCSE引入"课程作业"的目的是要更加全面评价学生的表现，弥补笔试的缺陷，减轻"一试定终生"的压力②。"课程作业"成绩在GCSE考试的各科成绩中所占比例都不同，但一般不低于20%③。为保证"课程作业"成绩的可信度，一般在GCSE考试的前两个月，学校须将各考生的"课程作业"成绩报告有关GCSE考试机构。考试机构对各校考生的"课程作业"进行抽查、审核，并根据结果对该校所有考生的课程作业加以平衡，最后确定成绩④。由于校内评价形式的信度不及笔试，社会人士对教师评价自己的学生的客观性与公正性有一定的担心。从1991年开始，政府表示要有计划地减轻课程作业的加权。1993年，规定GCSE的课程作业加权不得高于20%⑤。

包含GCE普通水平、CSE和GCSE等在内的16岁考试实际上是中等教育的一次分流考试，它既是中学5年级毕业生的毕业证书考试，又是另一部分学生继续接受第六学级教育的入学考试，也是能否参加18岁考试即大学入学考试的资格考试。据抽样统计，英国有大约47.1%的16岁学生在完成了义务教育后进入第六学级继续学习⑥。通过16岁考试，减少了申请入

① 王承绪、徐辉：《战后英国教育研究》，江西教育出版社，1992年，第158页。

② 康乃美、蔡炽昌：《中外考试制度比较研究》，华中师范大学出版社，2002年，第44页。

③ 陈铭：《课程作业——英国中小学生学业评定的主要形式》，《外国教育研究》1996年第4期，第25页。

④ 于钦波、杨晓：《中外大学入学考试制度比较与中国高考制度改革》，四川教育出版社，2000年，第230页。

⑤ 康乃美、蔡炽昌：《中外考试制度比较研究》，华中师范大学出版社，2002年，第45页。

⑥ 韩家勋、孙玲：《中等教育考试制度比较研究》，人民教育出版社，1999年，第37页。

大学学习的考生人数，缓解了大学入学考试的压力。

（二）18岁考试（GCE A-level或GCE AS-level）

英国中学生16岁考试的目的之一即选拔部分学生进入“第六学级”继续学习。“第六学级”是英国中等教育的一个相对独立而特殊的教育阶段，尽管在阶段划分上它属于中等教育，但从课程和教学方面来看，它与以前的中等教育有很大差别，其课程多为大学专业学习的基础课，所以实质上属于大学预科教育阶段。英国高校一般不单独组织入学考试，“第六学级”学习结束后，学生需参加普通教育证书高级水平（GCE A-level）考试，或普通教育证书高级补充水平（GCE AS-level）考试，以决定能否升入高等学校。

普通教育证书高级水平和高级补充水平考试由专门的考试机构承担。在英格兰和威尔士地区，负责这两项18岁考试的是8个考试委员会，它们通常是以一所或几所大学为挂靠单位面向全国考生。它们主要包括①：伦敦大学考试委员会、南方大学联合考试委员会、剑桥地区考试委员会、牛津地区考试委员会、牛津和剑桥学校考试委员会、北方大学联合考试委员会、联合考试委员会、威尔士联合考试委员会，它们都是非营利性的机构。考试委员会的委员主要由大学和部分中学教师代表担任，同时吸收其他方面的代表参加。各考试委员会设置科目委员会或大纲设计组，科目委员会的主要任务是修改或设计新的考试大纲、决定考试的方法以及根据审定的大纲组织命题和评卷工作。英国政府和科学部在这些委员会中派有代表，他们对考试委员会的工作可以提出意见和建议，但没有否决权。

普通教育证书高级水平和高级补充水平考试的主要用途是作为升入大学的学业证明，因此考试科目主要由各高校根据本校（专业）的要求指定。一所高校内的不同专业指定的考试科目也往往不同。一般一个专业至少要指定3门学科作为必考科目，考生开始就读“第六学级”时就基本选定一些科目作为学习和考试的科目。

18岁考试，最初只设立普通教育证书高级水平考试，考试的标准完全由大学根据专业学习的要求而定，各大学要求也不尽相同。各个大学考试委员会综合各自服务的大学的意见分别制订学科考试大纲。由于各大学委员会的学科考试要求各异，考试内容过窄而且要求也很高，学生在“第六学级”

① 贾非：《各国大学入学考试制度比较研究》，辽宁教育出版社，1990年，第118页。

的 2 年～3 年内只学习 3 门功课不利于拓宽知识面。为拓宽课程范围，英国政府于 1987 年在“第六学级”增设普通教育证书高级补充水平课程和考试，1989 年夏季举行首次考试。普通教育证书高级补充水平考试在范围大小或程度深浅上稍小于或低于普通教育证书高级水平考试。一般而言，2 门普通教育证书高级补充水平课程在教学内容、教学时间和考试成绩值上相当于 1 门普通教育证书高级水平课程，所以学生可以选择多样的选修方案①。

普通教育证书高级水平和高级补充水平考试时间，各个考试委员会大致相同，一般在每年的 6 月至 8 月之间。根据需要，国家也为那些因为特殊原因未能参加 6 月考试的考生在 11 月举办第二次考试。

二、英国高校入学考试形式的特点

英国大学入学考试采用典型的“证书制”，为适应教育和社会发展实际，入学考试形式经历了多次的变革，形成以下特点：

（一）入学考试由国家和地方专业考试机构共同参与，但侧重不同

与美国相同，英国大学入学考试的组织与实施由地方的专业考试机构承担，但这些专业考试机构在具体组织考试时会受到国家决策性考试机构不同程度的影响与制约。英国负责大学入学考试的考试机构可以分为两类：一类是决策性考试机构，典型代表是 1988 年成立的“学校考试与评价委员会”(1993 年改为“学校课程与评定局”)，它隶属于国家教育行政管理系统，是以制定考试方针、政策、法规，审定各种考试标准、方案，督导和检查考试制度的贯彻执行为主要职能，并利用考试结果对学校教学质量进行评估，为政府管理提供依据的职能机构。虽然它不负责考试的具体实施，但在一定程度上把握着考试的发展方向。另一类是地方的具有财团法人资格的非营利性的考试机构，例如负责普通教育证书高级水平和高级补充水平考试的 8 个地方考试机构。其中，7 个考试委员会由大学负责或属于大学的一部分，1 个为独立的考试公司。这 8 个考试机构都不是政府机关，相互之间没有隶属关系，但都是经政府批准后成立的。国家教育科学部在这些考试机构内派驻代

① 赵宏、黄志成：《英国高考制度概览》，《湖北招生考试》(理论版) 2002 年第 12 期，第 66 页。

表，可对考试委员会的工作提出意见和建议，但没有否决权和行政指挥权。

考试机构在政府或多或少的影响下，吸收大学和中学教师共同负责制订考试大纲和命题、评卷以及进行考试研究等。由于属于自负盈亏的性质，面对市场经济，这些考试机构必须提供有吸引力的考试课程与良好的考试服务，才能牢固地巩固与学校以及与考生的关系，不断维持和提高自身的发展水平。因此从某种意义上讲，英国大学入学考试由国家和地方专业考试机构共同负责、共同参与，这实际上也是英国中央和地方分工合作型的教育行政体制的集中体现。

（二）考试组织实施模式的多样化

英国普通证书高级水平和高级补充水平考试兼有升大学、高中毕业、就业三种资格的认定功能。考试由设在八个地区的地方考试委员会分别组织实施，考试由大学教师和中学教师共同参与主持。考试一般有三种组织模式①：

（1）地方专业考试机构制订大纲，学校按照大纲组织教学，并由考试机构命题、组织考试、阅卷、评分等工作。

（2）学校可因自己教学需要制订教学大纲，获得“学校考试与评价委员会”批准后按此教学，但考生仍然参加由考试机构组织实施的考试。

（3）学校制订大纲，获得批准后自行命题、组织考试、阅卷、评分，但由考试机构对考试进行监督。

一般而言，大部分学校主要采用第一种考试形式。后两种考试形式带有校内考试的特点，不仅数量较少，而且受到校外考试机构的严密控制与监督。考试组织与实施的多样化有利于满足部分学校教学的特殊性要求，但是，由于长期采用多个考试机构并存，大学入学考试组织和实施存在以上诸多模式，同时考试的科目（除必考科目之外）和试卷内容又有很大差异，这就出现了考试的“成绩可比性”问题的争论，同时也使得各方开始更加重视考试标准、考试内容的相对统一。

（三）两次考试将中学证书考试与大学选拔考试有机结合

英国是实施证书制的典型国家，大学所采用的统一考试成绩包括 16 岁

---

① 徐树成、鲁樱樱：《英国 GCSE 考试制度的特色及其对我国会考制度的借鉴意义》，《河西学院学报》2003 年第 3 期，第 101 页。

GCSE 考试与 18 岁 GCE 考试，这些考试通常集毕业、升学和就业于一身。16 岁考试是第一阶段中等教育的毕业考试，又是 18 岁考试的资格考试。18 岁考试是后一阶段中等教育即“第六学级”的毕业考试，但其成绩又是大学录取的重要标准。大学通常要求考生参加三科 GCE 考试并合格，以及参加一至三科 GCSE 考试获得过分数线的成绩。从整体上看，这两次考试虽然都是中学的毕业考试，但又不仅仅发挥毕业考试的证书作用，它在一定程度上结合了中学证书考试与大学选拔考试两种不同性质的考试，在考生申请入大学前已对他们进行了一次分流，减轻了大学招生录取的负担，也提高了考生的质量。两次考试之外，部分大学尤其是那些一流（或名牌）大学的招生仍然要求考生参加学校自行举办的单独考试。

三、英国高校入学考试内容的特征

（一）考试类型、层次、难度多样，以全面考查学生知识和能力为目标

“第六学级”是英国中等教育与高等教育的过渡阶段。当前举办“第六学级”的机构除中学外，还有许多第六年学院或扩充教育学院，它们提供 GCE 的 A 级和 AS 级课程，为学生准备考试。除了考试课程外，高中课程还包括关键技能和活动课等板块。

GCE A 级的考试内容与学生自愿选择的课程直接关联，“第六学级”的学生要求至少选学 3 门 A 级课程，这 3 门课程与所报考学院、专业挂钩。由于各高校不同专业的报考要求各异，考生根据自己的兴趣和水平选择的课程也十分多样，因此各考试委员会力求提供多样化的考试科目。以伦敦大学考试委员会为例，提供的 GCE A 级考科有 88 科，AS 级考科达 46 科[①]。这些多样化的考试科目为满足高校和考生的多样化需要提供了有利的条件。此外，在 GCE A 级考试中，各考试委员会下设各学科小组，负责制订各科考试大纲和命题工作。学校可根据本校情况选择任何一个考试委员会的任何一个学科的考试大纲，也可不同学科选择不同考试委员会的大纲，按照各有关考试委员会的考试大纲组织教学，并申请参加考试委员会组织的考试。

---

① 大学入学考试中心（台湾）：《各国大学入学制度介绍》（国家篇），世新大学出版中心，1999 年，第 135 页。

多数学科考试试卷形式一般包括两三种不同难度、不同内容或不同题型的多张试卷，以便适应不同考生的实际水平，并有利于评定不同成绩等级。例如[①]，语言类学科考试分基础听、说、读、写和高级听、说、读、写的不同层次、不同内容的考试。只参加基础听、说、读、写的考生的最高成绩只能得 E 等。如果想要得 D 等，必须加试基础写作或高级听、说、读、写中的一部分。如果想得 C 等，必须在基础听、说、读、写考试后再加试高级听、说、读、写中的一部分。如果想得 B 等，还必须加试高级写作部分。如果想得 A 等，在基础听、说、读、写考试后，还要加试高级听、说、读、写中的两部分。

编制试题工作主要是在上一年度考试情况的基础上，由学科秘书依据考试大纲，拟订当年编题计划，报科目委员会讨论通过后，聘请大学教师和部分中学教师分工编题，集中讨论，科目委员会主任审定。

试题以考查考生对考试大纲要求的知识、技能的掌握情况为设置目标。为帮助大学选拔有发展潜力的学生，试题也十分重视能力考查，试卷中一部分试题有一定难度。GCE A 级考试成绩分为 5 个等级，即 A、B、C、D、E，其中 C 等为及格，A 等为最高。为了选拔成绩优异的学生，还设置了难度更大的特殊试卷（Special Papers，简称 S 卷）。该卷以 A 级考试大纲为纲进行命题，但难度比 A 级考试大得多，分为优秀和良好两个等级[②]。

（二）在保持考试分散组织的基础上加强考试内容的“国家标准”

不断强化国家统一标准是近年来英国大学入学考试的突出特点。英国中等教育由中央政府、地方教育当局和民间团体共同管理，它们之间的关系建立在共同协商和合作的基础上。由于教育行政实行分权主义，教育组织和制度因此显得杂乱无章、各自为政。在中等教育领域更是出现课程与教材多样，教学目标、水平参差不齐等情况。英国没有统一的大学入学考试，中等教育的毕业考试是在国家课程与考试标准指导下由地方考试机构分散组织的。为改变这种中等教育目标、标准不一的状况，提高教育水平，《1988 年教育改革法》规定建立“国家课程委员会”和“学校考试和评价委员会”，

---

① 韩家勋、孙玲：《中等教育考试制度比较研究》，人民教育出版社，1999 年，第 39 页。

② 赵宏、黄志成：《英国高考制度概览》，《湖北招生考试》2002 年第 12 期，第 67 页。

以便在中小学推行统一国家课程和统一国家考试制度。随后公布的《GCSE 国家标准》，由“学校考试和评价委员会”审核、批准地方考试机构制订的各学科考试大纲和考试计划，审查部分学科考试结果，监督考试的实施[①]。该国家标准主要涉及 GCSE 考试，而对普通教育证书高级水平(GCE A-level) 考试规定较少。虽然 1988 年为了拓宽“第六学级”学生课程范围而增加普通教育证书高级补充水平（GCE AS-level）考试，但这两种考试仍然没有全国统一的考试标准，逐渐出现了要求不明确、教学要求不一致等混乱局面。为此，1991 年英国“学校考试和评价委员会”发布《“GCE A-level”考试和“GCE AS-level”考试原则》[②]，加强政府对 GCE 考试的集中管理。该文件对 GCE A-level 和 GCE AS-level 考试标准、考试内容、考试方式、成绩评定原则以及考试大纲的编写做了一系列的规定，提出根据大学和社会对“第六学级”相关学科知识、技能和能力的要求，确定 GCE 考试学科的核心内容，并规定同学科的 GCE A-level 考试必须有 50％的考试内容为核心内容，GCE AS-level 考试必须有 70％的考试内容为核心内容。核心内容是各 GCE 考试委员会制订考试大纲必须包含的部分。国家开始加强对大学考试委员会的指导，逐步统一大学入学考试的“国家标准”。

第三节 韩国高校入学考试形式与内容的演变及特点

韩国是典型的学历社会，学历与社会地位的密切联系使得教育受到韩国国家和民众的极大重视。“教育热”和“升学热”经久不衰，大学招生历来成为社会关注的热点。大学入学考试的竞争非常激烈，中学生中常有“四上五下”之说，即“每天睡四小时，有希望考上大学，若睡五小时希望就可能落空”。从总体上看，国家统一考试是韩国高等学校入学考试的最主要形式。第二次世界大战后，入学考试变更频繁，考试形式在国家统考和学校单考中

① 韩家勋、孙玲：《中等教育考试制度比较研究》，人民教育出版社，1999 年，第 30 页。

② 韩家勋、孙玲：《中等教育考试制度比较研究》，人民教育出版社，1999 年，第 51 页。

来回摇摆。近年来，大学入学考试在结合国家统考和学校单考形式的同时，引入高中学业成绩以促进中小学教育正常化，体现了试图结合三者优势的改革方向，其中国家统考仍然起着重要作用。随着考试组织主体在国家和高校之间交替，入学考试的内容呈现出较大差异。近年来，无论是国家统一考试还是大学单独考试，命题不断突出能力考查，考试内容的综合化使得考试与中学课程、教学关系逐渐"松绑"，对教师的教学方法和学生的学习活动都产生了重要影响。

一、韩国高校入学考试的历史与现实

韩国高校招生制度自 1945 年以来，经历了大到 14 次、小到 35 次的改革[①]。考试形式频繁变化与反复，虽然在一定程度上有利于完善考试制度，但也扰乱了中学正常的教学秩序。若以考试组织主体的变化为线索，大致可以将韩国大学入学考试发展划分为以下四个阶段：

（一）各大学单独考试占主导地位（1945 年—1968 年）

光复后到 20 世纪 60 年代末，韩国移植美国的教育制度，采取"自由放任"政策，学院和大学单独举行入学考试，招生被认为是大学自己的事情。考试科目中各校必考科目 4 科，即国语、英语、数学及社会科目；选择科目为 1 门以上，由各大学校长会议或大学与政府当局协议做出详细规定。这一时期，由于招生过程中出现考试作弊等问题，韩国当局也曾在 1954 年、1962 年和 1963 年实行短暂的国家考试制度，但因为录取的主导权在学校，大学录取仍然以单考成绩为主要依据，国家统考成绩的作用有限，大学的单独考试在这一阶段仍占据主导地位。

在"自由放任"政策的影响下，高等教育领域一时出现"大学热"[②]，大学单独考试招生起了推波助澜的作用。由于高等教育的膨胀，大学的超计划招生，毕业生剧增，就业率低，影响韩国社会稳定，政府开始加强对高等教育的控制与管理。同时招生中的舞弊之风屡禁不止，改革单独考试制度成为大势所趋。

---

① 田以麟、张春浩：《韩国〈2002 学年度大学招生制度方案〉述评》，《湖北招生考试》2002 年第 6 期，第 53 页。

② 孙启林：《韩国高等教育发展战略及措施》，《外国教育研究》1992 年第 4 期，第 33 页。

（二）国家大学入学预备考试与大学单独考查并行（1969 年—1980 年）

20 世纪 60 年代末，国家和政府结束“自由放任”政策，颁布《大学整备法案》，开始加强对高等教育的控制与管理。在大学入学招生方面，1969 年发布《大学升学预备考查令》，实行全国大学预备考试制度，并在文教部下设“大学入学预备考试委员会”具体管理和组织大学入学考试事宜。招生录取工作根据大学预备考试成绩、高中在校成绩（1973 年以后）及大学单独考试成绩来进行。1969 年至 1973 年间，大学入学预备考试只是决定能否参加大学单独应试的资格考试，考试成绩在招生录取中不具任何意义。从 1973 年至 1980 年，预备考试成绩作用不断提高，已占各大学招生成绩的 30%①。预备考试的科目有国文、数学、社会、科学、英文、实业或家政六科。各高校举行的入学考试，一般是国文、英文、数学等主科。有不用笔试而进行面试的，也有不再举行考试而参考考生在高中时学业成绩的。因此，各校在录取新生时，择优的办法有以下五种②：一是根据考生预考的成绩和单独考试的成绩；二是根据考生的预考成绩和高中成绩；三是根据考生的预考成绩、单独考试成绩和高中成绩；四是根据考生的预考成绩、单独考试成绩和面试情况；五是只根据预考成绩决定录取与否。这一时期出现了明显的学生负担重以及“升学热”“补习热”，为 1980 年的改革埋下了伏笔。

（三）国家大学入学学力考试与高中在校成绩并行（1981 年—1993 年）

1980 年，韩国教育部公布《教育规范化及消除过热的课外辅导方案》③，规定废除各高等学校的单独入学考试，扩大高中成绩在录取时的比重，同时改善全国统一进行的考试制度。所有高中毕业生以自己大学入学考试预考成绩和高中成绩直接向所报志愿的大学申请入学。1981 年开始，新生录取只依据大学入学预考成绩（必须占 50%以上）与高中在校成绩（不

---

① 孙启林：《战后韩国教育研究》，江西教育出版社，1995 年，第 303 页。

② 张克辉：《韩国高等学校招生制度及其改革启示》，《汕头大学学报》（人文科学版）1995 年第 1 期，第 11 页。

③ 李水山：《韩国教育改革的得与失——重大改革项目与发展进程》，《高等农业教育》2004 年第 1 期，第 5 页。

得低于 20%)[①]，具体二者在录取中占何种比重由大学自行决定。1982 年，又将“大学预备考试”改为“大学入学学力考试”。按韩国教育部规定，考试命题范围限于高中三年所学课程，考试以笔试为主，一律采用选择题，并使用电脑阅卷，力求考试的公正、准确、高效。大学入学学力测验的考试科目开始很多，给学生带来了较大的负担，后逐渐将各个领域的考试科目限制在 9 科，并在人文和自然科学之外增设艺术和体育领域。

（四）大学修学能力考试、高中内申成绩（高中学业成绩）和大学单独考查相结合（1994 年至今）

1994 年为改变高中死记硬背、以应付高考为主的教育方式，促进高中教育正常化，追求大学的自律性和多样性选拔，提高大学的自主权，韩国开始新一轮的大学招生制度改革。引入“大学修学能力考试”(College Scholastic Ability Test，简称 CSAT）代替原先的大学入学学力考试，基本确立了大学招生录取采用大学修学能力考试、高中内申成绩和大学单独考试成绩相结合的入学考试形式[②]。其中高中内申成绩是必须考虑的因素，而且规定高中内申成绩要占到入学总成绩的 40%以上[③]。为体现大学的自主权和多样性，还规定大学可以自主决定修学能力考试成绩的采用与否，以及在总成绩中体现的比例与方法，还可以决定是否采用大学单独考试。

修学能力考试是一种考查学生是否具有继续升学能力的考试，类似于美国的 SAT 考试，分语言领域、数理探求领域、外语领域。除外语之外，每个领域都包括好几个科目，考试内容基本上涉及高中的全部课程。试卷由客观题构成。考试的命题、实施与管理由中央教育评价院负责。学生可以在高三有两次机会参加此次考试，选取其中的最佳分数。由于各大学特性不同，不同的学科对学生的要求也不同，这样就有必要扩大大学对学生的选拔权，实行单独考试。大学单独考试科目在三门以内，具体由大学自行决定，命题以高中教育课程的内容及水平为基准，主要以主观方式出题。高中内申成绩是反映学生在高中阶段学习、出勤、活动等情况的综合评定成绩，其中学习

---

① 孙启林：《战后韩国教育研究》，江西教育出版社，1995 年，第 304 页。

② 林正范：《中韩教育比较》，浙江教育出版社，1998 年，第 105 页。

③ 杨金成：《韩国大学招生制度研究》，《外国教育研究》1995 年第 5 期，第 26 页。

成绩占80%，出勤成绩占10%，行动、特别活动及校内外服务活动成绩占10%①。由于学校拥有决定招生录取标准的自主权，对这三项成绩的不同利用程度（中学成绩必须包含）就使得各大学招生选拔呈现多样化和层次性。一般而言，水平高、声誉好的大学的三项标准都要具备，一般学校采用两项，差一点的学校则仅采用高中内申成绩。

1994年招生制度改革基本奠定了现行大学入学考试形式的主体，此后几年改革仍然年年不断，但均在此框架上逐渐改进。1998年出台的《2002学年度大学招生制度改革方案》规定，从2002年起，一切大学均可以自由选择使用选拔学生时所必要的资料，包括生活记录簿（学生在高中期间智德体等诸方面内容的资料）、大学自备考核资料、大学修学能力考试、面试、非教学科目主要资料、微机科目等②，进一步扩大了招生录取标准的多样化，弥补了一次性考试灵活性不够的缺陷。

二、韩国大学入学考试形式的特点

综上所述，韩国大学入学考试采用典型的国家统一考试制，然而在将近60年的改革中，逐步走向多元化和弹性化，考试形式有以下特点：

（一）在面对高中教育正常化、教育机会均等以及大学招生自主权问题上，大学与国家对招生考试的主导权有多次转变

从韩国大学入学考试的组织来看，其主体的变化大致经过了大学（20世纪60年代末之前）—国家为辅、大学为主（20世纪70年代至80年代）—国家（20世纪80年代至90年代初）—国家、大学共同参与（1994年至今）。当强调大学的自主权和招生特色时，大学就成为组织考试的主体，大学单考成为入学考试的主要形式；而当面对中等教育正常化、招生舞弊以及教育机会均等（公平）等问题时，考试的社会职能和公共性得到强化，国家在入学考试中的作用以及国家考试成绩所占比重逐渐加强；当改革试图兼顾国家、大学和中学（只提供成绩证明，不举行考试）三方优势时，大学入学考试形式便逐渐走向国家与大学的结合。

---

① 大学入学考试中心（台湾）：《各国大学入学制度介绍》（国家篇），世新大学出版中心，1999年，第120页。

② 田以麟、张春浩：《韩国〈2002学年度大学招生制度方案〉述评》，《湖北招生考试》2002年第6期，第54页。

（二）大学入学考试类型不断变化，国家统一考试仍然发挥重要作用

由于组织入学考试主体在国家与大学之间来回转变，韩国大学入学考试先后经历了大学单独考试、国家统一考试以及大学和国家考试并行等几种形式。20世纪70年代起，国家统一考试的作用不断增强，初期仅仅作为大学单独考试的资格考试。到80年代，开始规定国家统考成绩在总分中的比例，最高的时候曾要求达到50%以上（1981年）①。现行的入学考试属于混合考试，包括大学修学能力考试（国家考试）、大学复试，并参照中学在校成绩等标准。这种由多方共同参与的混合考试形式是多方利益综合的结果，有利于高校招生制度的科学化。同时，各大学不同层次的录取标准适应了大学和考生的多样性，也提高了大学的自主权。虽然从整体上看，国家统一考试的成绩利用程度各校不一，有的学校甚至不需要采用统考成绩，但在重点大学招生中统考成绩仍然是重要的参考因素。以1995年度/1996年度部分四年制大学招生中修学能力测验所占比重为例②（见表2-2），可以看出，国家统考仍然发挥着重要的作用。

表2-2 部分四年制大学1995年度/1996年度大学修学能力测验所占比重

占分比重	机构数量（校数）	
	1995年度	1996年度
高于60%	71	79
50%～59%	34	41
40%～49%	14	19
30%～39%	19	4
低于20%	3	0
总计	141	143

（三）高校拥有较大的招考自主权

韩国历史上一直重视入学考试中高校自行组织的单独考试，高校拥有较大的招考自主权。这一自主权主要包括两方面：首先，在录取标准的选择上，大学可自行决定高中成绩、大学修学能力考试以及大学单独考试成绩的

① 孙启林：《战后韩国教育研究》，江西教育出版社，1995年，第304页。

② 大学入学考试中心（台湾）：《各国大学入学制度介绍》（国家篇），世新大学出版中心，1999年，第124页。

比重，例如，延世大学在招生中主要根据以上三项成绩，各项成绩之间的比重是：高中成绩各学院均为 40%；其他各项成绩所占比例，人文、自然学院，大学修学能力测验成绩占 40%；大学单独考测成绩占 20%。韩国全北大学招生以高中成绩及大学修学能力成绩为选才主要依据，大学不单独考试，人文、自然学院招生分别以 40%及 60%的比重采计高中成绩和全国统考成绩。国民大学以高中成绩和大学单独考试成绩为录取标准，成绩比重分别为 90%及 10%（面试）。淑明女大则完全依据高中成绩来招生①。各校在招生录取的标准使用上反映出较大的自主权。

此外，大学在组织单独考试上也拥有很大权力。韩国大学自行组织单考历史已久，由于各校单考出题各异、难度不同，曾经一度诱发“补习热”，扰乱了中学教学，增加了学生的负担，所以国家也曾一度取消大学单考。1994 年恢复大学单考自主权，要求各校减少考试科目，并采用多种形式。此后，大学单独考试逐渐呈现多样化态势：有的大学采用笔试，有的仅用面试，有的还考查实际技能和实验，有的则可以完全不进行单独考试，学校的自主性较大。由于学校单考在一定程度上加重了大学和考生的负担，而且在命题质量上也可能不如国家考试，所以各大学单考，有采用大学联合或各自命题，也有由中央教育评价院提供②。在自行举办的考试上，各校也有权决定各考试科目的成绩比重，见表 2-3。

表 2-3　1985 年部分大学单独考试的科目及占分比重③

校名	占分比重	大学自考测验科目							
		人文类组				理工类组			
汉城国立大学	40%	韩文 32%	英文 28%	数学Ⅰ 25%	选修科 15%	韩文 28%	英文 28%	数学Ⅱ 30%	选修科 14%
高丽大学	40%	韩文 30%	英文 25%	数学Ⅰ 25%	选修科 20%	韩文 25%	英文 25%	数学Ⅱ 30%	选修科 20%
延世大学	30%	韩文 37%	英文 33%	数学Ⅰ 30%		韩文 30%	英文 30%	数学Ⅱ 40%	

① 大学入学考试中心（台湾）：《各国大学入学制度介绍》（国家篇），世新大学出版中心，1999 年，第 119 页。

② 大学入学考试中心（台湾）：《各国大学入学制度介绍》（国家篇），世新大学出版中心，1999 年，第 123 页。

③ 大学入学考试中心（台湾）：《各国大学入学制度介绍》（国家篇），世新大学出版中心，1999 年，第 125 页。

（四）大学入学考试引入高中成绩，体现了一定的过程性与连续性，但也面临着标准难以统一的问题

引入高中成绩是韩国自 20 世纪 80 年代以来大学招生考试制度改革中的一项重要举措。90 年代的改革更是以坚持“连续性”为原则，规定了高中成绩在入学考试总分中的法定比重（40%）①。同时，将高中的学业成绩、学校升学率、个人行为发展、课外活动和校内外公共服务活动②等因素按照一定的比例分别计入高中成绩，为对考生进行过程性评价提供了一个很好的视角。从 1996 年开始，韩国学校就建立了学生学校生活记录簿（School Life Document），目的是不仅要注重终结性评价，还要注重诊断性评价和形成性评价。生活记录簿包括个人情况、教育背景、出勤情况、身体状况、心理测验结果、奖励情况、证书、就业指导、学习成绩、课外活动、公益活动、品德、总评 13 项内容，教师根据学生学业水平划分 A、B、C、D、E 5 个等级。高校综合参考高中综合记录和入学考试成绩录取新生③。

由于各中学考试水平不一，评分标准不一，而大学录取时计入的高中成绩比重却是一样的，因此就出现了有的学生在高中后一阶段转学到教学质量较差的学校，以求在高中毕业考试时因试题容易、评分宽松而拿高分，以利于升入重点大学④。这些问题虽已引起韩国社会的重视，但仍然没有找到很好的解决办法。

三、韩国现行“大学修学能力考试”（CSAT）的施行情况与特点

“大学修学能力考试”（College Scholastic Ability Test，简称 CSAT）是当前韩国大学入学考试的基本要求之一，是以泛学科的、课本展示的高中教育课程的内容（也包括大纲外的相应水平的内容）为依据设置的检验高层

---

① 杨金成：《韩国大学招生制度研究》，《外国教育研究》1995 年第 5 期，第 26 页。

② 大学入学考试中心（台湾）：《各国大学入学制度介绍》（国家篇），世新大学出版中心，1999 年，第 120 页。

③ 任子朝：《韩国、日本的大学入学考试》，《中国考试》2002 年第 2 期，第 60 页。

④ 韩家勋、孙玲：《中等教育考试制度比较研究》，人民教育出版社，1999 年，第 241 页。

次思考能力的学习能力考查①。此考试于 1994 年开始施行，近年来也不断进行调整，逐渐形成以下特点：

（一）考试命题突出能力考查

大学修学能力考试在考试立意上突出能力考查。1999 年，韩国教育课程评价院在公布大学修学能力考试命题基本方向时指出②，CSAT 要能测定通过学校教育经验学得的能力，设置符合高中教育过程的内容和水平的题目；要活用有关课程的素材，或活用一个课程内的几个单元的关联素材的综合性题目；摒弃只依存于简单回想就可答出的记忆力的评价，尽量拟定可测定出根据所给问题的状况进行推理分析并最终解决问题的思考能力的题目。这一命题的基本要求反映了韩国大学入学考试命题正逐渐从考查局部的记忆性知识向考查学习能力、解决问题的能力转变。

CSAT 主要考测学生的思维能力。1999 年之前，大学修学能力考试科目主要包括语言部分、数学部分和外语部分。题目情境是考生日常生活中经常遇到的情境或实验的情境。题型包括 5 选 1 的单选题和多选题。数学部分中，有 20%左右的简答题；语言和外语部分的考试中含有一定数量的听力题。1999 年，韩国对 CSAT 进行改革，增加了学科考试，考试科目主要有语言、数学、自然科学和社会学探究、外语（英语）。教育部规定，考试命题范围为高中三年所学课程，也可以从教科书以外选取部分考题，出题时要避免出偏题和怪题。题型有选择题和主观题，目的在于既能考查学生记忆和掌握知识的程度，又能考查学生的应用、综合、表达展示的高级心理活动能力。教育部对各科考试的考测要求进行了相应的规定③。

1. 语言部分

测量学生朝鲜语的运用水平，包括听、说、读、写四方面。水平应达到大学入学要求，试题内容素材来自教材内外。

2. 数学探究（Ⅰ）部分

测试学生的数学理解水平和运用所学数学概念及原理解决问题的能力。它不仅测试学生知道了什么，而且通过要求学生“理解和阐明数学表达方

---

① 戚建庄：《韩国的大学学习能力考试》，《河南教育》1999 年第 11 期，第 26 页。

② 戚建庄：《韩国的大学学习能力考试》，《河南教育》1999 年第 11 期，第 26 页。

③ 张亚南：《韩国学能考试（CSAT）评介》，《课程·教材·教法》1998 年第 8 期，第 59 页。

法”来考查他们的数学思维能力。

3. 数学探究（Ⅱ）部分

该部分由自然科学和社会科学两大学术领域构成。自然科学包括的学科有：生物、地学、物理和化学；社会科学包含的学科有：政治经济、历史、伦理、地理、世界历史、社会和文化等。考试尽可能避免单科内容的测试，并且尽量综合几个基本概念和学科的内容。它强调对自然科学和社会科学情境的实验与探索。考试也注重研究的过程，如对问题情境的认识、提出假设、策划研究方法、完成研究活动、解释数据和评价研究结果。

4. 英语部分

测量英语的运用能力，命题基于听、说、读、写，突出强调对听、说能力的考核，听、说能力题在英语考试部分所占比例逐渐提高。1995 年，听力理解题占 16%，1996 年占 20%，到 1997 年上升至 30%。

（二）考试内容走向综合化，考试与中学关系有所“松绑”

韩国大学修学能力考试是在借鉴美国 SAT 基础上发展起来的。与 SAT 相同，CSAT 的目的也是测试学生是否具备接受高等教育的能力，而不是对高中所有课程学习水平的考查。因此，大学修学能力考试不是高中特定课程的考试，而是从包括了几门课程共同的目标和内容的“合并科目素材”中出题的考试①，题目的内容是各科的基本知识的综合，题目的情境是考生日常生活中经常遇到的。考试内容包括高中所学课程，重点考查学生脱离高中课本的分析、推理、问题解决等能力。

尽管大学修学能力考试限制教育中对特定课程的强调，但是考试命题并未脱离高中课程与教学，韩国大学招生入学考试在长期改革中，一直将保证中等教育的正常化放在重要的地位。大学修学能力考试虽然不强调从中学课本中出题，但仍然规定考试内容覆盖高中学过的基本知识，试题难度与高中课程要求相一致②。以 2003 年韩国大学入学能力考试英文科两道试题为例③：

---

① 谢燕平：《韩国现行的教育评价与大学考试制度》，《中国考试》（高考版）1999 年第 5 期，第 51 页。

② 张亚南：《韩国学能考试（CSAT）评介》，《课程·教材·教法》1998 年第 8 期，第 59 页。

③ 《2003 年度韩国大学入学能力考试试题》，《基础教育外语研究》2003 年第 3 期，第 57 页。

1. 请选出与下面给出的字典中与下面画线单词 background 意思最贴近的选项：

The background of her poor performance in the concert was that she didn't have enough time to practice.

Background (1) the kind of family you come from or the kind of education you have had: have a background in computer. (2) part of a scene or picture that is less noticeable or important than the main things or people in it: paint the background tones lighter. (3) the facts that explain what causes an event or situation. (4) sounds, such as music, which you can hear but which you are not listening to with your full attention. (5) unwanted signals, such as noise in the reception or recording of sound.

答案：(3)。

2. 下面句子中，与全文逻辑内容不相符合的句子是哪一项？

Some speakers frequently look at their watches while giving speeches. (1) They probably do this because they don't want to go over the time they are allowed. (2) However, it is proven that when a speaker glances at his watch, many in the audience do the same thing. (3) This becomes an interruption because the audience is not fully focusing on the speech. (4) The audience finds the speaker interesting and tries to listen more carefully to what he says. (5) So place your watch on the table in front of you or keep your eye on the clock in the back of the room.

答案：(4)。

上面两道题中，第一题考查的是学生对词汇 background 的理解能力，第二题主要考查考生的逻辑理解能力。无论是命题素材的选择，还是考查要求的水平，这两道题均没有超出中学教育的范围。由于命题比较灵活，题目并未以考查死记硬背的知识的形式反映出来，而是把对词汇的理解能力以及对逻辑理解能力的考查融入具体的问题情境中，从而引导学生提高解决问题的能力。这种不完全依靠某一学科内容的命题，有利于考试内容逐渐脱离课本而走向综合化，使得考试与中学教学的关系开始变得松散，两者之间这种若即若离的关系，对于改善韩国当前中小学负担过重的局面有重要意义：一方面，考试命题不脱离中学课程与教学实际，有利于落实中学教育目标，完成国家规定的教学要求，也有利于国家了解和把握中等教育的质量；另一方面，考试命题不完全依据单科内容，不照搬书本知识，而从知识考查向能力考查转变，也可促使高中改变以往偏重死记硬背的教学方式，改善考试与中等教育的关系。

第四节　比　　较

由于历史的、社会的以及文化传统的原因，世界各国大学招生制度呈现出不同的特点，但是考察三国的大学入学考试制度，可以发现无论是美国的多元选拔、英国的证书制还是韩国的高考制，招生录取标准中，考试特别是统一考试（尽管统一的程度各国不同）都发挥了重要的作用。此外，三国的大学入学考试内容与形式的演变与改革还呈现出以下共同特征：

一、国家对入学考试的干预与管理在增强

加强国家对大学入学考试制度的干预和管理是近年来许多国家教育改革的共同发展趋势。由于大学入学考试客观上对中等教育起着导向作用，特别是当考试成绩在招生录取中占有相当的比重时，考试的内容、形式就会对中学课程设置、教学方法以及学生知识结构产生明显的“指挥棒”作用，从而影响着一国中等教育的发展态势与发展水平。加强对大规模统考的干预和管理，有利于对中等教育进行宏观调控，了解和把握本国中等教育的质量。因此，各国政府越来越关注大学入学考试的组织与实施，但各国采取的干预方式和措施存在很大差异。韩国实行直接管理，教育行政部门和国家考试机构负责组织国家统考（大学预备考试、大学入学学力考试、大学修学能力考试等），同时也颁布法令、规定规范大学自行组织的考试；英国则建立中央的考试机构，通过颁布国家统一的课程标准加强对地方考试委员会的指导和管理，从而推动入学考试改革；美国并不对大学入学考试的实施采取直接的干预，只是将 SAT 和 ACT 考试视为联邦政府和州教育行政部门用来对中等教育实行宏观调控的主要依据，但各大学在招生中引发的法律方面的争论也会在一定程度上引起州立法机关对大学招生政策的调整与改革，从而对入学考试产生相应影响。

二、多样化、多元化是大学入学考试的突出特征，但统一考试的作用不容忽视

多样化、多元化是美、英、韩三国招生入学考试制度的突出特征。首先，高校在招生录取标准的选择上拥有很大的自主权。各校对各种标准不同程度的利用，反映了大学招生的多元化。同时，在入学考试的组织上，由于组织主体通常不是唯一的，因而提供了多种多样的考试，供大学招生选择使用。例如，美国的 SAT 和 ACT 考试；英国的 GCE 考试分为 A 级和 AS 级，由 8 个地方性考试委员会负责命题；韩国大学入学考试既有国家统一组织的修学能力考试，也有各校组织的单独考试。这些不同组织主体实施的考试同时并存，大学入学考试的形式多种多样，为满足不同高校与不同考生的不同需要提供了条件，使得大学的招生更具弹性。

但从各国大学招生中对各种录取标准的利用程度上看，各类统一考试的作用不容忽视。当前，各国大学招生规模不断扩大，大学招生多采用多种标准，与中学成绩、面试、学生推荐和申请等标准相比，统一考试提供了一种相对具有可比性的依据，在一定程度上提高了高校招生的效率。而且，随着越来越多的学生申请入学，大学招生入学的公平问题日益受到关注。统考成绩提供了一个刚性和可比的标准，利用统考成绩录取，有利于社会大众形成招生中“分数面前人人平等”的程序公平的心理，也有助于维护大学招生的公平性。

三、突出能力考查是各国大学入学考试命题的共同特征

为适应现代科学技术迅猛发展对高校人才培养的需要，各国在招生中都重视对学生能力，特别是学生的学习能力，如观察能力、思维能力、阅读能力、动手能力等的考核。美、英、韩三国大学入学考试均属于能力考试。

美国的 ACT 考试的目的是在英语、数学、阅读和自然科学四个领域内考查学生接受中学教育后所达到的水平。这四部分测试主要考查学生运用知识的能力和推理能力，既涉及大量的分析问题、解决问题的能力，也有记忆能力。改革后的 ACT 考试，增加了科学推理的内容，目的在于综合考查学生的阅读理解能力，并强调发展根据文义进行推断的逻辑思维能力。

英国的 GCE A 级和 AS 级考试也力求命题能考查学生对考试大纲要求的知识、技能的掌握程度。为了帮助大学选拔有发展潜力的学生，试题重视

能力考查。利用选择题、填空题等着重了解学生掌握基础知识的状况和理解、判断问题的能力；采用简答、论述题着重考查学生理解、分析、归纳方面的能力，了解学生的创造性能力。

韩国的大学修学能力考试和高校组织的单独考试也主要以考查学生的能力为主。大学修学能力考试是借鉴美国 SAT 考试建立的，旨在考查学生是否具有继续升学能力的考试，能力考查倾向十分明显。而大学自行组织的考查以笔试、实习、实验考试、面试和口试为主要形式，考试科目和试题内容主要根据各校各专业的特殊要求来定。这一考试主要考查学生对专业的适应能力，其中包括逻辑思维能力、表达能力和实际动手能力。

四、改善考试与中等教育的关系是各国大学招生考试改革的共同目标之一

大学入学考试与中等教育的紧密程度，各国存在很大差异。从总体上看，英国和美国的考试与中学教学、课程的关系松散，韩国相对更为紧密。近年来的考试改革力求改善考试与中学教学过松或过紧的关系，使得考试能更好地促进中学教学的良性发展，提高中等教育的质量。

美国各州中等教育发展的差异非常大，为适应这一需要，SAT 考试只能体现综合性，考查中学教学中共同要求的知识与能力，考试命题较少涉及特定领域的内容或概念性知识。因此，考试与中学教学没有直接的联系，二者的关系产生了正反两面的影响：一方面，避免了考试对教学影响过大而带来中学负担过重的问题，有利于中学宽松的教学氛围的形成；另一方面，考试与中学关系过于松散，考试命题忽视特定内容的知识，扭曲了对学生所学知识的考查①，也影响着中等教育质量的提高。因此，美国高校测验处设置了与中学教学更为紧密的 ACT 考试，同时改革原有的 SAT 考试，增加 SAT－Ⅱ——学业成绩考试，加强同中学教学与课程的联系。

英国在 20 世纪 80 年代之前，中等教育也没有统一的课程标准，各校课程设置、教学目标和教学水平参差不齐，各考试委员会主要根据服务的大学的要求命制试题，考试与中学教学的关系也较为松散。从 1985 年开始，英国教育和科学部开始加强对中等教育的管理，颁布统一的国家课程标准和考

---

① Rebecca Zwick. Rethinking the SAT: the Future of Standardized Testing in University Admissions. Routledge Falmer，2004，42.

试标准，从而对各考试委员会的命题施加影响，督促考试委员会命制试题时除了要反映各大学的招生要求外，也应体现国家的中学课程标准，考试与中等教育的松散局面得到一定程度的改善。

与美、英两国相比，韩国大学入学考试与中学的关系更为密切。在大学修学能力考试之前，韩国曾于20世纪80年代试行大学入学学力考试，这一考试主要考查学生高中三年的学业成绩水平，考试与中学教学关系十分紧密。由于考试侧重考查学生的记忆能力，命题偏重书本知识，既加重了学生的应试负担，也助长了中学死记硬背教学方式的风气的形成。因此，1994年开始引入侧重能力考查的大学修学能力考试，减少考试命题对中学特定学科知识的依赖程度，以期降低考试对中学教学的过重影响，从而有利于中学正常教学秩序的形成。

总之，美、英、韩等国的考试内容改革在处理中学与大学的关系上出现了共同的特征，即命题从更多考虑大学的需要逐渐向兼顾大学选才要求与中学教学实际这一方向转变。

第三章　兼顾多样：高考形式与内容改革的现实之需

“统一”是我国高考制度最突出的特征之一。统一性过强的高考在推行中既体现了突出的优势，也存在着明显的弊病。20 世纪 90 年代以后，随着世界形势急剧变化，我国社会政治、经济和文化发展越来越呈现出多样化的特征。教育作为众多社会系统中的子系统之一，也深受此社会背景的影响。外部环境的变化使得原有教育系统产生紧张压力，引发该系统的调整与变革。高校招生考试制度是全民关注的人才选拔制度，随着社会、高校的需求逐渐多样，原有以统一高考作为唯一手段的招生考试制度面临越来越多的挑战。为此，1999 年教育部颁布《关于进一步深化普通高等学校招生考试制度改革的意见》，开始新一轮高考改革。此后，高考制度逐渐进入改革的密集期，高考内容、形式也得以持续地变革，多样化、多元化成为这一时期高考改革的基本特征；但是由于统一高考的惯性过大，加之统考形式仍具有坚实的社会基础，所以此阶段高考改革的多样化程度还十分有限。

第一节　“高考累人”和“人累高考”

考试对社会发展的作用毋庸置疑。它是实现人的社会化和人的社会价值的重要手段，也是人类社会演进发展不可或缺的机制[①]。现今社会，考试已经广泛使用于社会各行各业，它（考试）“已是这样稳固地站定了脚跟，要废除它，似乎比取消篝火节或者圣诞节更无可能”[②]。

自 1952 年建制以来，高考始终是令人“瞩目”的社会制度之一。当前，

---

① 廖平胜：《考试学原理》，华中师范大学出版社，2003 年，第 2 页。

② 罗伯特·蒙哥玛利：《考试的新探索》，广西人民出版社，1984 年，第 76 页。

高考在中国社会受到的关注有目共睹，各级领导的充分重视，考生家长对子女前途迫不得已的“畸形”关心，校长、教师对学生成绩的过度关注，商家对“高考经济”异乎寻常的热心，再加上媒体的狂轰滥炸，使得高考成了我国独有的社会现象。近年来，高考期间频频出现“交通管制、警车专送、公交挪站、飞机改线”的报道，根据《中国青年报》2004 年的一份民意调查显示，高考俨然已经成为“举国大考”①。长期以来，学生负担过重一直是中小学教育的老大难问题，“全民参与高考”局面的出现，使得这一问题更加突出。为此，不少人从减轻考试负担的角度提出要取消高考。本节主要分析当前统一高考背景下出现的考试负担，并讨论高考与考生负担之间的关系。

一、“高考累人”

高考是一个典型的高竞争、高风险、高利害的大规模选拔考试②。它的辐射面相当广。高考“指挥棒”大概是天底下最有权威的“棍子”，它不仅指挥着高中，还指挥着初中、小学，甚至幼儿园。它不仅影响着在校学生和教师正常的学习和教学，而且对家长和社会公众，甚至对社会教育、文化出版事业等，都产生了相当的裹挟力，使人们的意识、行为乃至社会活动都不同程度地卷入高考竞争的旋涡③。“高考高于一切，一切都是为了高考”，成为当前中等教育中看似夸张，却又真实的现实。高考的过重“指挥棒”效应使得身处高考应考、备考过程中的群体深受其累。

（一）考生应考之累

长期以来，由于高校招生过分依靠高考，基础教育已逐渐形成了以高考为轴心的局面，这使得身处备考、应考境地之中的考生承受着越来越大的负担与压力。高考是选拔性考试，考生之间是竞争关系，在公布分数之前，由于不知道别的考生会达到多少分，不知道所报志愿学校（专业）录取分数线会达到多少，因此，复习的努力程度必然是时间、精力、体力的极限④。处

① 方奕晗：《民调显示高考已成举国大考》，《中国青年报》2004 年 6 月 14 日。

② 刘海峰：《高考竞争的现象与本质》，《高等教育研究》2006 年第 12 期，第 31 页。

③ 陈娟等：《从社会流动的观点看中日高考竞争的形成》，《比较教育研究》1992 年第 6 期，第 27 页。

④ 杨学为：《高考改革与国情》，《求是》1999 年第 5 期，第 34 页。

于毕业应考前沿的高三学生无疑更是这种紧张压力的直接承受者。舒云在《高考殇》一文中指出："谁没有经过高三，谁就不知道'地狱'。"我们可以从她的描述中体会高三学生的"应考之累"。

> 到高三，尤其是最后冲刺的高三下学期，综合测验、期中、期末、会考、一模、二模……每天除了考试还是考试，回家还有一堆厚厚的卷子。北京某重点中学的高三学生，早上 6 点 15 分到校，中午不回家，匆匆吃完饭，接着做题。说是下午 3 点多放学，但实际上加课，回到家还要看书到 12 点。学习紧张时，天天有 90 分钟的大课，教师一天下来嗓子哑了，学生则不停地做笔记，一直处于紧张状态，脑袋都要炸了。每传来一套题，都抢着做，还没做完，另一套题又来了。做大量的题，发现都是重复，真正有价值的没多少。大大小小的考试多了，但每天必须有一次高考模拟，严格按照高考程序。考题来源广泛，题型复杂，不论考好考不好，大家都没有欢乐，发呆的、拍桌子的、踢门的、大嚷大叫的……似乎都感到一种无聊。因为除了"分"，我们什么也没有，整整 12 年全"献"给了高考。①

其实，高考应考中并非只有高三毕业班学生才感受到课业压力，这种学业负担已逐渐延伸到整个中学阶段甚至小学、幼儿园教育之中。有调查显示，我国小学生的书包一般重达 3 公斤，而初、高中学生的书包的重量则远远超过此数。大多数中小学生早上 6 点多钟必须起床，以便在 8 点之前赶到教室，直到下午五六点钟才能放学回家，晚上还要再做一到四个小时的作业。另据中国青少年研究中心对 6 岁至 14 岁的城乡少年儿童进行调查显示，在小学一至三年级中，约三分之二的城市少年儿童和近半数的农村少年儿童每天做作业的时间，超过国家规定的三十分钟标准；在小学四至六年级中，超过三分之一的城市少儿和近三成的农村少儿每天做作业的时间，超过一个小时的国家标准。同时，中小学生每天在校学习时间也超过国家规定的标准，由此造成将近 47%的中小学生没有达到国家规定的九小时睡眠标准②。这些过重的课业负担和压力使得广大的中小学生为高考所累。

（二）家长陪考之累

中国的家长对子女升学的关注与投入程度举世闻名，他们中越来越多的

① 舒云：《高考殇》，《北京文学》2005 年第 10 期，第 15 页。

② 于泽远：《中国学生课业负担过重》，《联合早报》2001 年 4 月 3 日。

人成为“(子女) 教育的狂热分子”。面对高考，中国的家长异常辛苦。有位考生家长曾撰文描述了这一艰辛历程：

如果说高考是对考生智力与综合能力水平的大检验，那么考前这一两个月的复习阶段，则是对家长智力、体力、忍耐力、心理承受能力等诸多能力的综合考验。作为一个高三学生的家长，经过这一阶段的艰苦磨炼和反复测验，你想不进步都难。且不说，高考填报志愿是多么的检验考生家长的智商、情商和综合知识水准；也不讲，高三下学期的这几个月里，你需要风里来、雨里去，战高温、斗酷暑，参加多少场家长会和招生咨询现场会；更不提，你明里暗里花了多少钱、托了多少人、看了多少材料、有了多大提高……（那些都是应该的，谁让那是咱自个儿的孩子、自家的大事呢!）单就说那“泰山崩于前而面不改色”、“宠辱不惊”、“喜怒哀乐不形于色”的心理承受能力，就是考生家长所必备的第一大要素。[①]

现代家庭多为独生子女家庭，家长对子女的期望都比较高。由于考生前途与所受高等教育的类型、水平越来越密切相关，因此大部分家长对子女的高考关注急剧升温。近年来，心理咨询专家发现，许多家长的压力比子女更大，其焦虑程度也比孩子更重。当一些孩子忙于高考备考时，许多父母已患上“高考焦虑症”[②]。

——一位家长自儿子上了高三后，想天天接送儿子，遭儿子拒绝后，她每天偷偷跟在儿子后面，一直护送他到学校。她说不亲眼看见儿子走进教室，她会坐卧不宁。

——一位家长的女儿是某重点中学的学生，平时成绩非常优秀，但在二模考试中，成绩一下子降了十几名，她似乎觉得女儿已经高考失利了，眼看着考期越来越近，她也越来越急，家里的气氛也越来越紧张。

此外，一些家长的“护考”行为也为社会所瞩目。据报道，近年来一些家长除了全程陪同子女考试外，对应考周边环境的要求也不断提高。2006年，南京从5月22日晚开始实施“绿色护考”，关于禁噪的投诉更是铺天盖地，仅5月30日晚上，噪声投诉就多达76起。在江苏一家媒体的热线记录

① 莱莉：《家有考生，你以为考生家长容易吗?》，人民网，2002-06-20，http://www.people.com.cn/BIG5/kejiao/40/20020620/756845.html。

② 赵洪涛：《冷眼看高考》，《云南教育》2006年第6期，第15～16页。

中，还有家长建议火车在夜间通行时不要鸣笛，因为声音太吵，会影响到孩子的休息。武汉各大小社区中屡屡发生住宅附近噪声引发抱怨和纠纷的情况。2005 年考试阶段，南宁市西乡塘区一所考点就发生过学校家长为确保学生免受噪音干扰，亲自上树抓知了的事情①。

（三）中学教学之累

长期以来，中学一直都难以摆脱社会对其“片面追求升学率”的指责与抨击，但要改变中学“片追”并非简单的思想意识问题，“片追”屡禁不止的原因之一在于，“升学率”一直都是社会衡量中学办学水平、质量与地位的潜在标准，升学率的提高伴随着中学、教育行政部门以及教师更大社会利益的获得。

首先，在教育资源配置不公平的前提下，家长希望孩子入读优质学校，而衡量一个学校是否优质，升学率成为家长知道的为数不多的标准之一。为了吸引更多的优秀学生，学校也只能用升学率来说话。

其次，教育行政部门在主管和领导当地基础教育发展的过程中，也习惯以升学率作为检测学校办学水平，评价中学教学质量与学生成就的主要指标。而且，升学率也在很大程度上成为衡量教育行政主管和领导的政绩，决定其升迁的标准之一。这便更加强化了中学的升学主义。

再次，社会对学校评价导向的偏离也是“片追”经久不衰的原因之一。例如，对校长而言，升学率上去了，领导嘉奖，群众赞扬，学校名声大振；升学率下降了，就会受到来自各方面的批评和责难。对老师来说，学生成绩和升学率是评价其工作的主要依据，也是评优评先、晋升职称量化得分的关键。

因此，为提高升学率，中学不得不以高考为轴心开展教育教学。由于质量较高的初中毕业生是实现高考高升学率的条件之一，所以许多高中逐渐陷入白热化的生源争夺战之中。何建民在《中国高考报告》中曾形象地描写了中学的“抢生”行为②。

> 某校一个初二学生得了省数学比赛冠军回到学校后，即刻就受到市高中重点学校的领导的接见，校领导当场向学生家长表示：在孩子上高中时，他们免考招他入学。家长和孩子听了自然非常高兴。这事被另一

---

① 王骏勇、戴劲松：《家长护考近荒唐，飞机都想不让飞了》，新华网，2006-06-08，http：//news.xinhuanet.com/edu/2006-06/08/content_4662376.htm。

② 何建民：《中国高考报告》，华夏出版社，2000 年。

所高中的校长知道了，他们也想把这个省数学比赛冠军抢到自己学校，他们听说这个孩子还想在语文方面下点功夫，于是派出一名优秀的语文老师免费为这个孩子当家庭辅导老师。一年以后，当那个承诺免考让孩子上高中的校长来给孩子办入学手续时，家长告诉他孩子已经考进了某某中学，即被那个免费派家庭语文辅导老师的学校招走了。那校长对天长叹一声道：完了，我失掉的何止是一个好生，至少是十个、二十个呀！果然那个把“省数学比赛冠军”抢走的学校，立即借“省数学比赛冠军考我校”的新闻广为宣传，这名人效应即刻发生效果，家长们互相之间都在传：你看人家数学比赛冠军都考某某学校了，我们还傻挑什么啊？于是呼啦一下都涌向了这所学校。

学生要成绩，家长要成绩，社会也要成绩，因此许多学校放弃了大多数学生，只抓少数尖子生；砍掉音体美，只教授考试科目；不断加重学生的课业负担，增加考试次数的现象也十分严重。对大部分教师而言，只能采用“惯用”的手段，对学生集中进行灌、练、训、测等等。但是，面对社会对“学生课业负担过重”“中学片面追求升学率”的责难，中学教师承受着更大的压力。许多中学教师指出：“哪个老师想补课呢？我们也想减减压！”“现在减负，喊的是‘过程减负’，但高考是结果，到那时候还不是要拿成绩说话！”“我们作为教师是应该为学生着想，但在目前的考试制度没有大变化的前提下，你要我们怎么办？”所以，有人认为，高考是人才选拔的主要手段，考试是人才选拔的主要措施，学校看重的是分数和成绩。因此在给学生减负的同时，也应该减一减中考和高考，给老师减负①！

由此可见，统一高考有着巨大的社会向心力。当前的中学教育已逐渐形成以高考为轴心的局面，围绕这个轴心，学生、家长和教师不停地奔跑，试图将自己的能力发挥到极限。这种压力日复一日、年复一年地压在学生、家长和教师的头上，让身处其中的各个群体越来越为高考所累，许多人因此批判高考制度的弊端，要求对其进行重大改革。在对“高考累人”现象产生的原因的分析中，有一种常见的观点，即把学校教育中存在的诸多不良现象仅仅归因于高考制度，认为高考之所以成为社会大众之累，是因为高考制度存在着弊端，只要废除高考，或者高考制度改好了，高考之累即可消除。

① 朱丽亚等：《高考不减，学生负担能降下来吗？——重庆“减负令”遭家长反弹》，《中国青年报》2007年3月19日。

二、“人累高考”

为什么当前社会各界为高考所累？考生、家长和教师为什么甘愿承受“高考之累”？“累人高考”产生的原因究竟何在？能否仅通过废除统一高考得以解决？

无独有偶，中国古代的科举制度在各朝发展后期，也曾出现越来越“累人”的倾向。作为一种大规模的社会选拔性考试，科举考试制度是中国古代重要的社会人才选拔制度，对古今中外人才选拔制度的建立都产生过深远的影响。当时的“科举累人”倾向主要表现为：科举考试平均而论，士子在它上面花费的精力越来越多，消耗的生命越来越长，然而却还是越来越难于中式①。对于科举造成的累人局面，朱熹曾指出：“非是科举累人，是人累科举。若高见远识之士，读圣贤之书，据吾所见，为文以应之，得失置之度外。虽日日应举，亦不累也。居今之世，虽孔子复生，也不免应举，然岂能累孔子也？”朱子在这里所强调的是一种个人对待科举的态度，即如果“得失置之度外”，则不会为其所累，而如果患得患失，就会为其所累，即累的是“人心”②。

若从考试是分配社会资源，特别是优质社会资源的手段这一角度上看，古代的科举考试与现代的高考制度所引发的高竞争性本质上是相同的。尽管在当前高考竞争中，考生、家长的负担过重像朱熹认为的那样，一部分是由其对待考试的心态引起的，但这一问题的解决不能仅止于此，而应看到引发他们这种患得患失心态的社会根源所在。正是因为高考决定着优质高等教育资源的分配，而中国高校选才越来越仰仗高考，人们才会越来越广泛地关注高考，甚至为高考所累。从这个角度上看，高考“累人”在很大程度上是由“人累”引起的。

（一）人之量累

考生、家长以及中学教师感受的高考之累，是与高考的竞争程度密切相关的。1952 年统一高考建制初期，国家因发展工业急需大量各种高级建设

---

① 何怀宏：《选举社会及其终结——秦汉至晚清历史的一种社会学阐释》，生活·读书·新知三联书店，1998 年，第 341～342 页。

② 何怀宏：《选举社会及其终结——秦汉至晚清历史的一种社会学阐释》，生活·读书·新知三联书店，1998 年，第 343 页。

人才，但当时的高中毕业生很少，远不能满足高校招生计划，因此当年还组织了部分相当于高中毕业程度的青年报考。当年的考生为 5.9 万人，而高校最终录取 5.32 万人，录取率高达 90.35%。因此，当时高考考生的竞争程度不太大，考生感受的高考压力也相对较小。后来，随着高中毕业生数量的不断增加，越来越多的考生参与到高考备考中来，每当遇到高考录取率低的年份，考生的竞争就越激烈，应考压力自然增大。下面以 1952 年—2002 年的高考录取率（见表 3-1）为线索，分析 50 年来（“文革”除外）高考竞争程度的演变历程。

表 3-1 高考录取率（1952 年—2002 年）①

年份	考生数（万人）	录取数（万人）	录取率（%）	年份	考生数（万人）	录取数（万人）	录取率（%）
1952	5.90	5.32	90.35	1983	309.60	36.00	11.63
1953	8.00	6.24	77.88	1984	272.00	42.69	15.69
1954	12.50	9.23	73.78	1985	272.40	53.20	19.53
1955	17.50	9.78	55.92	1986	191.40	57.20	29.89
1956	36.10	18.46	51.13	1987	227.50	61.70	27.12
1957	25.20	10.56	41.89	1988	271.60	69.40	25.55
1958	27.40	26.56	96.90	1989	266.20	61.80	23.22
1959	32.70	27.41	83.72	1990	283.20	61.80	21.82
1960	32.00	28.41	88.73	1991	295.60	62.90	21.28
1961	37.20	16.90	45.44	1992	302.60	76.50	25.28
1962	38.90	10.68	27.43	1993	286.10	97.50	34.08
1963	39.80	13.28	33.36	1994	250.80	98.60	39.31
1964	34.40	14.70	42.72	1995	253.00	93.00	37.00
1965	35.00	16.42	46.92	1996	266.00	96.50	40.00
1977	573.10	27.30	4.76	1997	284.30	107.80	37.92
1978	610.20	40.15	6.58	1998	320.20	116.00	36.23
1979	468.40	27.50	5.87	1999	340.40	167.80	49.29
1980	468.70	28.12	6.00	2000	388.50	220.60	56.78
1981	502.90	27.87	5.54	2001	453.50	260.00	57.40
1982	389.90	31.50	8.09	2002	500.00	310.00	62.00

① 李立峰：《高考科目与内容改革》，厦门大学硕士学位论文，2003 年，第 106 页。

从以上数据中可以看出，由于各年度考生人数和高校录取人数处于不断波动之中，高考的录取率也存在较大差异。1960 年之前（除 1957 年 41.89%外），高校的招生录取率普遍较高，最高时甚至达到了 96.90%（1958 年）。而且，由于新中国成立初期高中毕业生相对较少，有些年份甚至参加高考的高中毕业生人数比高校招生人数少。因此这一阶段中学教育、教学环境相对宽松。

1961 年受自然灾害的影响，国家压缩高校招生规模，高考录取率急剧下降，虽然到 1965 年招生录取率（46.92%）已回升至 1961 年后的最高点，但与 1952 年招生录取率（90.35%）相比，已下跌了近一半。受此背景的影响，高考竞争的压力不断增大，中学“片追”和“学生负担过重”的现象逐渐抬头，并愈演愈烈。尽管社会对此进行了猛烈的抨击，教育行政部门也多次下文试图禁止或减缓“片追”的负面影响，但效果仍然不佳。

1977 年恢复高考，由于该年聚集了前后 11 年的高中毕业生，虽然高校的录取规模较“文革”前有所扩大，但考生人数太多，录取率降到了最低点（4.76%）。随后几年录取率虽有所回升，但仍持续在不到 10%左右。考生的竞争程度空前激烈，应考压力非常大。

20 世纪 80 年代之后，高考的考生数与高校的招生数均在增长，录取率有所提高，但与“文革”前相比，录取率仍然很低，大学仍然不是大部分考生能够进入的，高考的竞争性仍然十分明显。中学“片追”与“学生负担过重”问题仍然屡禁不止。

1999 年国家实行扩招政策，高校的招生人数有了很大的增长，录取率也相应提高。到 2000 年录取率已突破 50%。按许多人原有的设想，高考录取率提高了，考生的竞争激烈程度会有所好转，中学“片追”与“学生负担过重”问题也会部分地缓解，但实际情况并非如此。尽管高考录取率提高很快，但考生之间的竞争依然存在，甚至更加激烈。这是因为，在高考录取率较低的年代，大学生是社会群体中的一小部分，他们处于“天之骄子”的地位，上不上大学决定其日后社会地位和利益的差别，因此高考竞争的重心在于能否上大学。随着高考录取率不断提高，接受高等教育的群体占社会群体中的比重逐渐增大，大学生之间在水平和质量上也出现较大分化，人们已从重视“学历”转变为重视“学校历”①，因而高考竞争的重心逐渐由“能否

---

① 刘海峰：《高考改革的统独之争》，《教育发展研究》2006 年第 11A 期，第 48 页。

上大学”转变为“上什么样的大学”。优质高等教育资源成为考生竞争的焦点，由于其总量是十分有限的，因此中学生的高考竞争激烈，应考压力大是自然的。

（二）人之心累

考试心态影响着个人对考试的反应。中国古代自科举考试建立以来，这一考试所带来的，不仅仅是滴水不漏的完备制度和近乎惨烈的考场竞争，也形成了一种重视考试和重视教育的文化传统。并且，这种传统已经成为一种“基因”，根植在中国人的灵魂深处[①]。而且，借由科举考试而实现的“朝为田舍郎，暮登天子堂”的社会人才流动模式已深深为民众所接受，并成为一种考试文化传统而保存下来。因此，即使是在古代科举考试竞争极度激烈的某些时期，“人人向考”“积极向学”仍然是多数读书人执著的追求。反观现今高考，由于高考不仅具有区分能否上大学、上什么大学的职能，而且其实际上起着对高中毕业生进行第一次社会分工的作用[②]，所以考生对高考的参与积极性是非常高的。自 1977 年恢复高考至今，尽管借助中等教育的分流和高校招生人数的扩充，高考录取率有了很大的提高，但入大学学习仍然只是一部分考生所能享受的。由于重视考试、依赖考试已成为一种文化，“借由考试改变命运”是大部分人都坚信和坚持的，所以即使高考竞争是残酷的，但仍然为大部分考生所忍受。

同时，在高考备考大军中，每年都有大量的复读生。与 20 世纪 90 年代末之前相比，近年来高考复读生的结构发生了较大变化。往年高考复读生，主要以前一年高考因分数过低而落榜的考生为主，也有少部分被一般院校录取而不去就读的，期望来年考取更高层次高校的考生；但 20 世纪 90 年代末以后，随着高考竞争重心的上移，“学校历”超过“学历”成为衡量成功的重要指标，这助长了考生的“精英”高校情结。许多考生取得了高分，但却因为与自己向往的精英高校（例如北大、清华等）失之交臂，而选择复读。这样的考生在复读生群体中占有相当的比重。根据新华网的不完全统计，仅 2004 年，湖北、江苏、北京、上海、天津、广州 6 省市 600 分以上的复读

---

① 郑若玲：《考试与社会之关系研究——以科举、高考为例》，厦门大学博士学位论文，2006 年，第 6 页。

② 刘海峰：《高考改革的教育与社会视角》，《高等教育研究》2002 年第 9 期，第 37 页。

生就有 3 000 多人，其中考上全国重点大学没报到的达 1 800 人之多①。对于一些重点中学的重点班而言，相当一部分学生对高考的心态就是考上北大、清华等为数不多的几所名牌大学。

考生对高考竞争的承受以及对高考的热衷，反映出一种力争上游、读书至上的高考心态。受此心态的影响，不同水平的考生均力求考出高于自身水平的成绩，从而能被更好的高校录取，所以几乎所有的考生都被要求处于不断向上的努力之中。这种积极向上的高考心态本是无可厚非的，但在现实社会中，不少家长并不能客观地看待子女的学业水平，而是盲目地对考生提出不切实际的要求；而有些考生也好高骛远，制订远超过自身水平的升学计划。凡此种种，带来了考生的焦虑，影响了考生正常水平的发挥，也在很大程度上加剧了高考竞争，让社会为高考所累。

（三）人之竞争累

从表面上看，人们对高考的狂热关注是引发“高考之累”的主要原因。但若高考不是考生竞争高等教育入学机会的手段，学历文凭在社会岗位分工和社会流动中不起什么作用，那么社会对高考的关注程度自然会下降。由此可见，“高考之累”主要源于高考竞争。

竞争是任何社会、任何人都无法避免的。从本质上看，竞争的实质是为获取有限的社会资源。高考是一项高竞争性的选拔考试，尽管从直观上看，它是普通高等学校选拔新生的一种手段，但其社会本质远远超出教育领域，它是社会竞争的表现形式之一，是国家对结束了基础教育最高阶段学习以后的青年人所进行的大规模的社会分流工作。虽然我国已消灭了阶级对立与脑体对立，但脑体差别仍然存在。脑力劳动者所享受的社会地位与物质待遇吸引着青年人为得到它而不断奋斗。因此，脑体差别是导致高考竞争的根源②，高考竞争并非是单纯的教育问题。

1952 年统一高考建制后，为选拔与培养各种高级建设人才，以适应国家经济建设的需要，政府将高校的招生活动纳入统一领导与规划中，规定了统一高考的性质，即：

---

① 邬焕庆：《“高分复读”现象调查：高考变成了“考高”》，新华网，2005-07-20，http：//news. xinhuanet. com/edu/2005-07/20/content _ 3249273. htm。

② 杨学为：《高考改革与国情》，《求是》1999 年第 5 期，第 32 页。

(1) 大学全是国家办的，招生是为了给国家培养干部。

(2) 招生计划由国家计委制订、经教育部下达各大学执行，是指令性的。

(3) 招收新生的政治审查标准和身体健康状况标准，根据毕业后所从事工作的性质决定。

(4) 上学免学费、宿费，和国家干部一样享受公费医疗。

(5) 毕业后由国家包分配，当干部①。

由于国家从一开始就确立了大学生的“准干部”的优越身份和拥有“铁饭碗”的社会地位，并将高考作为区分国家干部与一般群众、“穿皮鞋与穿草鞋”群体等的标志之一，高考逐渐成为获取社会稀缺资源的重要手段。而且，在现代社会，随着经济发展水平的提高，知识重新得到社会的尊重，学历文凭逐渐成为个人升迁的重要标准，大学学历的“价值”与日俱增。在这种情况下，个人要保证在流动中不被淘汰或落伍，求得较为稳定的职业，以至于谋取更高的收入和更高的地位，就必须在学历上占有优势，高考竞争的继续发展也就不可避免了。

由此可见，正是因为高考竞争从本质上看，是高校学生毕业后社会地位与物质待遇的竞争②，是高中毕业生面临的第一次强制性的“社会（脑体）大分工”，是人们一生的政治地位、经济地位等社会竞争在教育领域的“浓缩”③，所以它对每一个即将面对高考的人都产生着强大的向心力，让人不由自主地靠近它，关注它，重视它。由于竞争具有风险性、残酷性，所以身处竞争中的人难以摆脱紧张、焦虑甚至失败的伤痛，因此，“高考之累”也就难以消除了。

“高考累人”源于高考竞争，而高考竞争是社会竞争的表现形式之一。由于竞争是客观存在的，只要存在社会分工、社会差别，如城乡差别与脑体差别、本科与专科、重点院校与一般院校、热门专业与冷门专业等，高考竞争就无法消灭。而只要高考竞争存在，高考给考生、家长带来的负担就较难

① 杨学为、廖平胜：《考试社会学问题研究》，华中师范大学出版社，2003 年，第 162 页。

② 杨学为：《中国考试改革研究》，北京大学出版社，2001 年，第 354 页。

③ 郑若玲：《“举国大考”何去何从》，《招生考试研究》2007 年第 1 期，第 6 页。

缓解。不少人认为，废除高考即能消灭高考竞争，随之缓解考生的过重负担，但实际上，不论统一高考是否废除，社会竞争是无法避免的。尽管统考制度的废除会消除目前这种形式的“高考之累”，但只要高等教育资源是稀缺的和有差别的，无论采用何种形式的招生考试制度，考试竞争仍然无法避免。即使统一高考被废，只要新的招考制度与大学入学机会相连，社会大众对其仍会持有同样的热情，随即又会出现另一种形式的“高考之累”。

总之，高考太引人注目，太让人爱也太让人恨，太令人向往也太使人惧怕。因为高考及其作用和影响，已深深根植于当代中国人的意识和情感之中，对高考的任何一点变革，都将是一件极其艰巨的工作。这种艰巨性，要远远超过某些人一厢情愿的善良意愿①。国家（地方）统考是目前高考制度的主要形式之一，由于社会竞争无法避免，中国人长期形成的“重考试”“争上游”的考试心态，让广大的中学师生和家长无法摆脱“高考之累”，产生了中学过重的课业负担。这种课业压力并不会因为高考制度的废除而根本消除，即使高考废除，或采取其他形式，考试竞争、考试压力仍会以其他形式存在于考生的备考与应考之中。

第二节 高考改革的“统”与“独”

考试是当前世界各国大学招生中最主要的手段之一。不同国家高校招生入学考试制度的差异，主要是在考试形式、考试内容、招生方式的选择上存有差别。根据考试组织主体的集中程度，可以将招生考试分为统一考试与分散考试。这两种考试形式都有自身的优势与缺点，也都能在现实中找到典型的代表。不同国家对这两类考试形式的偏重，反映着各自不同的文化、教育传统。但从 20 世纪世界各国高校招生考试制度的改革与发展趋势来看，原来高度统一的国家和地区，招生考试在朝分散和多元方向发展；而一些分散、自由的国家则逐渐强调统一考试的重要②。招生考试形式从统一和分散这两个端点向中间处集中的发展趋势表明，高校招生考试制度除受制于政

---

① 蒋超：《高考对话录——困惑与希望》，中国人民大学出版社，1993 年，第 19 页。

② 刘海峰：《高考改革中的全局观》，《教育研究》2002 年第 2 期，第 24 页。

治、经济与文化之外，也有其自身的发展逻辑与自然合理性。

我国自 20 世纪 50 年代建立高考制度以来，国家统考一直是高校招生考试的主要形式。这与民国时期主要采用的各高校单独考试存在很大差异。基于不同的立场和角度，来自大学、中学，校内、校外，城市、农村的群体和个体，对这两种高考形式的认可程度存在很大差异。因此，有关高考是国家“统一组织”好还是高校“分散组织”好的争论一直伴随着高考制度的演进过程。分析和了解这一争论有助于当前高考改革处理好统一与多样的关系。

一、高考“统独之辩”的发轫

高考的“统独之辩”最早出现在 1954 年。从 1952 年开始，随着国家统考的持续使用，高考录取中的共性过多、个性不足的问题逐渐显露出来，要求改革统一高考的氛围逐渐形成。与此同时，当时的教育行政部门、高校对单独招生并非完全排斥，甚至希望借由联合招生实现统一招生向单独招生的过渡。因此，针对教育界不少人提出的统一招生存在较难满足部分学校的特殊要求，也不能深入地选择每个学生等弊端，当时教育部也曾提议改全国统一招生为学校单独招生。自 1954 年开始至 1957 年，教育界经常出现对“学校单独招生好，还是全国统一招生好”的讨论，但每次讨论的结果，除个别学校外，大多数学校都主张继续实行全国统一招生考试[①]。笔者以 1955 年为例。

是年的讨论由教育部发起。针对 1954 年招生工作的问题和情况，1955 年教育部曾提出联合招生和统一招生两种方案。并于当年 2 月和 3 月召开两次座谈会，征求高等学校和有关部门的意见。借由当年《高等学校座谈今年招生工作方针问题纪要》[②] 等文件，可以对当时讨论的大致情况有所了解。

在当年参加座谈的 62 所高等学校中，清华大学、北京大学、中山大学、上海交通大学和四川医学院 5 所学校同意联合招生方案。他们主要基于以下的理由：

（1）从高等学校招生工作的发展前途看，必须逐渐过渡到各校单独招生的方向去，联合招生是一种过渡形式，可以采取。

---

① 杨学为、廖平胜：《考试社会学问题研究》，华中师范大学出版社，2003 年，第 157 页。

② 杨学为：《高考文献》（上），高等教育出版社，2003 年，第 78 页。

(2) 因为联合招生是以学校为主来录取的，学生的质量比较有保证（主要是清华的意见)。

(3) 举行两次招考比统一招生一次硬性分配，较能照顾学生志愿。

(4) 就学校的人力条件来说，这些学校在统一招生时已花费很多力量，联合招生也可以负担得起来。

对于联合招生，绝大部分高等学校持谨慎甚至反对态度。多数学校认为，联合招生是向单独招生的前途过渡的方式，但今年（1955 年）条件尚不成熟，不能贸然行事。部分学校对联合招生的优点也表示怀疑，认为其不比统一招生好。主要有以下理由：

(1) 今年学生来源尚少，高中毕业生不敷招生需要，增加其他来源亦为数有限，而国家要求学校完成招生任务是绝对的，如果联合招生，是完成不了招生任务的。

(2) 学生的升学志愿不是定型的，关键问题在于引导教育，以保证完成任务。联合招生，并不能很好地解决学生志愿问题，甚至限制了学生志愿(只能报考同一类学校)。

(3) 联合招生，分散进行，录取学生标准不好掌握，质量不能保证，如委托别的学校招生，更不可靠。

(4) 联合招生“手续多、麻烦多”，学校负担太重，学生在炎热的暑假参加几次考试，过于劳累，而且推迟开学日期，会影响统一教学计划的执行。

(5) 联合招生，第一次只有少数学校招足，其他参加联合招生的学校，会单方面地为少数学校服务，而自己又得二次、三次招生，负担过重。

这场争论最后以维持统一招生为结果。高等教育部在《关于 1955 年高等学校招生工作的请示》① 中指明了该年仍采用统一招生的理由在于：

(1) 学生来源尚少，学生报考志愿比较集中，如果单独招生，部分师范、俄文学校和理、工、农、医各科学校的个别专业，会完不成招生任务。

(2) 现在组织单独招生，高等学校和投考的学生都措手不及，造成一定混乱。

(3) 如果单独招生，绝大部分学校一次招生不足，势必二次、三次招生，会延误开学时间，影响统一教学计划的施行，打乱教学秩序，会增加学

① 杨学为：《高考文献》（上），高等教育出版社，2003 年，第 55 页。

校不少困难。

(4) 单独招生，各校不能在全国各地广设考区，限制了考生的升学志愿。

(5) 单独组织招生，学校人力有困难等。

1955年的高考“统独之辩”主要是围绕联合招生的利弊展开的，争论的焦点在于何种招生制度才能满足不同学校的生源要求。此次讨论体现出以下特点：

（一）不同学校招生重心的差别是引发高考“统独之辩”的关键

从整体上看，各高等学校均期望借由招生考试实现以下目标：完成国家下达的招生计划，保证生源质量，不过分加大学校的招生负担；但高校之间，譬如声誉好、水平高的学校与水平一般的普通高校，名牌高校与新建高校，生源充足与生源不稳定的高校，要完成招生计划，其招生中的关注点和侧重点存在很大差异。

老牌、名牌且生源报考充足的高校，招生计划的完成比较容易实现，因此这些高校在招生中更多的是关注生源的质量。与统一招生相比，高校单独招考或联合招生更具灵活性和针对性，学校可以根据自身的需要调整考试内容和录取标准，同时借助单独招考或联合招生，在一定程度上拉近了学校与考生的距离，有利于高校较好地了解考生情况，把握考生质量。因此，对那些曾经有过单招或联招经验，且因此而获益较大的高校而言，即便增加一定的招生成本（在学校可能承受的最大范围内），联合招生也不是不能接受的。

而那些层次不高、水平一般的高校，或是新建的院校，特别是当时在社会上不甚热门的矿业、农机、铁道、煤炭、地质等的部分工科院校，他们的社会地位不太高，考生的投考积极性也很有限。他们更关注如何利用适当的招生成本，获取充足的生源，完成国家的招生计划。由于采取单独招生或联合招生，水平不同、社会地位各异的高校之间极易产生“马太效应”，处于竞争劣势地位的一般院校可能会因此而承担高额的招生成本，却又无法完成招生计划，因此单招或联招对其而言，成本和风险更大，所以他们更倾向于接受统一招生。

（二）招生效率是重要的考量因素

新中国成立伊始，党和政府逐渐将重心集中到经济建设上来，确定了突出重工业，实现工业化的总任务。由于旧中国教育落后，高中毕业生很少，而新中国要进行大规模经济建设，特别是执行第一个五年计划后大批大规模建设项目要上马，急需大批高级技术人才与管理干部，这就要求调整原有高等教育层次、科类结构，以适应与配合经济建设的需要。为此，国家加大了对工科院校，特别是矿业、农机、铁道、煤炭、地质等院校的发展力度。除了大量创办新的工科学校外，也逐渐扩大了原有高校工科专业的招生规模。以 1953 年教育部确定的高校招生计划为例（见表 3-2），该年高等学校计划招收的 70 000 人中，各科比例分别为①：

表 3-2　1953 年教育部拟各高校招生各科类计划

	招生人数（人）	比重（%）
工科	29600	42.30
师范	18300	26.10
卫生	7200	10.30
理科	4500	6.40
农林	3200	4.60
文科	3000	4.30
财经	2000	2.90
体育	800	1.10
政法	1100	1.60
艺术	300	0.40

招生规模的扩大，以及招生中对以培养工矿交通技术干部为重点的工科生源计划的偏好，对原有的高校招生体制提出了新的挑战。1952 年以前，高校招生沿袭旧制，采用各校单考或联招。招生的自主权主要在学校，高校各自为政，难以对国家的招生规模和生源的科类结构进行整体把握。1949 年到 1951 年，高校的单独招生、联合招生效率很低。一方面，国家急需大量人才，各高校也均有充足的招生计划；另一方面，数量有限的高中毕业生多集中于华北、华东、中南等地，东北、西北、西南很少，实行单独招生，学校与考生东奔西跑，多次招生、多次考试，还有不少学校招不满，不少考生没学上。据统计，1950 年的新生报到率仅为 50%②。虽然后来采取大区内联合招生，新生的报到率有所提高，但不同地区高校之间仍难以沟通，考生

① 杨学为：《高考文献》（上），高等教育出版社，2003 年，第 22 页。

② 杨学为、廖平胜：《考试社会学问题研究》，华中师范大学出版社，2003 年，第 155 页。

在不同高校、不同专业间的流动较小，也在一定程度上限制了高校选择考生、考生选择高校的机会。至此，高校招生中一方面要遭遇人、财、物的较大支出，另一方面国家制订的招生计划也难以完成，进而影响国家经济建设。

此外，与统一招生相比，采取单独招考和联合招考，国家对某些特殊院校、专业招生的引导与控制力度相对较小。在 1955 年的座谈会讨论中，中南矿冶学院副院长就指出，今年（即 1955 年）学生来源不足，矿冶学院招生任务大（1 260 人）。学生认为采矿是“下地狱”，不愿报考，同时多向往“通都大邑”（指不愿意在长沙上学）、牌子亮的学校；如果联合招生，像矿冶学院这样的新建校是完成不了任务的。北京钢铁学院教务长也说：“物资不足，要统购统销，学生来源缺乏，要统一招生。”① 与单独招考不同，统一招生中，国家可以通过多志愿填报、多批次录取，实现考生在不同地区、院校、专业间的流动，对于某些冷门或特殊专业，甚至可以采取提前录取、院校调剂、专业调剂等手段帮助高校完成招生计划，有利于满足国家经济发展对某些急需专业的生源的需要。

1952 年，教育部建立的全国统一招生考试制度，将高校的招生活动统一起来，纳入国家的统一领导之下。对高校招生的规模、生源的科类分布进行宏观控制，并根据社会各行业、岗位的用人需要，由国家计委制订大学招生计划，经教育部下达各大学执行。这在一方面有利于解决当时发展工业对人才急需的燃眉之急，另一方面也减轻了相当一部分学校招生的负担，所以，效率原则是这一时期高考“统独之辩”中的重要考量原则。

二、20 世纪 90 年代以来“独派”对统一高考的抨击

经历了“文革”期间废除高考的历史性灾难，以及“文革”后恢复高考产生的强大的社会正面影响，从 20 世纪 70 年代末开始，统一高考的地位不断巩固。高考除了具有为高校选拔合格人才的功能外，还有很重要的维护社会公平以及维护社会稳定包括促进社会流动的功能②。从表面上看，高考只是一项教育考试制度，但其背后亦兼具政治与社会功能。然而，正是因为这

① 杨学为：《高考文献》（上），高等教育出版社，2003 年，第 79 页。

② 刘海峰：《高考改革的统独之争》，《教育发展研究》2006 年第 11A 期，第 47 页。

样，高考承载着远远超过其自身所能承载的社会责任。当社会矛盾凸显而无法解决时，人们便将矛头指向高考。于是，高考作为一种考试制度被置放在“社会”这个“显微镜”下，任何瑕疵都可能被放大若干倍①。

20世纪90年代以来，社会对统一高考制度的抨击此起彼伏，而且言辞十分尖锐。由于高考一直是许多社会矛盾的焦点，所以长期以来人们习惯将高考作为解决诸多教育问题，甚至是社会问题的“突破口”，加剧了高考改革的复杂性。20世纪90年代以来“独派”对统一高考制度的批判主要有以下方面：

（一）高考是应试教育的罪魁祸首，是素质教育的绊脚石

自从素质教育在中小学推行以来，高考与素质教育的矛盾就一直是困扰中国基础教育发展的难题。尽管近年来高考制度变革不断，但二者之间的许多矛盾仍无法解决。高考制度依然被看成是制约素质教育实施的瓶颈：一度曾有人言“高考不改，教无宁日，学无宁日”。后更认为“高考无论怎么改，也不能从根本上满足素质教育的要求”②。因而，不少人都觉得，即使从20世纪90年代初开始，素质教育的口号一直“响声震天”，但实际上，几乎可以说没有一所学校能真正跳出应试的圈子。素质教育与应试教育的矛盾就是新模式与旧“指挥棒”的冲突问题。统一高考就是这个旧“指挥棒”。它的主要弊端有：考试功能错位，考试导向失误，招生体制过于求同，考试科目设置不合理，考试形式单一、方法手段落后③。而且，现行高考制度的最大缺陷在于它的简单性和片面性。这种一次定终身的考试办法，抹掉了中学生日常学习生活的记录，而只承认在某一时间点上反映出来的信号，从而忽略了对学生的全面评价④。这与素质教育的目标出现了较大的悖反。因此，在很多人眼中，高考制度是素质教育实施的最大障碍，高考不改，素质教育难行⑤。只有解决了高考的问题，小学、中学才有可能实现真正的素质

---

① 郑若玲：《“举国大考”何去何从》，《招生考试研究》2007年第1期，第6页。

② 柳斌：《关于素质教育的再思考》，芜湖教育信息网，2002-09-16，http://www.whedu.net/cms/data/html/doc/2002-09/16/24487/index.html。

③ 丁鑫：《素质教育与高考制度改革探析》，辽宁师范大学硕士学位论文，2002年，第5页。

④ 曹振宇：《关于高考改革和素质教育》，《中学化学教学参考》2000年第1—2期，第4～5页。

⑤ 朱永新：《高考不改，素质教育难行》，《河南教育》2006年第3期，第16页。

教育，中小学生才有可能从文山题海中解脱出来[①]。

2004年，南京教育界遭遇了前所未有的尴尬，素质教育开展得轰轰烈烈的中学，却在高考录取中败下阵来，引发了社会舆论的广泛关注。在这种“高考之痛”的讨论中，许多人再一次将高考升学与素质教育对立起来，逐渐形成以下三种观点：第一，认为南京的“高考之痛”是素质教育惹的祸。习惯性地将责任归咎于高考，义正词严地对高考大加挞伐，甚至提出消灭高考的主张。例如，南京某中学教师就认为，“中国能不能在本世纪消灭高考，是关系到中国能不能在21世纪成为发达国家的大问题”[②]。第二，认为南京高考遭遇滑铁卢，主要原因出在与素质教育不那么协调的高考内容和一卷定终身的高考制度上。但是，由于目前还找不出一个能完全取代高考并明显优于高考的人才选拔制度，因此，只能改革高考内容和高考制度[③]。第三，高考与素质教育不存在必然的冲突，素质教育不能成为掩饰低劣教育质量的借口，不能成为某些人的形象工程。教育就是要提高人的素质，如果南京市搞的根本就不是真正的素质教育，那么就没有理由认定“高考之痛”要由素质教育负责[④]。

20世纪90年代以来，社会对高考的抨击主要体现在对“应试教育”的批判上。有学者认为，中国高中存在两种主要的教育价值取向，即高考主义和素质主义。这两种教育价值取向的混合制造了高中教育的双重性格——高考主义是实然价值取向，素质主义是应然价值取向；高考是实际目标，素质发展是理想目标[⑤]。以高考为重心，“唯试是教”“以试为学”，学生和教师一切围绕获得“高分”，是许多人眼中“应试教育”的深刻体现，其在现实中造成了十大恶果[⑥]：造就了发应试教育之财的暴发户；造就了“缺腿”教育思想；造就了让部分学生得高分的怪异名师；造就了狠榨学生智慧之油的

---

① 王子文：《高考指挥棒下何谈素质教育》，《北京文学》2006年第8期，第112页。

② 曲天立：《南京高考之痛　拷问素质教育》，《师道》2005年第1期，第8页。

③ 李晓明：《现行高考制度亟待改革和完善》，《光明日报》2004年12月15日。

④ 曲天立：《南京高考之痛　拷问素质教育》，《师道》2005年第1期，第8页。

⑤ 张东娇：《两种主要价值取向下中国高中教育双重性格的分析》，《教育理论与实践》2004年第6期，第23页。

⑥ 殷建光：《应试教育造就的十大恶果》，人民网，2005-11-20，http：//view.news.qq.com/a/20051120/000001.htm。

重点学校；造就了“学生分数第一”的变态家长；造就了靠学生分数评价学校工作和教师水平的懒惰、贪婪的教育管理者；造就了身心疲惫的基层教育工作者；造就了发展畸形的学生群体；造就了心理变态的教师；造就了我国技能人才紧缺、理论人才过剩的不良人力格局。因此，要实现从应试教育向素质教育的转变，就必须废除其绊脚石——统一高考制度。

（二）统一高考是学生创造力培养的天敌

统一高考的“统一性”一直为世人所诟病。近年来，不少人将学生创造性的缺乏归罪于统考制度。2001 年 4 月，2000 年全国青少年创造能力培养的社会调查结果公布，显示越来越多的中国孩子正在失去创造发明的兴趣。对此，有人指出，应试教育是阻碍儿童想象力发展的主要因素。中国的教育使学生把大量的时间花在记忆上。在应试教育的笼罩下，学生并不关心“能力”，而只关心“考题”。各种复习提纲、猜题、模拟成为主要的教育方法。那些爱好广泛、喜欢独立思考、创造性强的学生，早被高考领导下的一场又一场的考试“斩尽杀绝”了①。

由于高考强调统一性和标准答案，有学者认为，“学以应考、教以应考”的应试教育，造成普遍的“读一本书、教一本书、背一本书、考一本书”的局面。这从童年起就挫伤了中国儿童的好奇心和创造力，影响到从基础教育到高等教育的整个国民教育体系，影响到我国的国民素质，摧残着中华民族的自主创新能力②。

求异思维的缺失也是近年来抨击统一高考制度的立论之一。统考制度下，考生的求异思维会受到一定程度的影响。但有学者指出：全国统一高考制度的要害就是统一，强调一刀切。这种统一泯灭人一生中最有创造性年华的发展，让富有想象力的学生沉湎于死记硬背和冗长繁琐的揣摩求证之中。统考制由全国统一教学大纲、全国统一教材、全国统一出题考试和全国统一标准答案构成，尽管现在学校的教学与封建社会不可同日而语，但统考制的影响在本质上与科举制读十三经并无大异。这种统一性“限定学生只能按照一种思维模式来进行思考，极大扼杀了儿童的创造性”，“也冷酷地斩断了儿童的一切灵性和好奇心”。总之，统考制度使中国教育死水一潭，是直接扼

① 舒云：《高考殇》，《北京文学》2005 年第 10 期，第 31 页。

② 谢小庆：《为什么要进行高考改革》，《中国教师》2007 年第 4 期，第 14 页。

杀人才、泯灭民族创造力的罪魁祸首①。

（三）“高考的不能统一”

是否保留统一考试，一直是高考“统独之辩”双方争论的焦点。与“统派”（即坚持统一高考派）相比，废除统考是“独派”（即坚持单独高考派）的核心观点。

有学者指出，就高考命题而言，（统考）考卷是规格统一的，而人才是不拘一格的，从根本上来说，二者是不相容的。“一切考试都意味着平等竞争，我国现行高考的特点是不断强化平等的‘理想化’程度。”在命题上，灵活掌握的题型逐渐减少，客观题逐渐占据优势。目标在于“试图让北京、上海、广州的教师和穷乡僻壤，甚至天山、喜马拉雅山脚的教师按同样客观的标准评分”，从而实现考试的绝对平等。但是，由于我们国家太大，要在全国范围内做到一点主观的斟酌余地都不留，就必须把答案简化到只剩下最简明的 A、B、C、D 这样的程序。考题的弹性越小，在全国范围内保证平等的竞争的系数越大，腐朽的人情关系的可乘之机也就越小。在此背景下，高考命题逐渐走向标准化、程式化，许多考题出得莫名其妙，语文考试比之八股文还要僵化，偏题、怪题、难题与正常难度的考题鱼龙混杂，泥沙俱下。“考试的规格化和人才不受通常规格限制的矛盾被制度的表面公平所掩盖。”因此，当前高考命题亟待走出僵化模式，从全国大一统的镣铐中解放出来。在条件成熟的时候，把出题权下放到各级学校②。

作为一种检验手段，几乎没有人认为在教育包括高等教育中要取消考试。现在很多人对现行高考的批评或批判实际上是对其统一性的批评或批判。因此，顾海兵认为，“高考”不是问题，“统一高考”才是问题。因为它否定了高校作为独立法人所必须具有的“原料采购权”（独立自主招生权）。当前统考模式存在五大软肋：残酷的“一年一次”；考试的管理风险很大；大抓考生的初始质量，难以再抓毕业生的最终质量；考试时间过长，且时点选择没有体现以人为本；僵化的总分录取模式，不可能考虑分数的结构。因此，否定统一高考并不是否定高考，它只是把高考的权利由政府复归到高

---

① 冯增俊：《全国统一高考制度与中华民族创新精神》，《华东师范大学学报》（教育科学版）2001 年第 4 期，第 28 页。

② 孙绍振：《废除全国统一高考体制——孙绍振对高考说“不!”》，《艺术·生活》1998 年第 6 期，第 8～13 页。

校。高考改革的出路在于实行高校自主考试[①]。

考试是一把利弊相依的双刃剑。全国统一高考的长期实行，产生了很大的积极作用，也有其难以克服的消极影响。以上观点是 20 世纪 90 年代以来对统一高考弊端的批判中最具代表性的一些观点。客观上说，统一高考的确存在很明显的弊病。它诱导了应试教育的发生，产生对中小学过强却又太过单一的导向作用。这种强调标准化、统一性的导向渗透入教学活动的始终，考生的所有素质都被化约为应试教育中那些可量化、可比较却又冰冷的直观分数。不仅造成“唯分取人”“唯分是才”的“刚性过强，弹性不够”的局面，也使得学生求异思维受到一定影响。但是，统一高考长期存在也有其深刻的教育、文化和社会背景。当前，有学者评价高考制度是“迫不得已的荒谬”[②]，这的确令人深思，高考正是处于一系列的矛盾与两难之中，才会出现利弊明显、改革举步维艰的局面。笔者认为，当前高考的“统独之辩”反映出几对矛盾，它们是引发争论的主要源头，对其进行理论分析，可以更好地认识高考的“统”与“独”。

三、高考“统独之辩”中的几对矛盾

我国教育界对统一招考与多样化招考孰优孰劣的争论由来已久，双方主要围绕高考的统一性与多样性的矛盾展开争辩。主张单独考试派多属理想派，强调改革要减轻统一高考的诸多弊端，减轻课业负担，促进学生全面发展；而主张统一高考派多属稳健派，强调统一高考在目前中国特定国情和社会背景下还有存在的现实性和必要性，反对推行不切中国实际的多样化改革。双方争辩持续时间长，言论激烈，观点也针锋相对，反映了高考改革的复杂性。在这场旷日持久的争辩中，始终反映着几对矛盾。从理论上分析这几对矛盾，有助于从整体上把握高考的“统”与“独”。

（一）选才与育才的矛盾

考试是学校评价学生学业成绩的制度之一，是检查学生学习情况和教学效果的重要方法[③]。作为学校教育教学的重要环节之一，考试客观上有着牵

① 顾海兵：《论高考的不能统一》，《南方周末》2005 年 6 月 2 日。

② 许纪霖：《高考制度：迫不得已的荒谬?》，《新闻周刊》2005 年第 27 期，第 65 页。

③ 辞海编辑委员会：《辞海》（缩印本），上海辞书出版社，1993 年，第 1 393 页。

制教育目的、引导教育过程和评价教育结果等功能①。高考是普通高校的生源选拔制度，不仅影响着高校生源选拔的数量、质量，也引导着中学的办学方向和教学方向②。从生源选拔角度来讲，考试主要行使“选才”的职能，如何科学、公平、高效选拔人才是其发展目标；但若就中学的人才培养而言，考试作为评价教育结果的手段，也要服从和服务于学校“育才”的总目标。因此，统一高考客观上需要扮演双重角色，既要能有效选才，也要发挥对教育教学的“指挥棒”作用，促进中学的全面育才。然而，实际上高考要同时扮演这两种角色往往会产生一定的矛盾。

作为选才的主要手段，高考是竞争性、淘汰性强的选拔性考试，考试的目的在于“拉开距离”，以利于“择优录取”，因此，强调差异和竞争。由于高考成绩决定着考生能否获取高等教育资源，这种导向性客观上容易将考生的注意力集中于考试的科目、内容上来，“考什么教什么”，“不考什么就不学什么”。以笔试为主的考试方法，让学生只注重应考用的书本知识，容易忽视理智技能的掌握和能力的发展，致使中学教育在发展过程中逐渐形成“智育一枝独秀、学生全面发展难求”的局面。

与考试选才强调结果相比，学校育才更注重过程。学校育才需要依靠考试，没有考试，教育效果无法测量，学生的水平无法鉴别，教育的质量无法保障，教育会陷入无序与混乱之中③。但人才培育过程不是仅有考试环节，还有更重要的教学。然而，随着高考逐渐成为基础教育最明确的风向标，其对基础教育的发展起着举足轻重的作用。它不仅让中小学把全部的精力都转移到升学上来，也通过强大的“指挥棒”作用制约着教师的教和学生的学，导致高考超越其仅作为评价、选才手段的功用而成为中小学教育的全部内容，带来了一系列的社会负面影响。

正是基于高考产生的这种选才与育才的矛盾，不少人主张取消统一高考，改行多样化考试，从而缓解统一高考的弊端，促进中学生的全面发展。

① 郑若玲：《考试与社会之关系研究——以科举、高考为例》，厦门大学博士学位论文，2006 年，第 41 页。

② 刘海峰：《高考改革的教育与社会视角》，《高等教育研究》2002 年第 9 期，第 34 页。

③ 张耀萍：《诠释高考存废之争——教育与考试的矛盾关系视角》，《湖北招生考试》（理论版）2003 年第 2 期，第 17 页。

例如，有学者指出，“用考试甚至用分数一种手段来检测教学的教育就是应试教育”，“需要（用）多元的评价体系为素质教育开路”①，（应）采用“三合一”式的选拔标准（既看高考考分，又看高中平时成绩，还看社会活动、学术活动、文体活动、公益义工、工作经历等）② 来代替统一考试、以分数为唯一录取标准的招考形式。从理论上说，这一多样化试点有利于解决高考选才与育才之间的矛盾，可以缓解统一高考的过重负担，也有利于中学生的全面发展。但主张坚持统一高考派学者则认为，“考试制度确有十分严重的弊病，但它的最大优点就是相对公平，即以考生的分数而不是考生的家庭出身、血统、背景、关系、金钱以及弹性极大的所谓‘表现’作为录取标准”③，统一高考有利于消除特权，使肯努力的学生都怀有希望④，是维护社会公平、坚持社会公正、稳定社会秩序的重要手段。在相当程度上形成了一种无论贵贱贫富，在考试面前人人平等、在分数面前人人平等的观念和社会文化氛围⑤。而且，中国传统文化具有一种“社会取向”和“集体主义”的价值观念和行为。这当然有其长处，但也使得托关系、走后门的裙带风盛行不衰，许多人往往不由自主地陷入“人情困境”之中⑥。“联想到有关‘综合评价’选拔方案的设计，人们有理由担心，今后的高考录取将变成‘权、钱、学’的交易场，中国几乎唯一的一次公平竞争机会将因此变质变味，如此高考改革的结果，将离公正、公平标准越来越远。”⑦

由此可见，“独派”主要立足于改变现行统一高考的弊端，主张废除高考，改行多样化招考制度，他们的初衷是好的，目标也是非常理想的；而“统派”并非否认高考的弊病，也不否认若多样化招考制度能有效实施，也

① 贺春兰、田青：《改革高考制度　涤荡应试文化》，《人民政协报》2003 年 11 月 12 日。

② 黄全愈：《取消高考招生制度刍议》，《南方周末》2003 年 9 月 26 日。

③ 雷颐：《珍惜考试》，《大学生》1997 年第 10 期，第 24 页。

④ 刘海峰：《为什么要坚持统一高考》，《上海高教研究》1997 年第 5 期，第 45 页。

⑤ 刘海峰：《高考改革的教育与社会视角》，《高等教育研究》2002 年第 9 期，第 35 页。

⑥ 刘海峰：《传统文化与高校招生考试改革》，《上海高教研究》1995 年第 3 期，第 42 页。

⑦ 杨曾宪：《关于高考改革方向的几点思考》，《南方都市报》2002 年 8 月 21 日。

可以改变当前统一高考的诸多弊端。但更重要的是，多样化招考改革必须适合中国国情，中国民众对高考的重视、对高考公平的强烈诉求，以及中国传统文化中的“重人情、面子和关系”氛围等因素决定了当前统一高考仍有存在的必要性和必然性，要实现单独招考的条件还不成熟。

（二）高考的教育逻辑与社会逻辑

大学入学考试是选拔考试，也称作常模参照考试，是为高等教育学校选拔新生服务的①。布鲁贝克在《高等教育哲学》中指出，在“认识论”的影响下，大学是一个自治团体，教师广泛地控制学术活动。由于他们最清楚高深学问的内容，因此他们最有资格决定应该开设哪些科目以及如何讲授。此外，教师还应该决定谁最有资格学习高深学问（招生），谁已经掌握了知识（考试）并应该获得学位（毕业要求）②。从这一角度看，大学的招考行为是学校内部的自主活动。民国时期大学自主招生的成功反映了考试作为教育手段的逻辑，即不同高等学校由于其自身特色、专业发展的需要，有着生源选择上的偏好与差别，招考体制应服务于这一多样化的要求，赋予高校完全的招生自主权。这也是大学自治的重要体现。

但是，“就像战争意义太重大，不能完全交给将军们决定一样，高等教育也相当重要，不能完全留给教授们决定”③。同样，由于高考一直处在中国社会矛盾的集结处，无论是“文革”期间废除考试、实行推荐入学，还是“文革”结束后重新恢复统一高考，高考改革都成为政治活动和社会改革的“突破口”。因此，它不仅是学校考试，也是社会考试；它不仅反映着学校选才的要求，也有着广泛的社会目的和功能，有着一定的社会逻辑。作为一种社会人才选拔制度，高考是社会管理体系中的一个调控手段。社会对考试的作用和影响是决定性的，它要求考试在内容上、形式上都必须适应社会生活的需要。一旦考试制度脱离了实际生活，背离了社会发展的需要，它就面临着被淘汰的危险④。

---

① 于钦波、杨晓：《中外大学入学考试制度比较与中国高考制度改革》，四川教育出版社，2000年，第7页。

② 布鲁贝克：《高等教育哲学》，王承绪等译，浙江教育出版社，2001年，第28页。

③ 布鲁贝克：《高等教育哲学》，王承绪等译，浙江教育出版社，2001年，第32页。

④ 边星灿：《考试与社会——关于考试社会学的探讨》，《中国考试》1993年第2期，第14页。

尽管高校选才本质上也是为社会选才，统一高考在建制初期更多的也是反映出其作为国家考试、社会考试的要求，而对学校的要求考虑甚少。首先，招生计划由国家计委制订、经教育部下达各大学执行，是指令性的，高校只是被动地接受；其次，考试由国家统一组织，从内容到形式的“大一统”，忽视了不同层次和类型高等学校的生源需要的差别；再次，招生录取时，高校基本上“无权也无责”。“学校招生，政府录取”的录取体制逐渐形成。政府将高校的人才选拔完全纳入统一规划与领导之下，将其与培养国家发展建设的人才需要完全结合起来，在一定程度上掩盖了高考作为学校考试应遵循的教育逻辑所在，因而不断受到来自社会各界的批判。例如，有人指责 20 世纪 50 年代后实行统一招考，所有大学校系都用一种统一的，也是一种唯一的考试方式招生，校方只是被动地按照这个统一考试成绩择优录取，从而使整个高等教育趋于单向化、一元化①。鉴于此，近年来越来越多的人开始呼吁回归高校在招生录取中的自主权，指出中国大学要迈入世界名校之列，需要有独立和自主之精神。大学要独立，需要按照自己对学生的要求考核学生；学术要自由，需要在人才选拔方面的自由；而教授要治校，也包括教授按自己的标准录取学生②。因此，大学独立要从自主招生开始。

其实，高校办学自主权早在 20 世纪 70 年代末就已受到社会关注。1979 年时任复旦大学校长的苏步青会同同济大学校长李国豪、华东师范大学校长刘佛年以及上海交通大学党委书记邓旭初等 4 人公开撰文呼吁给高等学校一点自主权。该年 12 月 6 日的《光明日报》也曾就此话题开展了相关的讨论。招生自主权是高校办学自主权的重要组成部分。1998 年教育部颁布《中华人民共和国高等教育法》，规定高等学校可根据社会需求、办学条件和国家核定的办学规模，制订招生方案，自主调节系科招生比例，依法享受一定的招生自主权。而国家在对高考进行的历次改革中，也对扩大高校的招生自主权有所涉及。例如，20 世纪 80 年代末，改变生源的投档比例，将原先 1∶1 的投档比例增至 1∶1.2，相应扩大高校的生源选择权；试行高校自主选拔录取试点，将高考选拔与高校测试相结合，提高生源的针对性与适应性。当前，随着参与这一自主选拔录取的高校数量不断增加，不少人开始提出要进一步扩大自主选拔录取在高校招生计划中的比例。有的人甚至对这一试点中

① 秋风：《大学独立从自主招生开始》，《新闻周刊》2004 年 6 月 28 日，第 25 页。

② 秋风：《大学独立从自主招生开始》，《新闻周刊》2004 年 6 月 28 日，第 25 页。

要求学生参加高考表示遗憾①，呼吁取消高考成绩，从而实现真正的自主招生。

高校招生自主权的扩大，反映了高考改革逐渐考虑到其作为学校考试的教育逻辑所在，但高校招生自主权的回归受制于一系列条件。首先，高校在招生中长期处于被动局面，无权也无责，受此背景的影响，不同高校行使招生自主权的自觉性和独立性会呈现出很大差异，“有权不会用”和“权力滥用”的情况均可能存在；其次，在我国，教育受政治过重影响的传统形成已久，高校长期以来在办学资源的获得上十分依赖社会，独立和自主的精神难以养成，而高校招生事关社会公众利益，招生自主权的扩大在一定程度上使得高校更难抵挡社会各方的压力；再次，社会诚信的缺失以及权力制约机制的不健全，极易导致招生舞弊，引起招考的不公平。因此，有学者指出，大学自主考试招生的前提是大学要真正具有独立性，要有强大的民间社会的存在。如果大学没有独立性而“自主”招生，这只能是美好而不切实际的一厢情愿②。

高考是教育活动，但高考不是简单的教育活动，有其作为社会考试的发展逻辑。因此，无论是坚持统一高考还是改统考为单独考试，都必须充分考虑其为高校选才和社会选才的共性与特殊性。

（三）科学选才与公平选才的矛盾

考试是一种测定人的能力、知识、技能、性格等有无程度的方法③。一般认为，衡量考试成功的标准在于：主试欲测的内容是否与考试所测的结果一致；考试的结果是否与被测者应试方面的实际水平一致。如果考试内容、考试结果、应试者所具有的实际水平三者一致，说明考试是成功的④。因此，考试是一项严格而又庄严的科学鉴别方法⑤，科学性是它的灵魂与生命。

科学选才是高考改革的核心。高考从本质上看，是高校的生源选拔考

① 张英等：《自主招生：拖着一条叫“高考”的尾巴》，《南方周末》2005 年 5 月 25 日。

② 雷颐：《大学自主考试招生的前提》，《粤海风》2005 年第 2 期，第 75 页。

③ 贾非：《考试与教学》，吉林教育出版社，1994 年，第 2 页。

④ 廖平胜：《考试学》，华中师范大学出版社，1987 年。

⑤ 王建成：《考试学概论》，江西科学技术出版社，1997 年，第 1 页。

试。因此，科学选才主要体现为招考制度能有效地针对高校的生源选择需求，实施选拔。其中，“什么是大学需要的生源”是基本问题。从理论上看，大学的生源要求与各大学的培养目标和培养规格密切相关，不同层次和类型的大学在生源的要求上既有一致，也存有差异。例如，无论是研究型大学还是职业型大学都要求新生掌握一定水平的科学文化知识，具有继续学习专业的文化知识基础。但研究型大学对学生的学科知识水平有更高要求，而职业型大学则对学生实际操作能力的要求更加关注。因此各大学的生源选拔标准应包含两个方面：一是要求学生具有基本的知识和能力结构，这是不同类型和层次大学对生源的共同要求；二是要求学生在已有知识和能力结构基本相同的基础上能够适应各种类型大学的特殊需要。这种双重标准反映了大学人才培养的规律与特点，也是高考内容和形式改革的目的所在。高考内容改革要在命题立意、试题编制、考试内容的选择上体现这种双重标准；而高考形式改革则要从形式上促进高考内容对双重标准的实现。鉴于此，设置针对不同类型和层次高校生源要求的考试内容，有助于提高选才的科学性。分散性考试、高校的单独招考比一次统考更有利于体现人才选拔的科学性。

高考是重要的社会选才制度。能否以健全的考试制度，以机会均等的原则和正常的程序选拔人才，体现着一个社会的文明程度和发展水平，也是衡量一个国家和民族安定团结的重要标志①。教育一直被看成是消除社会不平等的重要手段。正如霍拉斯·曼所说：教育是实现人类平等的伟大工具，它的作用比任何其他人类发明都要大得多②。正因如此，作为消除不平等工具的教育本身的公平问题就备受关注。考试是“最通用的约束实施教育和接受教育双方不滥用各自权利……的工具”③。与免试、推荐等形式相比，高等学校利用考试选才更有利于维护教育资源分配的公平性。长久以来，高考制度一直以维持公平、公正，保持社会公信力为社会大众所赞誉。而社会对高考公平、公正的诉求也是一如既往。尽管多年来高考改革持续不断，但“改什么也不能改掉公平”一直是老百姓看待高考改革的“底线”，能否公平选才是衡量高考改革成败与否的根本标尺。统一高考实施 60 多年来，考试的公平性主要体现在高考形式，即国家统一高考上。国家统考之所以能够体现

---

① 蒋超：《高考对话录——困惑与希望》，中国人民大学出版社，1993 年，第 19 页。

② 布鲁贝克：《高等教育哲学》，王承绪等译，浙江教育出版社，2001 年，第 71 页。

③ 邱泽奇：《社会学是什么》，北京大学出版社，2002 年，第 121 页。

公平性，是因为：

(1) 在形式上，它采用公开考试、择优录取的公平竞争方式，以考试成绩作为取舍的依据，只认成绩不认人，在分数面前人人平等①，排除了人为因素对大学招生录取的影响。

(2) 统一考试内容和考试标准，使得考生的成绩具有可比性，有力地维护了招考的公平性。

(3) 在考试的组织主体上，国家的参与提高了考试的命题质量和命题水平，保证了高考选才的权威性。

因此，高考形式改革要进一步体现和保持高考选才的公平性就无法回避国家在高考组织过程中的作用②，高校招生考试要做到公正、公平、公开，最好的办法是实行全国统一考试③。

由此可见，尽管高考改革力图同时实现科学选才与公平选才，但这二者时常会发生矛盾。例如，实行一次统一高考，有利于维护招考形式上的公平性，但由于考试内容过于单一，尚难满足不同类型、层次高校生源选拔的特殊要求，统一与多样的矛盾十分突出，选才的科学性会受到一定影响；若要针对各高校的生源选拔标准的差异性，采用各校单考或自主招生，高校与考生的负担将会急剧增加，效率问题立即凸显。同时高校招生权力骤然增大，伴随着高校自我约束力不够，社会权力制约机制不健全，以及社会诚信缺失等各种因素的影响，会引发公众对新招考制度公平性的质疑。公平是社会永恒的诉求，在日益追求公平、公正和效率的今天，任何一项制度，其生存或发展空间的大小，已越来越取决于其程序的公正程度。考试制度的改革，若改掉公平，就等于革自己的命④。因此，高考改革必须凸显公平。

作为高校的生源选拔手段，统一考试和分散性考试是两种各有利弊的考试形式。统一考试有利于整齐标准、维护公平、提高选才的效率；而分散性考试有利于照顾差异、灵活选才、体现个性。高校的生源选拔是一项兼具共

① 刘海峰：《高考存废与科举存废》，《高等教育研究》2000 年第 2 期，第 39 页。

② 张耀萍：《高考形式改革的公平性与科学性》，《湖北招生考试》（理论版）2004 年第 2 期，第 19 页。

③ 刘海涛：《中国传统文化与日韩两国高校招生考试制度》，《广西大学学报》（哲学社会科学版）1996 年第 5 期，第 92 页。

④ 郑若玲：《高考改革必须凸显公平》，《教育研究》2005 年第 3 期，第 37 页。

性与个性要求于一体的活动。共性，就是不同类型的学校、专业在招生中都存在共同的要求。例如，要求学生具有基本的知识和能力结构。尽管不同层次的学校对考生的知识和能力结构的要求程度不一，但都要求达到中学水平以上。这些共性要求可以统一起来，采用统一考试，可提高选拔的效率。同时，不同类型高校、专业在选才时，除了共同的需要外，也有着自己的特殊要求，即个性所在。例如，某专业录取对某门考试科目的特别强调，或是对某一特殊技能的偏重等，这些个性在统一高考实施下难以得到满足，因此，采用分散性考试可以提高针对性，具有较大的优势。

高考的“统独之辩”从本质上看，就是高考选才中的统一与多样的矛盾之争。招生选才中的这种共性与个性、统一与多样的矛盾表明，人们思维定式中所谓的“非全统即全分”的逻辑并不正确。当前坚持纯粹的统一高考与采用单独的分散性考试一样，都是不切实际的，建立统一与多样相结合的招考制度无疑是符合高校生源选拔要求的做法。

第三节　高考形式和内容的多样化改革

高校招生选才中的共性与个性需求并存，客观上要求招生考试制度必须兼有统一性与多样性特征。当前我国高考制度统一性过强，兼顾个性不足，在实践中始终存在各校、各专业在高考中的共同要求与特殊要求难以兼顾的矛盾。这不利于高校根据自身特色和需要来选拔新生，不利于高校招生自主权的进一步扩大，也不利于满足市场经济发展对人才提出的需求。因此，高考改革亟须探索与建立适应我国政治、经济、文化与教育特点的多样化招考制度。

1999 年开展“3＋X”改革后，高考制度逐渐进入全面改革期。在指导思想上，2002 年国家确立了高校招生制度改革的阶段目标，即逐步建立起以全国普通高校招生统一考试录取为主，与多样化考试评价和多样化选拔录取相结合，高校自我约束，政府和社会有效监督的高校招生制度①。从实践上看，以统一高考为主，兼顾多样化是这一时期高考改革的最大特征。各项改革试点取得了不同程度的成功，也存在着相应的问题。本节以 20 世纪 90 年代末以来高考内容与形式的多样化改革试点为依据，分析当前我国高

① 林蕙青：《与时俱进　乘势而上　全面推进高考改革》，《高校招生》2003 年第 1 期，第 9 页。

考制度改革如何在实践中处理好统一与多样的关系。

一、多样化：高考改革的现实之需

统一高考以多样化为改革方向，是我国社会、文化和教育发展到现阶段的必然选择。长期以来，高考的利与弊都十分明显，因为“统一”形成的公平客观、经济高效、维系社会稳定、促进社会流动等优点，与因为“统一”暴露出的重才轻德、压抑考生个性和求异思维、缺乏特色和灵活性等缺憾，共存于高考制度的发展过程。20 世纪 90 年代末以来，国家积极推动多元化改革，将多样化、多元化作为统一高考的补偏救弊之策，甚至将其看成是对高考制度进行兴利除弊的唯一出路①。高校招生考试从一次统考逐渐转向建立多层次、多样化考试体系，有着特定的时代背景。

（一）大众化使多样化成为高等教育的突出特征

自 1973 年马丁·特罗发表《从精英向大众高等教育转变中的问题》一文以来，高等教育发展的阶段学说开始为各国，特别是各发展中国家所关注。特罗在文中提出著名的高等教育发展三阶段论，并指出高等教育在从精英阶段发展到大众、普及阶段的转变中，会经历教育规模和功能、学术标准、入学选拔等多个方面的变化。由于各阶段的转变不是以原有阶段的形式和模式必然消失或得到转变②为基础，这就为多类型、多层次高等教育的形成创造了条件，多样化是高等教育大众化的本质特征之一。

根据马丁·特罗的三阶段说，当高等教育毛入学率达到 15%即进入大众化阶段。1999 年，我国教育部在《面向 21 世纪教育振兴行动计划》中明确提出，到 2010 年高等教育毛入学率要达到 15%。而到 2002 年，我国高等教育毛入学率已达到 15%③，到 2005 年上升至 21%④。尽管我国已经在

---

① 袁小鹏：《现行高考制度的内在冲突及其改革之目标与方向——再论改革全国统一高考制度势在必行》，《湖北招生考试》（理论版）2005 年第 8 期，第 55 页。

② 马丁·特罗：《从精英向大众高等教育转变中的问题》，王香丽译，《外国高等教育资料》1999 年第 1 期，第 8 页。

③ 教育部：《1990—2004 年各级教育毛入学率》，http：// www.moe.edu.cn/edoas/website18/level3.jsp? tablename=1936&infoid=25797。

④ 教育部：《2005 年全国教育事业发展统计公报》，http：// www.moe.edu.cn/edoas/website18/info20464.htm。

很短的时间里进入高等教育大众化阶段，但在从精英向大众化的转变过程中，单一的教育体制暴露了诸多的弊病，传统的精英教育机构承担了大众化的任务，而本该担负大众化使命的非精英教育机构却无用武之地。因此有人指出，我国的高等教育大众化虽然推进很快，但这种进程更多地体现在教育规模的扩展方面，并没有真正地实现教育性质与功能的转换①。教育规模的扩张在一定程度上降低了精英高等教育的质量，而人才培养模式的单一化也使得许多高校不能满足社会对多层次、多样化人才的需求。因此建立以社会需要为导向的多样化的高等教育体制，融学术型、职业型高等教育机构为一体的多层次、多类型的教育结构是中国高等教育大众化的必然选择。

建立多样化的高等教育制度是高等教育大众化的有力保障②，而高等教育的多样化客观上要求高校入学考试的多样化。这便使得一直使用的单一形式的招生入学考试面临越来越严峻的考验。长期以来，统一高考将不同层次、不同类型、不同学科的高校的招生统一起来。受考试次数以及考试规模的限制，统一高考只能体现各校对生源要求的共性，自然出现一张试卷从北大、清华考到地区师专或中专，从学术型大学考到职业型大学。虽然录取分数的差别在一定程度上体现了高等学校的差异，但是这种考试形式对不同类型和不同学科高校的生源要求仍然难以兼顾。因此，亟待从高考内容和形式上进行多元改革，建立适应多种生源需求的多样化考试体系。

（二）高校招生个性要求日益突出，要求高考制度走向弹性与多元

受新中国成立后政治和历史条件的影响，20 世纪 90 年代之前我国高校的主体地位一直不高。20 世纪 80 年代中期，国家开始对教育行政体制进行改革，下放部分管理权，高等学校得到一定程度的松绑。随着市场经济的深入发展，高等学校为争夺有限的办学资源，校际间的竞争越来越明显，高等学校的主体意识和特色意识逐渐增强。

高等教育不断走向多样化，意味着培养目标与规格、教学内容与教学方法以及就业渠道逐渐多样化。同时，也意味着高校的生源要求走向多元。例

① 袁小鹏：《高等教育大众化与招生考试改革》，《湖北招生考试》2002 年第 4 期，第 18 页。

② 谢作栩：《中国高等教育大众化发展道路的研究》，福建教育出版社，2001 年，第 175 页。

如，研究型大学录取新生重视的是理论基础、思维能力、创新能力，以及从事科学研究的潜力；专业型高校重视的是运用知识解决实际问题的能力和组织管理的潜力；职业型高校重视的是较强的实际操作动手能力[①]。在此背景下，采用传统的统一高考很难满足招生的特殊要求，因此，亟待建立多样化的招考制度。

20 世纪 90 年代以来，由于社会分工越来越细，岗位越来越多，社会对人才需求的标准也趋于多样化和多规格化。有人以工科为例，按岗位性质将企业的高层次专门人才划分为以下几种类型[②]：

（1）在生产第一线，解决现场重大生产技术问题，保证生产正常运行的人才。

（2）从事产品开发、设计和技术开发的人才。

（3）根据科学原理提出技术设想、技术理论，为开发新产品提供基本参数的应用研究人才。

（4）从事技术管理工作，对重大的生产、科研问题决策负责的技术管理类人才。

（5）在产品流通领域从事经营销售的人才。

由于人才的类型多种多样，大学在培养途径和规格上体现出很大差异，所以在选拔培养对象时就需要加以区分。

（三）考生主体地位的提升与统一高考刚性过强的矛盾日益激化

长期以来，由于统一高考的重要社会地位和影响，客观上形成了中学竞争激烈、学生心理压力过大、课业负担过重等弊病。而且受高考背后社会巨大利益的驱使，中学“片面追求升学率”现象十分严重。考生“为考而学”、教师“为考而教”，造成中学教学无法正常化，学生偏科又进一步带来中学教育的畸形发展。历年来的高考改革都力图减轻考生负担，缓解考试恶性竞争造成的不良影响，但由于高等教育资源，特别是优质教育资源的有限性，考试的竞争程度仍然无法减缓。高考制度的推行使得中学素质教育始终难以落到实处，学生的主体地位不高，积极性、主动性和创造性都受到一定压

---

① 潘懋元、覃红霞：《高考：从选拔性考试到适应性考试》，《湖北招生考试》（理论版）2003 年第 12 期，第 2 页。

② 蔡克勇：《高等学校“入学门槛多元化”——世界高等教育发展的重要趋势》，《上海高教研究》1996 年第 3 期，第 73 页。

抑，部分学生“厌学”情绪严重。20 世纪 90 年代以来，随着个体在社会生活中的地位和价值不断增强，个体意识以及个性发展日益受到整个社会的重视，“以人为本”的理念逐渐渗透至中小学的教育改革中。1996 年《中共中央　国务院关于深化教育改革全面推进素质教育》指出，实施素质教育要以培养学生的创新精神和实践能力为重点，尊重学生的主体地位，调动学生的积极性和主动性，培养德智体美全面发展的人才。

在这种关注学生的主体地位、提倡“以人为本”理念的背景下，原先的统一高考就显得刚性过强而弹性不够，甚至有些缺乏“人情味”。尽管考试分数客观公正，但以其作为录取的唯一标准，也在很大程度上造成了“一锤定音”的弊端。高考改革要面对与适应考生主体地位不断提升的现实，应该贯彻“以人为本”的原则，使考试不仅具有区分和选拔功能，同时还兼具教育和引导学生并促进其身心全面发展的功能。此外，改革还应该逐渐体现“服务性”与“适应性”，以高校和考生为服务对象，针对大学的实际需要“量身”设计考试，并反映考生的实际，实现高校和考生的互相适应。这些都要求改变原先单一的考试内容和考试形式，从而建立多样化的招考体系。

二、20 世纪 90 年代末以来高考形式的多样化试点

1999 年以“3＋X”为主要特征的新一轮高考改革开始推行，并首次提出高考形式改革的基本框架。从 2000 年开始，高考形式在坚持国家统考为主体的基础上，对部分地区的考试组织（命题）主体、考试次数以及考试类型等进行了一系列改革。根据各项改革试点的特点与侧重，大致可以将这几项改革试点归为三类，以下对各试点的推行情况进行简单分析。

（一）维度一：考试次数的多样化——春、夏二次高考

长期以来，社会上对高考的最大责难莫过于“一考定终身”给学生带来的巨大心理压力，给考生宽松的应考环境和充裕的考试机会是多年来社会对高考改革的强烈要求之一。从其他国家大学入学考试形式改革的经验来看，增加考试次数是通用的做法。由于高考改革是一项涉及面广、影响大的系统工程，在原先一次国家统考的情况下，增加考试次数意味着全国考试机构、地方考务管理部门以及高校招生部门工作量的增加，甚至引起高校和中学教学秩序的混乱与学生负担的加重。因此，高考在增加开考次数上的改革迟迟没有试行。社会上对是否增加一次高考的看法也褒贬不一。有人认为，时间上的多次考试、多次机会体现了“终身学习”和“社会化考试”的精神实

质，是“教育民主意识的唤起”①。同时也有人认为，“增加一次统一考试必然会强化竞争，扩大统一考试的弱点和弊端”，“扩大了高考对中学及社会的负效应”②。2000 年，国家开始在北京、安徽等地进行“春季高考”试点改革。2001 年、2002 年，试点范围进一步扩大到上海、北京、天津、安徽、内蒙古等地，招生院校、专业以及报考人数逐年增加。

2000 年，京、皖两地经教育部批准参加春季招生试点的普通高校共 29 所，其中北京市 13 所，安徽省 16 所③。春季招生与全国统一高考招生的有关政策相同，考试工作与往年全国统一招生考试工作的规定相同。考试科目：文史类为语文、数学（文）、外语、历史、政治；理工类为语文、数学、外语、物理、化学。考试时间为 2000 年 1 月 19 日、20 日、21 日三天，各科考试试题由教育部考试中心统一命题，考试内容和考试难度与全国统一高考相当。春季高考在京、皖两地呈现出不同的结果。北京春季高考一片“平静”，甚至出现“受冷”局面。原因主要有：第一，1999 年秋季高考北京落榜生不多，加之春季招生工作起步较晚，12 月公布招生计划，1 月就考试，许多考生不愿意改变自己参加 7 月高考的复习计划；第二，由于春季高考招生专业比较少，学历层次以高职专科为主，只有少数本科院校参加招生，所以考生的选择余地较小。北京市原计划招收 1 700 人，但报名者仅有 1 100 多人，招生数量与报考数量之间相差 600 多人，还有部分考生缺考。而安徽省的春季高考则出现另一番火热场面。春季高考缓解了安徽原先“考生多，计划少，省属院校少，录取比例低”的秋季招生压力，受到考生和家长的欢迎。尽管 2000 年安徽春季高考计划招生 6 191 人，但从实际报名的人数看已经超过 3.5 万人。与 1999 年该省高考录取率（35.6%）相比，2000 年的春季高考录取率只有 17%④，竞争更加激烈。

上海从 2001 年开始试行春、夏两次招生考试改革，但春季高考的组织实施明显与京、皖两地不同。2001 年，上海春季招生试点的考试科目实行

① 葛大汇：《升学考试的问题与对策研究——对“应试教育”的剖析》，华东师范大学出版社，2001 年，第 146 页。

② 贾非：《各国大学入学考试制度比较研究》，辽宁教育出版社，1990 年，第 253 页。

③ 姜言东、赵正元：《京皖部分高校试行两次招生》，《中国教育报》1999 年 12 月 18 日。

④ 刘华蓉、俞路石：《高考形式重大改革　全国首次举行二次高考》，《中国教育报》2000 年 1 月 20 日。

“3+X”,其中语文、数学、外语全市统一考试，由上海市教育考试院统一命题，不分文理。“X”课程由招生高校根据不同专业要求自主决定，并自行组织考试，也可以采用面试方法。例如，上海中医药大学选择化学、物理、生物的综合卷；上海水产大学选择“综合知识”（社会、科技知识）考试；立信会计高等专科学校选择面试英语口语等①。测试形式逐渐走向多样化，学校自主权也在扩大。同时还规定，参加春季招生考试的考生，语、数、外3门考试成绩总分达到市规定的报考资格线上的，可以选择报考一所或几所高校，若同时被几所高校录取的，可选择一所报到，不报到者凡符合秋季招生报名条件的，仍可参加夏季高考。当年上海春季高考的报考人数为 4 778 人，参加招生的院校有 8 所，计划招生数为 1 100 人，其中本科招生 590 人，专科（含高职）招生 520 人②。

春、夏两次高考改革试点之后，社会各界对其评价仍然褒贬不一。有人认为：增加一次考试不仅给考生增加一次选择的机会，减缓了升学压力，还极大地增强了考生的心理承受力，进而有助于中学开展素质教育，有利于高校加快内部体制改革的步伐③。也有人指出：春季高考投入过大，效益不高，没有达到预期目的，多数学生仅仅把春季考试当成是参加秋季高考的“练兵场”④。春季高考试点改革现已实行数年，然而从各方面的情况看，春季招考一直是“不温不火”，其影响与作用难以与夏季高考相比，个中缘由有来自高校的，也有来自中学的⑤。一方面，由于春季高考在一定程度上扰乱了高中正常的教学秩序，因此各地参加春招的考生多以头年夏季高考的落榜生为主，生源成分的相对单一对众多名牌高校的吸引力不大。另一方面，许多高校的内部体制改革难以适应春季招生，而且春季招生在很大程度上加重了高校的负担。因此几年来，参加春季招生的学校，特别是对考生吸引力较大的名牌大学、本科院校的数量较少，而这样又加剧了春季高考生源的单一和整体质量不高。

---

① 金志明：《上海实施高校两次招考改革》，《中国教育报》1999 年 12 月 18 日。

② 王燕等：《二次高考，你知道多少?》，《中国考试》2000 年第 3 期，第 11 页。

③ 《二次高考，好事》，《考试报》2000 年 2 月 29 日。

④ 田建荣：《高考形式的统一性与多样化》，《高等教育研究》2000 年第 4 期，第 45 页。

⑤ 张耀萍：《关于“二次高考”的理论思考》，《考试研究》2003 年第 2 期，第 47 页。

春季高考的“不温不火”使得春、夏两次高考无论是在规模上还是影响上都存在巨大差异。两次高考试点的预期目的是增加一次考试机会，缓解一次统一高考给学生带来的心理负担，因此无论在招生还是考试方面，都期望两次高考差别不大，甚至是等值的。但从实际来看，尽管两次高考的考试内容和难度差别不大，但多数地区的春季招考逐渐演变成民办高校唱主角、专科或高职院校占主导的局面，招生学校的数量、专业选择范围和招考的影响远不能与夏季招考相提并论，这与改革的初衷显然差距较大。随着高考录取率的提高和高考落榜生的逐年减少，部分地区春季高考的生源和招生高校的数量逐渐压缩，所以 2004 年内蒙古停止春季高考，安徽省也从 2005 年起停止春季招生考试试点。

（二）维度二：考试种类的多样化——广西本、专科高考分考

在一次统一考试基础上设置不同种类的考试也是 20 世纪 90 年代末以来高考形式改革的重要内容，反映了高校入学考试制度逐渐迈向科学化。多年来高考形式和考试种类的单一化使得不同层次和不同类型的高校使用同样的考试标准招收新生，既无法体现不同类别高校培养规格对生源共同要求之外的差异，也忽视了同一考试标准给不同水平层次考生带来的不良影响。一张试卷从北大、清华考到高职、高专，是以忽视高职、高专与北大、清华的层次和学科差异，加重部分水平稍低的考生的学业和心理负担为代价的，所以一直以来无论是高考的试题难度还是考生的负担都无法减轻。

鉴于此，根据教育部授权，2002 年广西在全国首次获得专科单独考试权和专科命题权，将原先统一高考的一套试卷改为本科和专科两种类型的考试。本、专科考试彻底分离，本科院校招生考试科目仍由教育部统一命题，并按教育部规定的时间组织考试。本科考试采用“3＋X”，“X”包括高中必修课政、史、地、理、化、生 6 个科目，以及这 6 门课的“综合”，本科招生“X”考 2 科。本科统考（即全国统考）成绩仅用于本科录取；而要填报专科层次学校和专业以及招收高中毕业生的中专学校的考生，必须参加该年 9 月份由广西命题的专科统考。专科考试科目也为“3＋X”，其中“X”考 1 科或 2 科。本、专科高考时间相隔两个月。将本科与专科学校分开考试和录取有利于针对不同学校的实际情况选拔学生，由于专科考试的难度减小，部分学生的学习负担相应减少；但是从当年广西“二次高考”的实际来看，专科的单独考试和单独命题以及两次考试的分开录取，还是给招生考试部门和学校带来了沉重的负担，而且部分学生在“求稳”心态下两次高考都参加，

学生的负担也没有减轻。鉴于此，教育部对广西 2003 年的“二次高考”又做出新的调整①：2003 年广西专科统考为“3＋X”。专科考生参加的语文、数学、外语 3 门科目的试题，广西将不再独立命题，考题与本科统考试题相同，考试时间与本科同时同步进行；“X”科目则由考生在物理、化学、生物、历史、地理、政治、综合中任选 1 门，由广西独立命题，全区统考，考试时间也将安排在本科考试全部结束后的第二天上午。

本、专科分开考试是高考不断走向科学性的一次重要尝试，它的实行和推广有赖于经济水平、考试命题以及考务技术水平的提高，这是当前高考改革中不应忽视的②。然而从当前本、专科两类高考的命题和考试实际来看，这种两次高考只反映了两种不同层次的高校在招生考试难度上的差异，仍然无法在考试中体现不同种类高校（例如学术型大学与高职类学校）以及不同学科专业对考生的特殊要求，这仍是改革需要主攻的方向。

（三）维度三：考试组织主体的多样化——国家命题、分省命题和学校考测并行

我国自 1952 年建立高考制度以来，采用高考招生的时期，大学入学考试的组织与命题主体都是国家。除 1985 年上海获得高考单独命题权并延续使用至今外，2002 年以前全国其他地区高考的命题权都在国家。国家进行考试命题不仅保证了高考试题的信度、效度，而且提高了招生考试的质量、水平及效率。国家统考采用统一的考试标准，增强了考试的可比性，方便了不同学校之间录取的流动；但考试内容和考试标准上的共性过多，也在一定程度上抹杀了不同学校的特点和对不同学生的要求，忽视了各地教育发展水平的差异，也难以适应考生的个性发展。为进一步提高高考选才的科学性，高考组织主体的改革被提上日程。

20 世纪 90 年代末以来，高考组织主体的变革主要包括两种形式：一种是将部分地区的高考命题权下放到地方，形成国家统考和地方统考并存的局面。主要有 2002 年北京单独命题以及 2004 年 9 省市单独命题。另一种是将国家（地方）统一高考与高校单独考试相结合。典型代表是 2003 年开始的

---

① 《本科专科同步　广西今年二次高考有调整》，《中国青年报》2003 年 1 月 10 日。

② 张耀萍：《关于“二次高考”的理论思考》，《考试研究》2003 年第 2 期，第 47 页。

“自主招生”试点。

1. 高考分省命题

高考分省命题改革始于1985年上海高考单独命题，2002年北京开始试行。到2004年改革又推广至天津、辽宁、江苏、浙江、福建、湖北、湖南、广东、重庆9个省市。2006年全国共有16个省市实行高考分省命题。从整体上看，高考分省命题改革试点力度非常大，试点的范围迅速扩大。从1985年改革开始到2002年只有北京、上海两地试点，而到2006年试点省市迅速增加到16个。从改革初衷上看，分省命题主要致力于满足各省基础教育发展不平衡，减轻统一高考压力，然而实践中却出现明显的利弊参半。

首先，从维护国家标准与适应地方教育水平角度看，高考分省命题有长有短。高考分省命题没有改变原先全国高校招生统一考试的性质，只是考试在组织方式上有所变化，统考的范围由国家变成省市。由于我国幅员辽阔，各地基础教育发展水平不一，以往国家统考在很大程度上无法照顾各地的特点与差异。省市拥有了高考单独命题权以后，可以根据各省的教育实际情况来命题。例如，教育发展水平较低的省市可以通过降低高考试题难度减轻学生负担；各省市也可以利用高考命题的导向作用，改革考试内容和标准指导中小学教学，推进基础教育和中等教育课程体系改革。因此，高考分省命题改革有利于各地因地制宜地推动基础教育和中等教育的发展。然而，随着高考分省命题试点以及各地课程改革的不断深入，各省市的教学大纲、教学计划以及教材等都会发生变化，基础教育和中等教育的特色与多样性将逐渐增强，差异也随之扩大，如何维持中等教育相对统一的国家标准、体现国家意志又将成为分省命题改革需要思考的问题。

其次，从考试风险上看，高考分省命题化解了一种风险，却又隐含着另一种风险。随着社会对高考关注的程度日益增强，高考承载的社会功能越来越多，其风险也越来越大。2003年四川南部县发生高考试卷被盗事件，因涉及面广，差点使全国高考推迟，引起社会不稳定。通过将高考命题划归各省市，缩小命题集中程度的确可以部分地化解国家统考目标集中、影响范围广带来的过大风险，但这对于各省市而言，风险也并未消除或减轻。事实证明，国家统考有力地保证了考试的权威性、严肃性，在试卷的保密水平上也远非地方所能及；而在分省命题中，由于命题人员多以本省中学或大学教师为主，相比国家统考命题而言，命题人员的相对集中在一定程度上增加了试题失密泄密和舞弊的风险。

再次，从考试命题质量上看，高考分省命题水平的提高还需要一定的时间和经验的积累。除个别省市外，近年来参与试点的省市多在高考命题经验上存在不足。尽管教育部从 2004 年开始一再声明分省命题要以教育部统一的考试大纲为依据，命题所用的教材版本是现行高中教材，试题的难度和区分度都将控制在教育部规定的范围内，但由于各省缺乏有效的经验、稳定的命题队伍和考试管理人员，分省命题的权威性和科学性受到一定影响，某些省市各年度高考试题的难度难以稳定，难度分布、排列不够合理，质量有待提高。这既给中学和考生带来了一定的负担，也对考试测量的有效性，考试分数的可靠性，考试的公平性、公正性产生潜在威胁①。正如原教育部部长袁贵仁所指出的，2004 年到 2014 年，16 个省市，加上国家命题中心，17 家在命题，质量不一，这是最大的问题②。

最后，高考分省命题也给各省市招生考试部门带来了繁重的压力。不管是国家命题还是分省命题，都意味着沉重的工作量，并不是随便组织几个人出出题那样简单。同时，由于高考责任重大，社会对考试试题的科学性和权威性十分关注，国家每年都需要对高考命题进行深入的科学研究，不断提高命题的科学性和权威性；但每年集合全国力量而完成的全国统一试卷，仍然有人评头论足，甚至不时还出现抨击之声。将命题权下放到地方，地方无论在命题的人力还是财力的投入上都远不如国家，要保证考试的科学性、权威性和安全性需要加大人、财、物的投入，各地方的财力存在较大差别，对于财力不甚雄厚的省份，分省命题自然会成为一项沉重的负担。因此，2014 年出台的《关于深化考试招生制度改革实施意见》就明确提出从 2015 年开始要逐步增加使用全国统一命题高考试卷的省份。

2. 国家（地方）统考与高校单独考试相结合

为改变一次高考作用过大、易造成“一次考试定取舍”的缺陷，同时满足高校人才选拔的特殊需要，提高高考选才的科学性，20 世纪 90 年代末以来的高考形式改革在提高高校招生自主权方面进行了有益的尝试。笔者以 2003 年 22 所高校“自主选拔录取”试点为例。

2003 年高校自主选拔录取试点是提高高校办学自主权的一次有益尝试，

① 雷新勇：《应该理性地对待高考分省命题》，《中国教育报》2006 年 9 月 27 日。

② 《高考试卷将全国统一？教育部长袁贵仁回应》，新华网，2016-03-10，http：//news. qq. com/a/20160310/044572. htm。

此次改革试点借鉴了 2001 年江苏 3 所高校“自主招生录取”改革经验，将高校考核和高考测试相结合，由试点高校按照自主确定并经公示的标准和考核办法对各中学推荐的考生进行全面审查，并在进行面试等相关测评和考核后确定入选考生。入选考生若通过了随后的全国统考并达到了报考学校在该省的录取分数线，可以按照先前跟学校达成的协议（例如适当降分等）被该校录取。这就使得高校招生录取的自主权在原先 1∶1.2 的投档率之外得以扩大。2004 年高校自主招生试点改革进一步推行，试点高校增至 28 所，在选拔对象和招生规模上有所扩大，同时推荐方式也由 2003 年的指定地区、指定高校推荐改为“个人推荐与中学推荐相结合”的方式，并且不仅仅是重点中学的学生可以报名，一般中学的学生如果认为自己有较强的实力也可以自荐①。到 2007 年，参与自主选拔录取的高校已达到 59 所②。

自主招生试点自实施以来，无论是高校还是考生，都在面临负担过重的问题，也因此一直为社会所关注。例如，自主招生实施初期，不少学校均表示，虽然自主招生的考核和录取的制定权在高校，但学校在标准制定和操作过程中的难度很大，有校长甚至提出，期盼教育部指定一个比较细的切实可行的规范和标准③，以减小改革实际中的困难。另外，2004 年推荐方式发生变化，部分高校的负担更重。以北大为例，2004 年自主招生改革取消指定中学推荐后，北京大学报名人数达到五千人，面对这五千多考生的材料，教师需要从中挑选出最后进入复试的三百多个名额④。因此，后期的自主招生过程中，高校开始出现多个联盟，联合招生。而不少考生出于求稳的考虑，选择多个高校报考，不仅参加多个高校组织的考前辅导班，而且在自主招生测试期间奔波于不同高校，一时间自主招生考生竞争日益激烈，演变成“小高考”，严重影响了中学的教育教学秩序。此外，还有一些参加自主招生录取试点的考生争取个人利益最大化，使得不少高校不约而同地遭遇了“高

① 王琿：《透视 2004 年 22 所高校自主招生政策新变化》，《现代教育报》2004 年 1 月 13 日。

② 教育部：《2007 年进行自主招生的 59 所普通高校名单》，http：//gaokao. chsi. com. cn/gkxx/zzzs/200612/20061219/728953. html。

③ 蒲红果：《“自主招生”引来议论 记者五问北大校长》，新华网，2003-03-14，http：//news. xinhuanet. com/edu/2003-03/14/content _ 778569. htm。

④ 《自主招生能否公平效率兼顾》，《北京青年报》2004 年 2 月 23 日。

分考生不辞而别、自主招生招不满”的尴尬处境[①]。因此，2014 年国务院《关于深化考生招生制度改革的实施意见》中提出，2015 年起自主招生安排在全国统一高考后进行。

三、20 世纪 90 年代末以来高考内容的多样化

随着高考形式改革逐渐打破传统的单一局面，出现了多类型、多组织主体的招考形式，反映到高考内容中来，就是原先统一高考下全国一张试卷的局面得以改变，考试内容逐渐走向多样。这种多样化主要体现在以下三个方面：

（一）以“3＋X”、分省命题为契机，高考试卷从统一走向多样

由于实践中始终存在各校、各专业在高考中的共同要求与特殊要求难以兼顾的矛盾，1999 年，国家开始在广东推行“3＋X”改革，力图通过调整高考科目，扩大高考制度的开放性。根据这一改革设想，一方面，中学所修 9 门功课全部开考，高校可以自主根据学校的水平和专业学科特点，选择考试科目，从而有利于扩大招生自主权；另一方面，考生可以根据个人的兴趣、特长和能力选考相应的科目，考生选择的自主性有利于促进学生个性的发展。但从该年广东省的改革来看，“3＋X”改革在一定程度上变成“3＋1”的翻版。据统计，在考生选考的“X”科中，96.53％的考生只选考一科，而只有 3.47％的考生选考两科[②]。为避免学生过于分科，提高学科和考生知识结构的综合化，从 2000 年开始，广东省将高考科目改为“3＋1＋综合科目”。随着“3＋X”高考改革逐渐在全国范围内铺开，各省市根据自身的特点选择不同的科目组合，高考科目逐渐走向多样，全国高考一张试卷的问题也得到改善。以 2001 年为例，该年教育部考试中心高考命题就有三套：

（1）针对内蒙古、辽宁等 13 省区采用“3＋文科综合/理科综合”的试卷命题。

（2）针对山西、天津等省市采用新教材的“3＋文科综合/理科综合”的试卷命题。

（3）针对广东、河南等省采用“3＋文理综合＋1”的试卷命题。

尽管各地的高考科目从 1999 年后出现了一定的差别，高考试卷也曾因

---

① 王骏勇、蔡玉高：《高校自主招生面临尴尬：高分考生“另攀高枝”》，新华网，2004-02-10，http：//news. xinhuanet. com/newscenter/2004-02/10/content _ 1305079. html。

② 刘茜：《高考改革方案看得失》，《新闻周刊》1999 年 10 月 18 日。

此而出现分化和多样，但由于高考命题权一直在教育部考试中心，各省市之间只要采用相同的高考科目，高考试卷仍然是一样的。而且，从当时的情况来看，大部分省市均采用“3+文科/理科综合”的试卷。因此，这一时期高考试卷的多样化程度仍比较低。

伴随着2004年高考分省命题试点的开展，高考试卷多样化程度逐渐提高。当年教育部在原有上海、北京2市自主命题的基础上新增9省，将其高考命题权下放到地方，以此期望各地根据自身教育发展实际进行高考命题，从而有利于各地基础教育的健康发展。为了保证高考改革平稳过渡，当年的高考命题采取“分散与集中相结合”的原则，各地市在教育部考试中心的指导下对语文、数学、英语3科命题，其余科目可采用自行命题，也可使用考试中心的统一命题。2006年，参加分省命题的共有16省市，从各地单独命题的科目占整个考试科目数的比重来看，大致分为两类：一类是上海、北京、天津、江苏、福建、广东等地，所有考试科目均自行命题；另一类是其余10省，自行命制语文、数学、英语三科试题，而其他科目（综合科目或单科考试科目）则仍由教育部考试中心统一命题①。随着高考命题权的下放，命题组织走向区域化，命题形式趋于多样化，高考试卷迅速多元化。以2004年为例，全国各地语文、数学、英语，文科/理科综合等5科考试，就出现了57套试卷，详细列表如下（见表3-3）：

表3-3 2004年各地高考试卷种类

考试科目	试卷种类
语文	北京卷、福建卷、广东卷、湖北卷、湖南卷、江苏卷、辽宁卷、上海卷、天津卷、浙江卷、重庆卷及全国Ⅰ、Ⅱ、Ⅲ、Ⅳ卷（15套）
数学	北京卷、福建卷、广东卷、湖北卷、湖南卷、江苏卷、辽宁卷、上海卷、天津卷、浙江卷、重庆卷及全国Ⅰ、Ⅱ、Ⅲ、Ⅳ卷（15套）
英语	北京卷、福建卷、广东卷、湖北卷、湖南卷、江苏卷、辽宁卷、上海卷、天津卷、浙江卷、重庆卷及全国Ⅰ、Ⅱ、Ⅲ、Ⅳ卷（15套）
文科综合	北京卷、天津卷及全国Ⅰ、Ⅱ、Ⅲ、Ⅳ卷（6套）
理科综合	北京卷、天津卷及全国Ⅰ、Ⅱ、Ⅲ、Ⅳ卷（6套）

① 根据各省市命题科目整理而成。

为减轻难度、减少改革对社会的震荡，同时加强对分省命题的领导，2004年教育部要求负责组织高考命题的省市，统一执行教育部颁布的《考试大纲》。全国《考试大纲》在学科思想的整体把握上体现一种基础的导向，各省市颁布《考试说明》，依据全国《考试大纲》的基本要求和价值取向，突出本地区在课程改革和人才选拔方面的一些特殊需求，侧重于制定“考试形式与试卷结构”，在试卷的具体呈现形式上可以结合地方特点进行渐进式自主创新，融入适当的区域文化特色，反映出统一与多样相结合的特点。然而，在经过10余年的探索与发展后，特别是各省在自主命题实践过程中遇到诸如前面所述的质量不一、负担过重等问题后，各省对自主命题的积极性也逐渐减弱。2015年，不少省份开始申请退出自主命题队伍。到2016年仍然实行自主命题的省份由原先的16省减少至5省（市），分别是北京、天津、江苏、浙江、上海。其余退出自主命题的省份均改使用全国统一命题试卷。

（二）由考试类型变化产生的考试内容的多样化和个性化

高考内容的多样化是与形式改革密切配合的。分省命题使地区间高考试卷呈现出较大差别，高考内容的多样化局面逐渐形成；但分省命题改革更多的是考虑到各地在教育水平上的差异，而始终无法兼顾高校间生源要求的差异。因此要提高高校选才的针对性，客观上需要设置不同的考试服务于不同类型的学校。“本、专科两次高考”“高校自主选拔录取”试点正是在此背景下展开的。这些试点的推行，在一定程度上也促进了高考内容的多样化。

2002年国家在广西实行“本、专科两次高考”试点，将专科考试（“3＋X”）的命题权下放到地方。这次改革的意图在于改变统一高考难以兼顾不同层次高校的生源选拔的弊端，通过设置不同类型的考试，减轻专科学校考生的负担，从而在一定程度上反映本科和专科学校的生源选择差别。从改革的实际来看，广西在命制专科考试试题时，主要是从降低考试难度入手，将试题难度作为本科与专科高校生源的主要差别。同一地区的高考试卷出现多样化。但由于地方组织考试的压力太大，到2003年，广西在当年的专科“3＋X”命题中，只对“X”命制试题，三科还是采用全国统一高考试题。因此，高考试卷的多样化又只反映到“X”科目上来，多样化的程度也随之降低。

与分省命题和本、专科两次高考不同，高校自行组织的考试服务于特定的学校，校际间表现出巨大的差异。2003年实行高校自主选拔录取试点，由于学校组织的考试是确定入选考生（承诺降分者）的资格考试，所以备受社会关注。各高校组织的考试形式多样，如夏令营、笔试等。多数高校的笔试多以文化课考试为主，考试内容主要是中学教学的主要学科。虽然各校也组织了内容多样的面试，但面试占录取的比例仍十分有限，为高校了解学生情况提供了一定的途径。

与自主选拔录取试点不同，2006 年复旦大学和上海交通大学实行自主招生。复旦大学采取的是“综合考＋面试＋全市统考”① 方式招生。其中“全市统考”只作为学生入学后申请奖学金的参考依据之一，不作为录取的主要因素。“综合考”是筛选的资格考试，测试内容涵盖高中语文、数学、英语、政治、历史、地理、物理、化学、生物和计算机 10 个科目。该年复旦大学在上海招生 300 人，利用“综合考”挑选 1 200 人参加面试，由面试成绩决定其能否被录取。面试的地位即刻提高，自然引起各方的关注。下面以复旦大学和上海交通大学的面试题为例（见表 3-4）。

表 3-4　2006 年复旦大学与上海交通大学自主招生面试题（部分）

	复旦大学	上海交通大学
考生认为最有价值的问题	1. 你一生中是否受到过挫折？它对你的影响是什么？ 2. 讲讲你自己对人生的规划，包括想要从事的行业和你的追求目标。 3. 谈谈你对道德教育的认识。 4. 你觉得作为一个团队的领袖，应具备哪些素质？ 5. 如何用“文化指数”来衡量国家的实力？ 6. 谈谈“先天下之忧而忧，后天下之乐而乐”的意义及其对现代社会积极与消极一面的影响。 7. 面对企业的金钱诱惑，你会放弃科研吗？ 8. 谈谈十一届三中全会的背景意义。 9. 最近发生的国内外事件中，你对哪件事印象最深？为什么？ 10. 请设计一个验证当地降水概率的方案。	1. 假如你知道你在学校所学的知识到了参加工作时全都没有用，你作何感想？ 2. 有一家国有企业和微软同时邀请你，你去哪一家？ 3. 请对近日国内外大事举一例，并解读。 4. 你对医保有什么看法？你认为国家应采取什么措施？ 5. 所有老师中你最喜欢与最不喜欢的是怎样的老师？不喜欢的老师的课，你会上得好吗？ 6. 根据四个英语单词 twins、identilal、doctor、fun 编一个故事。 7. 就社会上的学术造假发表你的看法。

① 杨德广：《对两种“自主招生”改革的剖析》，《招生考试研究》2007 年第 1 期，第 47 页。

续　表

	复旦大学	上海交通大学
考生认为最有价值的问题	11. 谈谈对马加爵现象的看法。 12. 2010 年上海世博会对上海经济有何影响？你是否赞成世博会在上海举办？为什么？ 13. 哲学中有从量变到质变的说法，请举例说明。 14. 上海有一家工厂污染超标，但市政府视而不见，工厂继续生产，污染不断加重，已经激起了市民的愤怒，如你是一名有社会责任心的人，你会怎么解决这一问题？若你努力以后，问题仍没解决，你怎么办？ 15. 不少媒体披露过医生收红包的事件，对于医德问题，你有何看法？应如何避免“红包事件”的发生？	8. 和别的考生相比，你有何优势？ 9. 网络黑客算不算创新？ 10. 高校自主招生，我们考察的是什么？ 11. 分析烟、酒、奶粉等出现造假现象的原因，并提三条解决意见。 12. 谈谈应试教育和素质教育的关系。 13. 给我介绍一个你的朋友。
考生认为最难的问题	1. 你在执著与适时放弃间如何判断、选择？依据什么来判断、选择？ 2. 对“可怜之人必有可恶之处”有何看法？ 3. 请证明根号 2 是一个无理数。 4. 创新对社会有何作用？ 5. 说说复旦大学校训的含义和出处。 6. 空间上存在 6 点，任意 3 点不在同一直线上，可组成几个三角形？用一种颜色描绘其中几条线段，另一种颜色描绘其他线段，问可能存在一个三边同色的三角形吗？ 7. 问一个问题难倒我，前提是你自己必须知道答案。	1. 山西省省会在哪里？ 2. 你对雷锋怎么看？ 3. 上海交通大学的校训是什么？ 4. 昨天的新闻有些什么内容？ 5. 步行器电机功率是多少？ 6. 你的综合能力体现在哪些方面？ 7. 你知道国家的“十一五”规划吗？ 8. 你对上海房屋规划中的房屋间隔问题了解吗？ 9. 你是否知道矛盾论？请运用矛盾论解题。 10. 如果你在政府部门身居要职，有公司因第一次审批不合格，就暗中塞钱给你，你又因结婚、搬家等事急着用钱。反之，现在不收钱，这个企业也会把质量搞好，但要等个把月。你的选择是？ 11. 有人觉得探月计划劳民伤财，不适合中国国情，你怎么看？简述三条理由。 12. 中国迟迟没有新闻立法，为什么？ 13. 你怎么与父母沟通？尤其是在意见分歧的时候？

从上述题目可以看出，两校面试的试题涉及的范围非常广泛。高校不仅关注考生的人生规划、思想道德品质、人际交往水平等，也对考生了解社会、关注社会热点问题的情况进行掌握。特别是上海交通大学的面试题更加贴近社会，对考生的社会关注度提出更高的要求。面试题能否真正衡量考生的能力与水平，面试成绩是否可以成为高校生源录取的主要标准，社会各界对此褒贬不一。但与传统的一次统考相比，两校的面试使得高校自主招生更具个性化。

（三）高中新课程改革推进下的高考模式与内容的多样化

普通高中课程标准是普通高中阶段教材编写、教学、评估和考试命题的依据，是国家管理和评价普通高中教育质量的基础性文件。长期以来，普通高中课程体系结构的僵化和单一，始终是历次课程改革力图解决的问题。这一僵化和单一的结构主要表现为：课程结构过于强调学术课程、学科课程，形成了高度学科本位的课程结构体系；整个高中课程结构体系中作为基础课程的必修课程过多，要求高，缺乏弹性，不利于学生生动、活泼、主动地发展；缺乏必要的综合课程，学科之间联系比较薄弱，分科课程一统天下①。课程体系“应试教育”的迹象明显，导致课程逐渐脱离实际、脱离社会、脱离生活。活动课程、实践课程、生活课程等对高中学生的发展价值没有得到应有的重视。为此，国家在小学、初中课程改革的基础上开展了高中新课程改革。

普通高中新课程改革于 2004 年首先在广东、海南、宁夏、山东四省区进行试点。到 2012 年，全国所有省份都相继进入新课改。与旧的高中课程相比，新课程方案强调多样性，在课程目标、课程结构和内容、课程的实施和评价等方面发生了显著变化。根据教育部颁布的《高中课程改革方案（实验）》，普通高中新课程改革的目标为：

(1) 精选终身学习必备的基础内容，使课程内容与社会进步、科技发展、学生经验有机联系起来，把知识技能的学习与学生创造精神和实践能力的培养有机结合起来，拓展视野，引导创新与实践。

(2) 适应社会需求的多样化和学生全面而有个性的发展，增设新的课程领域或课程门类，构建重基础、多样化、有层次、综合性的课程结构。

---

① 张廷凯：《高中新课程的结构和内容》，天津教育出版社，2005 年，第 30～31 页。

(3) 创设有利于引导学生主动学习的课程实施环境，提高学生自主学习、合作交流以及分析和解决问题的能力。

(4) 建立发展性评价体系，改进校内评价，实行学生学业成绩与成长记录相结合的综合评价方式，建立教育质量检测机制。

(5) 赋予学校合理而充分的课程自主权，为学校创造性地实施国家课程、因地制宜地开放学校课程，为学生有效选择课程提供保障①。

由于高中新课改是基础教育课程改革的“重头戏”，而高考制度对中学教学有着强大的导向作用，因此新课改能否取得成功，急需高考改革与之相适应。2005 年，教育部在《关于进一步加强普通高中新课程实验工作的指导意见》中提出，高校招生考试方案的研究制定，要切实体现普通高中新课程的改革精神，反映各学科课程标准的整体要求。改革要努力缩小现行高校招生考试制度和国家课程目标的反差。2008 年，教育部又发布《关于普通高中新课程省份深化高校招生考试改革的指导意见》，指出高考内容要实现与新课程内容的衔接，注重对考生运用所学知识分析问题、解决问题能力的考查。考试科目为语文、数学、外语和相关科目，相关科目一般为文科综合或理科综合，也可根据本省实际设置其他科目。各科目考试范围由国家制定的课程《考试大纲》规定。是否增加选考内容以及选考内容比重等，由各地根据本省份高中课程改革实际及各考试科目的特点确定。

为配合新课改，落实新课改要求，2007 年，广东、海南、山东、江苏四省相继公布了当年的新高考改革方案。新高考改革方案对体现和反映新课程的要求，促进和引导新课改的推行进行了有益的探索。例如，在考试的科目与试题设计上，各省均采用选考与必考、选做题与必做题相结合的方式，以对应新课程改革中必修与选修模块；引入“基础会考”“基本能力”测试，旨在考查学生的宽基础与文理均衡发展的水平；进行“综合素质评价”试验，意在引导新课改建立发展性评价体系②。但是，由于各地对基础教育课程改革的认识和把握存在侧重点的不同，因此，各省的高考模式反映出较大差别（见表 3-5），高考的内容也呈现出巨大差异。

---

① 教育部：《高中课程方案》（实验），人民教育出版社，2003 年，第 1～7 页。

② 张耀萍：《区域性高考改革中应协调的几对关系——兼论福建省新高考改革的走向》，《福建教育》2006 年第 12 期，第 14 页。

表 3-5 四省高考模式比较①

省份	高考模式	具体内容
广东	3＋文科基础/理科基础＋X	语数外＋文科综合（政历地）/理科综合（物化生）＋选考科目
海南	3＋3＋基础会考	语数外＋文科（政历地）/理科（物化生）＋文科（物化生计）/理科（政历地计）
山东	3＋X＋1	语数外＋文科综合（政历地）/理科综合（物化生）＋基本能力
江苏	3＋学业水平测试＋综合素质评价	语数外＋2 门选修测试科目和 5 门必修测试科目＋综合素质评价

与原有的高考“3＋X”相比，以上四省的新高考改革体现了一定的继承性和延续性，各地均继续沿用先前的“3＋文科/理科综合”科目设置，要求学生掌握必要的基本学科知识和技能，保持了现行高考方案的统一性。除此之外，各省又表现出各自的特色。例如，广东省设置选考科目，让学生根据自己的志愿、兴趣、特长等在物理、化学、生物、思想政治、历史、地理、音乐术科、美术术科、体育术科 9 门中选择一门或几门，以调动学生学习的积极性。而山东省新高考改革方案的特色主要体现在基本能力考试中。方案规定，“基本能力考试的必做题主要涉及技术、艺术、体育与健康、综合实践活动四个学习领域的必修内容；选做题分人文与社会、科学两部分，内容分别涉及两个领域的必修内容。文史方向的考生只做科学部分的题目，理工方向的考生只做人文与社会部分的题目”。基本能力的考核旨在考查学生的宽基础与文理均衡发展的水平，侧重考查学生“运用所学知识解决生活和社会实际问题的能力”。

各地在推行新课程改革中反映出越来越大的差别，这种差别也随着参与新课改省份的增多而愈益明显。这些差别也必然体现到新高考改革方案中来，引起各地高考科目设置与内容安排更加多样化。

四、高考内容与形式多样化的自由度

20 世纪 90 年代以来，高考形式以多样化为改革方向，高考内容也因为

① 王晓樱、魏月蘅：《高考改革之路 苏粤鲁琼各地新方案》，中原新闻网，2006-10-13，http：//www.zynews.com/jiaoyu/2006-10/13/content_423650.htm。

新课程改革、高考科目以及高考形式的变革而逐渐多元。以统一考试为主的多样化、多层次化招考体系正在形成。但是，由于传统统一高考的惯性太大，新的改革多以此为基础，或是在坚持统考之外另辟蹊径，新旧制度的作用大小不均衡，高考内容和形式的多样化的自由度受到一定程度的限制。

（一）与统一高考相比，其他形式的入学考试发挥的作用非常有限

20 世纪 90 年代末以来的高考改革以统考为基础，引入其他考试形式，统一高考逐渐走向多样化。从整体上看，高考的多样化改革大致可以分为两类：一类是拓宽统一高考的种类，通过增加考试次数，以及采用分省命题，将原先全国一次统一高考扩展至多次、多地区的统一高考；另一类是多样化，指统一高考自身的多样化，高校的自主选拔录取即是这一种。高校在高考的基础上设置单独的考核标准，对一次统一高考进行补充，将统一考试与分散考试相结合，高校的招考权有所提高，高校招生的特殊要求在一定程度上得以满足，从而拓展了高考制度的含义。

就第一类改革而言，虽然从全国范围来看，高考的统一程度在减小，统一考试的类型在不断增多；但对一个地区的考生，或是一所高校的招生来说，这种多样化只意味着从一种统一考试变成另一种统一考试。因此，分省命题只是命题方式发生了变化，而没有改变统一高考的性质。与一次统考相比，高校的自主选拔录取体现出明显的多元化，但这种多元化也是非常有限的。一方面，高校在组织自主选拔时的较大投入和较重负担，使得自主选拔录取很难在更大范围内推广试点；另一方面，高校在发挥招生自主权方面还存在较明显的局限，也制约着改革的扩展。因此，尽管近年来参与自主选拔录取的高校数量逐年增加，但经由此试点录取的生源占各校招生计划的比例还是相当低的，一般不超过 5%。可见，与统一高考录取相比，多元化的自主选拔录取发挥的作用是非常有限的。

目前，与各高校自主举行的单独考试（考核）相比，统一考试在大学入学考试形式中仍然占据主导地位。这主要体现在高考招生占整个招生计划的比重上。每年高校招生，除去推荐保送和少量单考单招之外（大致占总体招生比例的 5%），招生计划的 95%都是利用统一高考形式来完成的，体现了一次国家（或地方）统考在保持公平竞争、提高招生录取效率和减轻考务部门、高校以及考生负担等方面的独特优势。

（二）与中央（地方）相比，高校的招生权力十分有限

高考从统一走向多样，核心是招考权力主体的多元。改革由原先单一的权力主体——中央政府扩大到中央、地方政府和高校三方并存，高考内容也随之变得多样。因此，高考制度的多样化过程实际上也就是国家不断放权，地方和高校权力不断增大的过程。由于地方政府和高校在中央权力下放过程中所处的地位不一样，因此，两者获得的权力大小也有很大差别。

从高考改革中的权力格局演变来看，由于地方政府与中央政府的职能基本上是一致的，并且中央在行政上容易对地方进行控制，因此在分权改革中，中央政府总是把招考权力优先转移给地方政府，而转移给高校的权力就显得极为有限。对高校而言，无论权力集中在中央政府还是地方政府，高校都缺乏招生自主权①。要解决高校招生中的统一与多样、共性与个性的矛盾，客观上要求高校有所作为，因此亟待提高高校的招生自主权。

目前，与其他各项试点相比，自主选拔录取是高校获得较大自主权的试点之一。在此试点中，高校拥有以下自主权：

（1）自主设置考核标准，确定资格学生；

（2）自主确定录取标准，根据资格学生的能力与水平决定其降分幅度。

这些自主权对于提高高校的自主招生意识，选拔优秀的生源，以及加强与学生的沟通有着重要的意义；但与民国时期的自主招生相比，高校的招生权仍然是非常有限的。首先，高校无法自主确立此试点的招生计划，招生计划的比例由国家下达，通常在5%～10%左右。其次，高校能够确立的录取标准是部分而不是完全的。高校可以根据自主考核确定资格学生，也能按其能力与水平采用相应的录取政策（高考降分幅度），但考生能否被录取，最终还需要依据其高考成绩。高校的招生自主权受到一定限制。

高校招生自主权难以充分发挥，有其深刻的社会原因。从高校与社会的关系上看，办学资源的外在依赖性使得高校难以摆脱社会各方的利益追求，高校难以掌握完全的自主权；从传统文化的影响来看，中国的人情社会使得高校无法避免来自社会各界人情与关系的干扰，高校招生的公平性与有效性

① 罗立祝：《我国高校招生考试政策研究》，厦门大学博士学位论文，2006年，第136页。

难以实现；从教育行政管理的体制上看，政府对高校的直接干预管理方式使得高校不可能在短期内决定招生计划和招生标准①。因此，虽然从整体改革上看，扩大高校自主权是方向，但政府权力的下放是一个长期而渐进的过程。当前，要保证高校的招生自主权不被滥用，维护招生选才的有效性和公平性，仍需要以坚持中央或地方政府的统考权为前提。

（三）与反映统一的学科标准相比，高考内容对反映高校的要求十分有限

尽管当前高考制度已逐渐出现多层次、多类型、多省市命题的招考体系，但由于各地命制试题都需要遵循统一的《考试大纲》，其基本要求、基本标准和基本方针都是一致的。因此，虽然各地高考试题逐渐反映出一定的地方特色，但从题型、题样，以及考试涉及的知识点、能力要求上看，全国的标准都是统一的，统考的性质并没有发生改变。

普通高等学校招生全国统一考试是由合格的高中毕业生参加的选拔性考试。高等学校根据考生的成绩，按已确定的招生计划，德智体美全面衡量，择优录取。为了避免考试中的盲目性，实现考试的科学化、标准化，同时利于学生复习备考，国家每年均颁布《考试大纲》，规定考试的性质、内容和形式等。《考试大纲》是根据普通高等学校对新生文化素质的要求，参照《全日制中学教学大纲》，并考虑中学教学实际而制定的。为了避免高考命题超纲，难度过大，造成学生负担过重等问题，长期以来高考命题一直被要求紧紧围绕《全日制中学教学大纲》，这在《考试大纲》中也有所反映。以2005 年全国普通高等学校招生全国统一高考大纲的数学与英语科部分为例。该年《考试大纲》中数学科部分规定，根据普通高等学校对新生文化素质的要求，依据教育部 2002 年颁布的《全日制普通高级中学课程计划》和《全日制普通高级中学数学教学大纲》的必修课与选修Ⅰ的教学内容，作为文史类高考数学科试题的命题范围；英语科部分规定，参照教育部 2000 年颁布的《全日制普通高级中学英语教学大纲（试验修订版）》，并考虑中学教学实际，制定学科考试内容。由于命题的范围不能超出中学教学范围，加之又有统一的《考试大纲》，因此，尽管高考试卷逐渐走向多样，但考试内容仍然

① 罗立祝：《我国高校招生考试政策研究》，厦门大学博士学位论文，2006 年，第139～142 页。

以反映中学学科教学要求为标准，表现出很大的同源性和同质性。

与统一考试相比，高校的自主选拔录取在考核的内容上，反映出一定的多样化和个性化。自主选拔录取试点中，各高校在考核标准的制定上拥有较大自主权，选拔测试的形式也出现明显的差别。但考核不外乎两类，一是文化课考试，二是综合面试（见表 3-6）。文化课考试主要以中学教学为命题范围，考试科目主要为中学主干课程，反映出明显的学科标准。面试各校差别较大，但命题主要是以考查学生的综合素质为目标，力图对学生的表达能力、文化素质、科学知识、思维能力、心理素质等方面的综合素质和发展潜能进行考测。从总体上看，高校的自主考测仍以贴近中学教学实际、反映中学教学水平为核心，虽然从形式上获得了命题权，但实质上并未在考试内容的设置上过多体现高校的要求与标准。

多样化、多元化是 20 世纪 90 年代末以来高考改革的最主要特征，考试组织主体的从一到多，引发了高考形式的变化，也带来了高考内容的调整，多样化的招考体系正在形成。随着高校竞争越来越激烈，学校之间的特色越来越明显，高校招生中生源要求的差异也越来越受到尊重，因此，多样化是高考改革的方向。但是，由于统一高考在当前政治、经济和文化背景下，仍然有着存在的必要性和必然性，因此，坚持以统一考试为主体，兼顾多样化，是我国现行高考内容与形式改革的必然出路。

表 3-6　2007 年部分高校自主选拔录取中的选拔考测①

学校	文化课考试	其他考试
中国人民大学	语文、数学、英语	综合能力面试
大连理工大学	理科：数学、物理、英语 文科：数学、语文、英语	专家面试
北京理工大学	综合测试（含语文、数学、英语及其他高中相关科目）	专家面试
北京交通大学	语文、数学、英语及综合能力笔试（由北京交通大学等五所高校联考）	面试
哈尔滨工业大学	理科：数学、物理、化学、英语 文科：语文、数学、英语	面试

① 根据各校公布的 2007 年自主选拔录取招生简章制定。

第四章　利益博弈下的高考形式与内容改革

与其他社会制度相比，高考制度引发的全民动员、全民关注程度是空前的。叶建平在其博客里《高考，想说“恨”你不容易》一文中形象地将这一空前局面描述为：中国的高考是一人开车、全民让道，一人炒股、全民被套，一人咳嗽、全民感冒；也有人说，中国的高考是一个城市的“集体桑拿”（夏日的煎熬）、一个社会的“集体胎动”（人才的孕育）、一个民族的“集体加冕”（文明的提升）①。因此，要对这一涉及面广、参与群体多、利弊都异常明显的制度进行改革实属不易。难怪有人戏称，“解决了中国高校招生问题可以得诺贝尔教育奖”。

正如人们一直强调的那样，社会改革的实质是权力和利益的再调整与再分配过程，改革涉及广泛而深刻的物质利益调整与物质利益冲突。当前，高考制度改革时常陷入左右为难、举步维艰的两难境地，其原因之一就在于改革牵涉的各利益群体之间冲突日益激烈，矛盾难以调和。因此，高考改革必须从利益集团的冲突中寻求前进的依据，抓住利益矛盾及其协调这一主线，是保证高考改革在稳定的社会政治环境下得以顺利进行的基本前提。

第一节　利益与利益冲突的实质

利益冲突是人类生存和发展不可避免的事实，每一个人在生存的过程中都会以某种方式卷入到利益矛盾和利益冲突之中，正如美国社会学家 Kurt Lewin 所说：无论我们注重群体生活的什么部分，不管我们是考虑国家和国际的政策，还是经济生活……种族或宗教组织……工厂或劳资关系……我们

---

① 叶建平：《高考，想说“恨”你不容易》，博联社，http：//yejianping. blshe. com/post/229/59985。

都可以发现一个复杂的利益冲突网①。

一、利益的一般含义

利益问题是一个关涉到人的存在和发展的根本性的问题。它对于人们实践活动的意义是显而易见的，自从人类社会产生以来，"人们奋斗所争取的一切，都同他们的利益有关"②。18 世纪，法国启蒙思想家霍尔巴赫曾明确指出："利益就是人的行为的唯一动力"③，也是社会制度变迁的根本原因。利益是什么？学术界的定义大概可以分为以下三类：

（一）利益是"需要"

《中国大百科全书》（哲学卷）中将利益定义为：是人们通过社会关系所表现出来的不同需要④。与此相近，王浦劬认为，利益是"基于一定生产基础上获得了社会内容和特性的需要"⑤。郑杭生把利益界定为：是处在生产力和人类需要一定发展阶段上人们生存和社会生活的客观条件。需要是利益的自然基础，而社会资源则是利益的载体与具体内容⑥。赵奎礼认为：利益是人们（个人、集体、阶级、社会）对周围世界一定对象的需要，是对社会关系（主要是社会经济关系）的直接表现，是个人和社会集体活动的驱动力量⑦。

（二）利益是"需要的满足"

郭宝平认为：利益是需要主体以一定的社会关系为中介、以社会实践为手段，占有和消费需要对象，从而使需要主体与需要对象之间矛盾状态得到克服，即需要的满足⑧，即需要主体与需要对象之间的矛盾得到克服之后所

① 科塞：《社会冲突的功能》，孙立平译，华夏出版社，1989 年，第 11 页。

② 《马克思恩格斯全集》第 2 卷，人民出版社，1956 年，第 82 页。

③ 霍尔巴赫：《自然的体系》（上），管士滨译，商务印书馆，1964 年，第 260 页。

④ 中国大百科全书编委会：《中国大百科全书》（哲学卷），中国大百科全书出版社，1982 年，第 483 页。

⑤ 王浦劬：《政治学基础》，北京大学出版社，1995 年，第 53 页。

⑥ 郑杭生：《转型中的中国社会和中国社会的转型》，首都师范大学出版社，1996 年，第 111 页。

⑦ 赵奎礼：《利益学概论》，辽宁教育出版社，1992 年，第 2 页。

⑧ 赵家祥、李清昆等：《历史唯物主义》，北京大学出版社，1992 年，第 294 页。

达到的一种状态。

（三）利益是“快乐与幸福”

爱尔维修曾指出：一般人通常把利益这个名词的意义仅仅局限在爱钱上；明白的读者将会觉察到我是采取这个名词的比较广的意义的，我是把它一般地应用在一切能够使我们增进快乐，减少痛苦的事物上的①。霍尔巴赫也认为：人的所谓的利益，就是每个人按照他的气质和特有的观念把自己的安乐寄托在那上面的那个对象；由此可见，利益就只是我们每个人看作对自己的幸福所不可缺少的东西②。

到底什么是利益？《马克思主义哲学全书》对利益的实质进行了揭示：利益是社会化的需要，人们通过一定的社会关系表现出来的需要。利益在本质上属于社会关系范畴。社会主体维持自身的生存和发展，只有通过对社会劳动产品的占有和享有才能实现，社会主体与社会劳动产品的这种对立统一关系就是利益③。它包含以下几层含义④：

第一，需要是利益的自然基础，也是利益冲突的初始原因。正是需要，特别是物质生活资料的需要在人们生存和发展中的基础地位，以及人们需要的满足受社会生产力、人口数量及社会生产关系的约束，才使人们自觉认识到自己的利益所在，并使人们对自身利益最大化的追求成为人们从事一切社会活动的基本动机和整个人类社会生产力发展的内在动力。

第二，社会关系是人们实现自身利益的制度条件和社会基础。不同的社会关系与不同的社会制度在同样的约束条件下（生产力与人口状况）会表现出不同的利益结构和利益分享机制，改变社会关系即社会制度，也就会改变社会利益结构的态势和社会利益的实现途径与方式。

第三，利益主体的社会实践活动及其成果是利益形成的手段和客观基础。人们要实现利益和得到利益满足，最根本的是要进行社会生产，只有不断地生产和扩大再生产，人们才能满足自己的利益需要。同时，人们的这种

① 张玉堂：《利益论——关于利益冲突与协调问题的研究》，武汉大学出版社，2001年，第42页。

② 霍尔巴赫：《自然的体系》（上），管士滨译，商务印书馆，1964年，第259～260页。

③ 李淮春：《马克思主义哲学全书》，中国人民大学出版社，1996年，第376页。

④ 柳新元：《利益冲突与制度变迁》，武汉大学出版社，2002年，第12～14页。

利益需要，又成为生产发展的刺激力和推动力，它刺激并推动生产的不断进行。

第四，利益是在一定社会产生发展阶段和一定社会关系约束下的利益主体、主体活动和外界对象之间相互关系的产物。利益是利益主体在一定约束条件下追求自身效用（需要）最大化，并以此为驱动力从事社会实践活动，不断改变外界对象特别是创造物质财富，从而使人们的需求和需要对象之间的矛盾不断得以克服（即需要的满足）的矛盾运动的产物。

二、利益冲突

社会学上将“冲突”理解为对立双方之间的矛盾继续激化所表现出来的一种激烈对抗的互动过程。因此，有学者将利益冲突定义为：利益双方基于利益矛盾而产生的利益纠纷和利益争夺过程，是利益双方的利益矛盾积累到一定程度所产生的一种激烈对抗的态势①。

从广义上说，利益矛盾既指利益的外部矛盾，也指利益的内部矛盾。利益的外部矛盾主要是指社会生产和社会利益需要之间的矛盾；利益的内部矛盾包括利益客体的矛盾和利益主体的矛盾。利益客体的矛盾是指个别利益与一般利益、短期利益与长期利益之间的矛盾；利益主体的矛盾主要是指个人、集体、国家之间的矛盾②。一些人的利益减少或无法实现可能意味着另一些人的利益增加，人的某一方面利益的丧失可能意味着另外一些人在这方面利益的获得。这里所指的利益矛盾主要是利益主体的矛盾。因此，利益冲突可定义为：不同的利益主体在争夺利益的过程中所产生的冲突，是人们在获取利益的过程中彼此之间的矛盾趋于激化所表现出来的一种对抗性互动过程。利益冲突有纵向冲突和横向冲突之别。所谓纵向的利益冲突就是指个人利益、集团利益、国家利益以及人类利益之间的冲突；横向的利益冲突就是指个人利益与个人利益之间、集团利益与集团利益之间、国家利益与国家利益之间的冲突。

从表面上看，利益冲突似乎是对具体的利益对象的争夺，人们也常

---

① 张玉堂：《利益论——关于利益冲突与协调问题的研究》，武汉大学出版社，2001 年，第 55 页。

② 赵平俊：《利益矛盾、利益冲突及协调的手段》，《新东方》2005 年第 1—2 期，第 40～41 页。

常为了获得某种能够满足自身需要的具体对象而彼此之间发生冲突；但是，人们在社会中所能获得的实际利益的多寡并不仅仅是直接所获得的产品的多少，更为主要的是在社会生产和分配体系中所占地位的优劣，是所占有的社会地位的高低。一般而言，具有较高社会地位的人能获得较大的利益，而社会地位较低的人所获得的利益自然也就较少。因此，利益冲突的实质绝不仅仅是对利益对象或劳动对象的争夺，更为主要的是对利益生产方式和分配方式的争夺，是对有利于自身利益实现的社会地位的争夺。

三、利益冲突的根源

作为社会中的人，他们在实现自身利益的过程中既有相互依赖的一面，又有相互冲突的一面。一方面，只有依赖社会，依靠人们之间的协作，通过扩大生产和再生产创造社会财富，个人利益才能得到满足；但另一方面，利益对象的有限性，使得个体之间常常处于竞争状态，个体之间又会因为满足自身利益产生较大冲突，利益冲突所凸显的就是人为了解决与自然的矛盾而产生的人们彼此间的对抗姿态和对抗过程。

利益冲突为什么会存在？它的根源何在？学术界存在诸多争论，从整体上把握，主要有以下几种观点：

赵平俊认为，利益冲突的发生与存在具有天然的必然性，主要表现为三方面的原因：首先，人们利益需要的无限性与社会生产能力的有限性之间的矛盾决定了人类利益冲突整体上必然存在。其次，从各种不同的利益主体方面看，利益冲突也必然存在。作为主体的人各自具有不同的利益，由人而形成的阶层、集团、民族、国家等组织，同样也具有其不同的利益需求，这些需求之间往往是存在矛盾的，因为利益需求对象的有限性，某些利益主体的需要，往往是以对另外一些主体需要的限制为前提的。因此，主体之间利益冲突必然存在。第三，对于同一主体而言，各种利益之间（如物质利益与精神利益、眼前利益与长远利益、整体利益与局部利益等）也存在着利益冲突①。

传统利益冲突根源论主要从主体论和对象论这两条思路出发，探讨引发

① 赵平俊：《利益矛盾、利益冲突及协调的手段》，《新东方》2005 年第 1—2 期，第 42 页。

利益冲突的根源①。主体论观点的支持者认为，利益冲突的根源在于人本身。人性的自私自利或者人本身的无知是导致利益冲突的根本原因。在他们看来，人天生就是自私的、利己的，人总是追求个人利益并且贪得无厌，他不仅要保存已有的利益，而且要追求更多的东西，但是在一定条件下能够成为人的利益的东西又是有限的。因此，人总是倾向于剥夺他人的利益，从而造成了人与人之间、国家与国家之间的利益冲突。与主体论侧重于从主体角度阐发利益冲突的根源不同，对象论侧重于从利益对象的角度来研究利益冲突的根源，把利益冲突的根源归于利益对象的有效供给不足。在对象论看来，利益冲突是由于利益对象的匮乏造成的，如果某种利益对象非常充裕的话，那么人们就不会为此而发生利益冲突。因此，贫困是利益冲突的真正根源，只有大力发展生产，不断提高物质产品的有效供给，创造出更多的利益对象，才能从根本上缓解和解决人类社会的利益冲突。

历史唯物主义的阐释从本质上澄清了利益冲突的真正根源。在历史唯物主义看来，利益冲突根源于人类社会利益实现方式本身的内在缺陷。这些缺陷首先是分工的固定化，其次是直接参与权的丧失，再次是利益分配的不合理。分工的固定化是这些制度缺陷中的基础性层面。由于分工，一些人占据了有利于自身利益实现并获取特殊利益的优势地位，分工的固定化使得这种优势地位固定化，从而为一些人谋取特殊利益提供了客观便利；而一些在社会分工中处于劣势地位的人则由于这种固定化丧失了通过占有优势地位获取特殊利益的权利。由于分工的固定化，人们失去了对他人生产和共同利益生产的直接参与权，这使得人们不仅失去了参与其他利益生产和分配领域的权利与机会，而且失去了对处于优势地位的人获取特殊利益行为进行有效监督的可能性，从而使处于优势地位的人获取特殊利益不仅成为可能，而且成为现实。从人类历史的进程来看，利益分配制度建立的最初功能，是为了协调人们之间的无序的利益冲突，保护人们的劳动所得。但是，由于自发分工的存在和参与权的丧失，利益分配制度在事实上保护了特权阶级的既得利益，因而，这种分配制度本身存在着某种缺陷，引起了人们的利益冲突②。

① 张玉堂：《利益论——关于利益冲突与协调问题的研究》，武汉大学出版社，2001年，第65页。

② 张玉堂：《利益论——关于利益冲突与协调问题的研究》，武汉大学出版社，2001年，第77～78页。

四、转型时期我国社会的利益冲突

改革开放 30 年来，中国社会正处在从同质单一的伦理社会向异质多样的法理社会的转型时期。有学者指出：中国社会转型中的城乡分离、结构转型和体制改革同步进行，以及人口超载和人均资源相对匮乏等特点，使转型中出现的结构冲突、机制冲突、规范冲突、利益冲突、角色冲突和观念冲突更加复杂①。中国正面临前所未遇的复杂而多样的社会问题。

（一）转型时期我国社会利益格局的演变

利益问题，历来是各阶级、各阶层、各团体乃至每个社会成员关注的焦点。社会转型时期，社会各集团、各阶层之间的利益冲突日益明显，这与改革开放后社会利益格局的变化密不可分。利益格局主要是指具有不同利益需求的利益主体之间较为稳定，且有明显结构性特征的利益关系，构成一定社会的利益格局。它是对一定社会条件下各利益主体的利益实现方式、程度、利益需求特征差异的结构性描述，是各利益主体在社会利益分配体系中所处地位的反映②。1978 年，国家推行改革开放政策。以此为界，中国社会的利益格局经历了从利益一元到利益多元的转变。

1. 改革开放前的社会利益格局

改革开放前，我国社会是一个利益一元化的社会。单一不独立的利益主体、被动的利益行为（利益中介）和贫乏的社会资源（利益对象）构成这种一元化社会利益格局的基本特征。

早在 20 世纪 50 年代末 60 年代初，部分经济学家就曾论证和证明过社会主义存在着不同物质利益所有者；但在当时的历史条件下，社会分层简单，以公有制为主体的所有制结构和计划经济体制决定了以国家利益为重心的利益结构。在这种利益结构中，国家控制绝大部分社会资源。国家利益是各种活动的出发点和归宿，群体利益和个人利益被淹没于国家利益之中，工农之间、城乡之间、脑力劳动者和体力劳动者之间，虽然存在着利益差别，但尚不明显，各种不同利益群体由于利益界限不鲜明，没有明确表现出定向

① 袁方等：《社会学家的眼光：中国社会结构转型》，中国社会出版社，1989 年，第 45 页。

② 易炼红：《论我国社会的利益格局与调整》，《湖湘论坛》1994 年第 3 期，第 13 页。

的特殊利益要求，各个不同利益群体意识还处于朦胧状态。各利益群体之间彼此隔绝，互相分离。国家通过行政机构实行利益的转换和调节，让社会不同成员的需要和利益按照一种统一计划规定的格式去发展，作为利益主体的群体和个人失去了自我发展的向度，利益结构所固有的多元化、流动性特点也被人为地压制下来①。

在此背景下，群体（单位）是唯一合法的利益主体，个人按家庭出身、政治面貌、个人成分划分归类，完全依附于群体。同时，群体虽然作为唯一合法的利益主体，却并不具有独立性。因为单位自身的利益并没有得到国家的承认，单位所占有和分配的利益完全是由国家按照计划原则进行调配。被动的利益行为表明的是利益主体的利益行为是消极被动的。在单位外部，国家按计划把资金、劳动力、原材料等生产要素配送给单位；在单位内部，单位按每个成员的身份位置分配劳动成果。身份位置决定权利的范围，决定支配资源的范围，最后决定利益的范围。如果成员想获得更多的利益，唯一的办法就是改变其在单位中的位置。因此，在单位之间和单位内部的成员之间不存在为实现各自利益的竞争行为。贫乏的社会资源（利益对象）表明，社会主体的利益实现空间是狭小的。在可供分配的社会资源和财富方面，由于社会资源和生活资料的相对匮乏，用于满足主体需要的仅限于保障个人生存和家庭生活的物质产品②。

因此，这一时期，社会利益格局的特点主要表现为国家占有社会资源并拥有完全的优势，社会成员获得社会地位及利益的方式与多少都由国家确定，不同地位的集团和社会组织不过是国家占有资源和运用资源的具体形式。可以说，这是一个将国家组织形式扩展到全社会的“行政一体化”的结构体系，国家成为整个社会中唯一合法的利益主体③。

2. 改革开放后的社会利益格局

改革开放后，我国社会逐渐走向利益多元化社会。多元的利益主体、竞

① 唐昊：《转型期中国社会利益群体的政治分析》，《学术论坛》2000 年第 4 期，第 16 页。

② 陆平辉：《利益冲突的理念与实证分析》，《南京社会科学》2003 年第 5 期，第 63～64 页。

③ 马西恒：《论新时期我国社会利益格局的变迁》，《毛泽东邓小平理论研究》1999 年第 4 期，第 79 页。

争性的利益行为和丰富的社会资源成为这个多元化社会利益格局的基本特征。

1988年，党的十三届二中全会指出，“在社会主义制度下，人们内部仍然存在着不同利益集团的矛盾”，第一次深刻揭示了我们在剥削阶级已经消灭的历史条件下仍然存在着利益集团的客观现实。我国虽然从整体上消灭了阶级对抗，但是并没有消除由旧的劳动分工和职业分工所带来的利益差别。社会生产力发展水平的多样化，带来了所有制结构的多层次性和以按劳分配为主体的多种分配方式，使社会不同成员在收入上呈现出较大的差距。社会主义市场经济的发展，强化了社会劳动分工和职业分工，使处于不同所有制形式、不同经营方式、不同职业和行业、不同地区之间人们的利益观念逐渐强化，打破了传统的“利益均衡”的旧格局，使原来单一的社会利益结构发生了多样化的变动。这种多元化的经济结构和多样化的利益结构、意识结构，导致社会结构发生多向度的发展变化，使社会成员分化组合成代表不同利益的社会群体①。

随着利益主体逐渐从群体中凸显出来并走向多元，国家、地方、单位、群体、个人都成为一级利益主体。农村中的生产单位和个人、城市中的单位、单位下的科室、小组、个人、城市家庭、公有制企业、非公有制企业、社会组织团体等均成为有独立利益要求的社会主体。各类主体均取得了实现利益的决策权，围绕选择利益、追求利益、占有利益展开了激烈的竞争。人们追求的利益对象也得到了极大的扩展，从物质到精神，从生存到发展，从无形到有形等，权力、收入、声望分离并同时成为人们追求的目标，一切对主体有用的东西都成为利益对象②。

（二）转型时期我国社会利益格局的特征

中国社会从计划经济体制向市场经济体制的转轨过程，在一定意义上也是社会利益主体多元化的过程。利益主体一元走向多元，逐渐呈现个性化。社会利益格局演变中呈现出以下特征：

---

① 顾杰善：《当代中国利益群体的多维透视——现阶段社会结构分析的理论与实践》，黑龙江教育出版社，1993年，第46页。

② 陆平辉：《利益冲突的理念与实证分析》，《南京社会科学》2003年第5期，第64页。

1. 社会利益格局演变的动因：市场经济改革对个人利益的承认

计划经济体制是一种片面追求社会一致利益的体制，其所有制结构以单一公有制为目标，片面强调“一大、二公、三纯”。企业作为政府的附属物，被置于严格的计划控制之下，并不具有独立的经济利益。每个人都是作为“社会的”或“集体的”人参与有组织的活动，个人利益被淹没在共同利益中。

市场经济体制则不同，它不仅承认个人利益的存在，而且把个人利益的实现作为社会利益实现的基础。英国古典经济学家的代表人物亚当·斯密在《国民财富的性质和原因的研究》（简称《国富论》）中曾指出，人们从事经济活动的动力是追求个人的利益，都“受着一只看不见的手”指导。由于人们在追求个人利益时需要别人的帮助，因而不可能不顾及他人利益。个人对私利的追求有助于推进社会公共利益，最终使社会受益。社会公益和个人的私利就由这只“看不见的手”的引导趋向和谐与均衡。“各个人都不断地努力为他自己所能支配的资本找到最有利的用途。固然，他所考虑的不是社会的利益，而是他自身的利益，但他对自身利益的研究自然会或者毋宁说必然会引导他选定最有利于社会的用途。”① 因此，在亚当·斯密看来，个人是经济社会最根本的利益实体。私人利益与社会利益是一致的，对于个人的经济活动，应当“听其自由”，“不加干预”，因为其最终会促使社会利益的和谐。尽管后来的马克思主义学者对亚当·斯密的“经济人”概念提出诸多质疑，但同时也指出，虽然自利不像斯密所说的那样必然导致利他，但是自利在本质上并不排斥利他，自利并不意味着一定是自私自利、损人利己。从这个意义上说，个人利益应该得到足够的尊重和保护。这对我国的市场经济改革也有着重要的启发意义。

我国的经济体制改革基本上是循着承认个人物质利益并以此构建经济发展动力机制的思路展开的②。早在改革开放之初，邓小平同志就指出：不讲物质利益，对少数先进分子可以，对广大群众不行，一段时间可以，长期不行。革命精神是非常宝贵的，没有革命精神就没有革命行动；但是，革命是在物质利益的基础上产生的，如果只讲牺牲精神，不讲物质利益，那就是唯

① 亚当·斯密：《国民财富的性质和原因的研究》（下卷），郭大力、王亚南译，商务印书馆，1972 年，第 25 页。

② 赵长茂：《正确认识利益主体多元化》，《瞭望》2001 年第 37 期，第 19 页。

心论。受此观念的影响，我国在建立市场经济过程中，充分注意到个体物质利益存在的客观性和必然性，把“能否确立个体人的利益和价值，培育和发展个体主体，发挥人力资本的独特优势，看成是关涉社会经济发展全局的大事”①，并逐步通过完善法律制度，制定相关政策，保护个体正当的物质利益。承认物质利益并在实践中贯彻物质利益原则的结果，是不同利益要求的人格化和组织化，多元化的利益主体逐渐形成，随即整个社会的利益格局发生改变。

2. 社会权力的“多极结构”为各主体追求多元的利益提供了保证

作为政治学的两个重要概念，权力与利益有着深刻的内在关系。一般认为，人们之所以对权力有着追求和向往，并不在于权力本身。权力并不是人们的终极目标，而是人们追求的中继目标。因此，追求权力的目的主要在于追求权力所能带来的利益。权力之所以重要，是因为它决定着人们能够得到的各种利益的范围及其大小。从这个意义上说，权力是获取利益的重要手段，而利益是权力的原动力②。

学者康晓光借用市民社会理论中的“三元结构”分析框架，在分析改革开放以来中国社会的结构变迁中指出，自 1978 年以来，中国社会发生了全面而深刻的变化。就国家与社会关系而言，中国正在经历不可逆转的“权力分裂”过程。伴随着政治领域的权力减弱，经济领域和社会领域的权力正在逐渐成长，原来的那种政治领域垄断一切权力的“单极结构”正在向三个领域分享权力的“多极结构”转变③。

具体来说，1978 年之前，政治领域是绝对自治的，经济领域和社会领域都处于政治领域的严格控制下，没有丝毫的自主性。经济领域和社会领域之间也没有相互作用关系，双方的联系是通过政治领域进行的。政治权力、经济权力和社会权力都集中于政治领域，政治领域垄断全部权力。整个社会高度政治化，政治的强制原则贯穿于政治、经济、社会生活之中，政治逻辑统治一切领域，直至家庭生活和个人的内心世界。1978 年之后，尽管中国

① 林莉：《市场经济的利益主体》，《南京政治学院学报》2004 年第 4 期，第 35 页。

② 李军：《权力与利益》，《实事求是》2000 年第 2 期，第 12 页。

③ 康晓光：《权力的转移——转型时期中国权力格局的变迁》，浙江人民出版社，1999 年，第 2 页。

社会中政治领域仍然是“绝对”自治的，但经济领域获得了较大的自主性。20年来所有制结构的变化反映出政府独家垄断的局面已经被彻底打破，市场控制了越来越多的权力要素。在经济领域，市场机制已夺取了原来由计划机制控制的绝大部分领域，占据了资源配置的主导地位。而在社会领域中，尽管仍然受到政治领域和经济领域的“双重统治”，但社会领域获取的社会权力已逐渐突破原先政治领域“一统天下”的局面。一方面，个人权利获得了较大的发展，个人在就业、择业、消费、福利、社会保障、迁徙和私人财产等方面都获得了相应的“自由”与“保障”。另一方面，社会团体的扩张，公共舆论的初步发展，使得政府对社会领域的管理方式从原先的直接控制转变为直接控制与间接控制相结合。通过建立社团的“双重管理体制”，控制一切带有“公共性”的社会活动①。

由于权力是实现社会个体利益、社会群体利益和社会整体利益的最有效手段，获取权力是获取各种形式利益的最佳途径，因此，社会各方对利益的追求外化为对权力的获取。多极化的社会权力结构，为多个领域的个体与组织获取权力提供了条件，使得他们的权力争夺行为具有现实性和可行性，从而也使得社会多利益主体出现成为可能。

利益格局从一到多，利益主体从原先单一不独立的群体（国家或集体）变成国家、群体以及有着独立要求的个体（甚至是家庭和个人）。同时，随着社会观念越来越承认利益追求的正当化、合理化，利益冲突在社会转型时期日益明显。各利益主体在物质利益的刺激下，围绕实现最大化的利益展开了激烈竞争。在利益追求的热潮中，利益竞争在社会各个层次上和各个领域中全面展开，“利益本位主义”逐渐形成，并成为支配和影响各主体实现利益最大化的行动准则。这在改革中表现出一定的负面影响，即利益主体一切以实现个人利益的最大化为出发点和归宿，在一定程度上造成社会公共利益的缺失，引发了国家利益、社会利益、集体利益、个人利益之间的冲突。因此，改革亟待厘清不同利益主体的利益差别，通过调整各主体之间的利益关系，完善社会利益的分配制度，从而缓解社会利益冲突。

---

① 康晓光：《权力的转移——转型时期中国权力格局的变迁》，浙江人民出版社，1999年，第61页。

第二节　高考改革中的利益主体

利益主体，是指具有确定的利益需求，并为实现这种利益需求而活动着的个人、单位、集团、地方、部门、国家等①，是利益成果的创造者、所有者、支配者。中国社会的利益格局调整、利益冲突的凸显，是以经济体制即社会主义市场经济体制的建立和改革为基础的。因此，经济学界对社会利益主体的研究最早，也最为集中，其研究框架对分析教育改革、高考改革中的利益冲突有着重要的参考价值。

一、利益主体：经济领域的划分标准

利益主体是相对利益客体而言的，各个利益主体的独立存在及其相互联系，构成了社会生活中的基本利益格局，形成了各种利益观念并相应产生了各种利益行为。利益主体是多元并存的，根据对各种利益成果的占有关系和支配关系来划分，有多少种占有关系和支配关系，就有多少种利益主体。例如，从利益主体的纵向联结上看，利益主体可分为国家、地方、部门、企业、家庭等；从利益主体的横向属性来划分，可分为全民所有制利益主体、集体所有制利益主体、个体经济及私营企业利益主体、中外合营制利益主体、联合制利益主体等；而根据利益的收成与分配过程划分，可分为经营主体、投资主体、占有主体和消费主体②。以纵向标准为例。

一般认为，计划经济下，社会利益主体单一，全国只有一个利益主体，即中央政府所代表的“社会总体利益和长远利益”③。在一切利益服从国家利益、局部服从全局的原则指导下，导致实际生活中各种利益均被国家利益吸收的极端现象，其他主体利益无法受到尊重和保护。市场经济体制的建立，使得商品货币关系、价值规律重新为人们所认识，随着所有制结构走向多元，各种主体的利益逐渐受到尊重和保护，从而使个体利益、集团利益、

① 易炼红：《论我国社会的利益格局与调整》，《湖湘论坛》1994 年第 3 期，第 12 页。

② 赵奎礼：《利益学概论》，辽宁教育出版社，1992 年，第 134 页。

③ 杨帆：《我国计划经济转轨至市场经济之研究》（上），《管理世界》1997 年第 4 期，第 18 页。

民族利益、部门利益、地区利益、阶级利益、国家利益和社会利益等多元利益格局最终形成①。当前，中国经济生活中的利益主体主要有五种②：

1. 中央政府

中央政府代表国家的整体利益和长远利益，负责制订长远规划，基础建设，环境保护，宏观调控，保护债权、产权，立法以规范市场，制定产业政策，以指导产业结构转换。

2. 地方政府

地方政府分为省、地、县三级，在改革中获得了相当大的权力，在政企不分的情况下，直接介人经济，成为改革以来最大的受益者。地方政府权力的膨胀，一方面繁荣了地方经济，另一方面出现了严重的重复建设、地方封锁。同时，各地方以投资膨胀为手段争抢资源，力争本地区的高速度、高收入，而把通货膨胀转移给其他地区。

3. 经济主管部门

中央政府的各个经济主管部门，原来只是计划经济下的一个执行部门。在实行全行业承包以后，许多部门如铁道部、石油部、物资部等等，都有了独立的经济利益并且创办了大量的公司，新增的利润留成部分，其所有权不属于中央政府，而属于中央政府的“某个部门”。中央计划管理的国家垄断资本正在变为部门垄断资本。

4. 企业

各种类型的企业都是具有独立经济利益的法人。企业的利益追求是实现资产增值，创造企业财富，增加企业积累，在满足社会需求的同时，给职工带来实际利益。

5. 个人

居民个人作为经济主体对于经济的作用正在逐步增强，但就全国经济主体而言，个人仍处于从属地位。

随着社会利益主体从一到多，各主体之间实现利益的活动呈现出多样化的特点：

---

① 戴潮黄：《利益主体多元化的形成、负面影响及对策》，《法学》1996 年第 10 期，第 9 页。

② 杨帆：《我国计划经济转轨至市场经济之研究》（上），《管理世界》，1997 年第 4 期，第 19 页。

(1) 各利益主体的利益差别显性化

利益差别是指不同利益主体的利益实现程度的差别。我国现阶段各利益主体受其所处的经济、社会地位的影响和他们各自的职业特征、活动方式和有关政策的制约，加上受改革以来的某些宏观措施的牵制，各利益主体利益实现的程度出现了越来越明显的差别。

(2) 各利益主体的利益需求趋异化

在我国，人们的利益需求从根本上说是一致的，然而，由于各利益主体都具有相对独立的经济利益，加之他们的利益实现程度明显不同，因而各利益主体在具体的利益需求上也出现了差异。

(3) 各利益主体的利益关系冲突化

利益实现程度和利益需求上的差别必然导致各利益主体之间的利益冲突。于是，各利益主体都从自身的利益出发，提出或选择有利于维护和扩大自身利益的改革政策与措施①。

二、高考改革中的利益主体

高校招生入学考试是一项涉及面广、影响深远的社会制度。从直接目的上看，它是高等学校的生源选拔手段；就长远的目标而言，它又是社会人才的遴选机制，担负着为国家选才的重任。一方面，它制约着高等学校的生源质量，影响着中学教育、教学目标的实现；另一方面，它又决定着有限的高等教育资源在考生中的分配。因此，高考不可避免地成为社会各方利益追求的焦点。

参与高考的个体和群体多种多样，也不同程度地因为高考而受益，他们或利用高考选才，或借助高考获取高等教育资源，或通过高升学率获得更充裕的办学资源。由于他们占有和支配着高考带来的“成果”，因此，自然地成为高考改革中的利益主体。具体而言，这些利益主体包括政府、高校、中学、考生和家长。

(一) 政府

政府举办教育是公共利益的诉求。高等教育作为一种公共产品，政府是其有效的提供者。政府参与高等教育有政府的利益，政府以财政资助或

---

① 易炼红：《论我国社会的利益格局与调整》，《湖湘论坛》1994 年第 3 期，第 14 页。

提供其他优惠条件和政策，引导高等教育的发展方向，这就是政府代表的公共利益。高考作为分配高等教育资源的手段，是政府提供的服务于社会成员的公共物品。尽管受益程度不均，但各成员都能因此而获取普遍利益，而这种普遍的利益就是政府在改革中追求的公共利益。具体来说，体现在以下方面：

1. 维系社会稳定，体现社会公正

传统中国与西方国家不同的一个特点是强调国家的大一统。所谓大一统，既是空间的一统，又是权力的一统。这种大一统思想以及大一统国家的形成，使得国家管理一定要强调稳定，不能乱。因此，古代中国的国家管理目标就是追求社会的稳定。与社会发展相比，稳定成为压倒一切的中心任务①。受此思想和传统的影响，当前中国社会仍然强调社会稳定。人们普遍认为，当前，"能否有效地保持社会的稳定，是关系到我们能否把握住历史的机遇、实现自身社会经济的高速持续协调发展，关系到我们的现代化发展战略能否得到顺利实施"② 的大事；而从我国古代科举考试的发展经验来看，统一而公平的考试有利于巩固中央集权，维护社会安定，促进国家统一。正如台湾学者刘季洪先生所言：考试制度的运用，可以加强全国人民对政府的向心力。无论他们属于哪一个种族，亦不论他们居住何方，皆可经由考试而加强他们与政府间的关系，使他们对国家更为忠诚③。

统一高考自 20 世纪 50 年代建制以来，逐渐从学校行为转变为国家行为。高考在维护社会公平、坚持社会公正，以及稳定社会秩序等方面发挥着明显的作用。"文革"初，政府将取消高考作为"反对资产阶级专无产阶级政"的突破口，实行不用考试的推荐制度，造成了全国高校学生质量和教学水平的严重滑坡。"无政府主义""读书无用论"和"走后门"思想流毒泛滥，在相当一段时间内影响着教学秩序和社会秩序。"文革"后，高考制度的恢复并不只是使教育恢复了正常秩序，更是带动了整个国家由乱而治。人心向学，人心思治，学生与社会上的知识青年稳定之后，整个社会才有可能

① 钱茂伟：《国家、科举与社会——以明代为中心的考察》，北京图书馆出版社，2004 年，第 179 页。

② 汪信砚：《社会稳定及其基本特征探微》，《武汉大学学报》（哲学社会科学版）1999 年第 1 期，第 9 页。

③ 廖平胜：《考试学原理》，华中师范大学出版社，2002 年，第 155 页。

稳定下来，走上正轨①。当前，高考以其内容的科学性、考试组织的严密性、考试纪律的严明性、考试结果的公开性，维护了广大考生公平竞争和被高校公正选拔的权益，维护了高校贯彻德智体美全面考核择优录取的招生原则，提高了高校招生的信誉，同时也促进了社会的稳定。因此，对于国家和政府而言，继续保持统一高考在维护社会公平、促进社会稳定方面的优势，就成为其重要的利益追求。

2. 实施社会管理，强化社会控制

社会管理是政府以调整社会关系、规范社会行为、维护社会秩序为目的而对社会活动所进行的管理②。在任何国家，一个社会的稳定、和谐与发展，均离不开有效的政府管理。社会稳定、和谐与发展的程度，与政府的社会管理职能和管理效率有着直接的关系。在我国，政府长期是社会管理活动的核心主体之一。改革开放前，政府将社会管理纳入经济管理范畴，通过计划手段管理纷繁复杂与千变万化的社会经济生活。它的实现方式主要是管制，"通过集权式的计划安排来理性设计社会运转的秩序，把社会实体的活动包起来，管到底，力求通过这个损益最小、效果最好的计划把散乱无序的社会生活纳入刚性的秩序之中"③。改革开放后，随着社会多元程度不断明显，社会利益冲突日益高涨，引发的社会问题也逐渐增多，原先政府的社会管理模式暴露出越来越多的弊端，亟待建立新的社会管理体制，要求政府的社会管理从"行政—控制型"转变为"规则—服务型"④。

"社会政策"是政府社会管理的基本政策工具。社会政策是指以公正为理念依据，以解决社会问题、保证社会成员的基本权利、改善社会环境、增进社会的整体福利为主要目的，以国家的立法和行政干预为主要途径而制定和实施的一系列行为准则、法令和条例的总称⑤。统一高考自建制以来，就

---

① 刘海峰：《高考改革的教育与社会视角》，《高等教育研究》2002 年第 9 期，第 35 页。

② 林丽芳、林永煌：《政府社会管理职能的定位》，《发展研究》2005 年第 11 期，第 80 页。

③ 马敬仁：《中国政府、企业与社会管理——中国管理情结解析》，《中国行政管理》1996 年第 1 期。

④ 陈振明等：《政府社会管理职能的概念辨析——〈"政府社会管理"课题的研究报告〉之一》，《东南学术》2005 年第 4 期，第 8 页。

⑤ 吴忠民：《从平均到公正：中国社会政策的演进》，《新华文摘》2004 年第 8 期。

一直是政府管理社会的工具之一，这在高考加分政策中有明显的体现。早在20世纪50年代中期，政府就在高校招生中实行“优先录取”，到目前高考加分政策的受益群体逐渐分为两类：一类是智育突出的中学生；另一类是政府需要扶持或奖励的群体，既包括少数民族考生、特殊院校报考者，也包括烈士子女、退伍军人、德育突出者、华侨、港澳台生等。对这几类特殊身份考生加分优待，主要基于以下三种考量：

（1）政治因素的考虑；

（2）社会正义的考虑；

（3）奖励异能的考虑。

但无论是哪种考量，都反映出政府将高考纳入社会管理的范畴之内，作为社会管理的重要手段。近年来，随着各地高考加分政策越来越与当地社会问题的解决相结合，社会公众对加分政策的不满日益突出。如将加分政策惠及某个特殊时期的特殊群体，如“非典”期间医护人员的子女、三峡库区移民的子女、专家与博士人员的子女等①，或是为推行计划生育，对农村独生子女加分等。对此，不少人指出，不能将高考的目的无限扩大，不能希望靠高考的杠杆来解决其他社会管理中需要解决的问题，高考不是解决社会难题的“万能杠杆”②。可见，由于高校招考政策因涉及社会公共利益而成为一种公共政策，政府必然将高校招考政策与经济发展政策、税收政策、人口政策等一起并列作为维护国家统一和社会安定的重要手段③。

此外，高考还是政府进行社会控制的有效手段之一。社会控制是社会组织体系运用社会规范以及与之相应的手段与方式，对社会成员的社会行为及其价值观念进行指导和约束，建立和维护社会秩序的过程。社会控制这一概念由美国社会学家罗斯在1896年首次提出。他在《社会控制》一书中，从考察社会秩序入手，提出社会控制的目标是社会秩序，机制则是规范个人的习惯行为，使其符合社会秩序的要求。在众多社会控制的手段中，教育是重

---

① 罗立祝：《我国高校招生考试政策研究》，厦门大学博士学位论文，2006年，第216页。

② 殷国安：《高考不是社会管理的工具》，《华南新闻》2005年4月27日。

③ 罗立祝：《我国高校招生考试政策研究》，厦门大学博士学位论文，2006年，第121页。

要的手段之一[①]。因为学校教育完成了使个体从“自然人”变成“社会人”的社会化过程，而考试由于控制着学生的学习方向、学习内容，指导着学生的学习方法，更快、更深刻地促进了社会行为规范的个体社会化。因此，它有利于实现社会控制。

知识社会学认为，教育知识要通过课程、教学和评价三种信息系统来实现，它反映了权力的分配和社会控制的原则[②]。而考试作为社会控制的手段、课程知识合法化的工具，更是反映了统治阶级的意识形态[③]。例如，陈伯璋在《知识与控制——联考制度合理性与合法性的省思》一文中指出，当前台湾联考已受到政治权力的介入，联考的“三民主义”、具有政治意涵的“中国文化基本教材”，以及类似公民教材的“国文科”、政治势力影响下已经“变形”的“地理科”与“历史科”[④]，已经使得知识与合理性标准相去甚远。因此，考试内容的选择具有一定的社会性，统治阶级可以利用考试发挥意识形态的作用。我国 20 世纪五六十年代高考的命题，意识形态色彩就异常明显，强调高考要为现实的政治斗争服务，就体现出强烈的社会控制的特点。

3. 督导中学教育，调整人才结构

基础教育是国民教育的重要组成部分，是国家必须予以保障的公益性事业。保证和提高中等教育质量一直是各国教育发展孜孜以求的目标之一。作为“学校检查学生学业成绩和教学效果的方法”之一，考试是评价学校教育质量的重要手段，也是教育的重要组成部分。自古迄今的人类教育史表明，缺少考试的教育是不健全的教育，而一流的教育必须有一流的考试[⑤]。考试有着明显的教育功能，这种功能主要体现为牵制教育目的、引导教育过程和评价教育结果[⑥]。考试的教育功能的发挥有利于政府有效地了解和掌握中学教育的质量，因此，不少国家在发展中等教育的过程中越来越重视利用考试

---

① E. A. 罗斯：《社会控制》，秦志勇、毛永政译，华夏出版社，1989 年，第 126 页。

② 麦克·F. D. 扬：《知识与控制——教育社会学新探》，谢维和、朱旭东译，华东师范大学出版社，2002 年，译者前言。

③ 吴永军：《课程社会学》，南京师范大学出版社，1999 年，第 324 页。

④ 陈伯璋：《意识形态与教育》，（台北）师大书苑有限公司，1988 年，第 220 页。

⑤ 廖平胜：《考试学原理》，华中师范大学出版社，2002 年，第 168 页。

⑥ 郑若玲：《考试与社会之关系研究——以科举、高考为例》，厦门大学博士学位论文，2006 年，第 41 页。

作为衡量教育质量的手段。中国的中等教育质量在世界上普遍评价较高，不少人都将其原因之一归结为中国的高考制度。笔者认为，这主要是基于以下两点理由：首先，高考命题以中学教学大纲为范围，国家颁布统一的考试大纲和课程标准，高考与中学教学的关系十分紧密，作为教学成效的检测手段，考试的成绩一目了然，具有客观性与可比性①，国家可以及时掌握中等教育质量；其次，高考有着巨大的导向作用，发挥着强大的以考促学、引导办学、督促教学的功能。在高考的“指挥棒”下，教师全力投入教学，考生积极向学，中学教育质量在一定程度上得以保证。因此，当前高考改革仍然不能回避中等教育质量的稳定与提高。

人才对社会发展的作用毋庸置疑，不同时期社会的人才需求和人才标准常处于变化之中，然而学校教育的培养目标通常处于相对稳定状态，社会对人才素质的要求则随着科技的进步和生产力的发展而不断变化，这就难免会出现人才供求标准的不平衡②。因此，为了保证人才的健康发展，以促进社会各行业的不断进步，亟待将人才标准、人才结构要求置于不断的调整与更新中。高考从其选拔意义上看，是一项人才选拔制度。由于考试内容与形式对考生具有较强的控制作用，政府可以通过调整考试内容，设置体现人才素质标准的试题，引导学生发展和提高素质要求，同时也对学校的培养目标加以导向。例如，20 世纪 90 年代末的高考内容改革提出要注重对考生能力和素质的考查，在命题的指导思想上，要改变传统的以知识立意为“以能力立意”，更加注重考查考生今后进入高校继续学习的潜能，考查考生的基础文化素质、创新能力。在考查学科能力的同时，注意跨学科能力的综合和学科知识的渗透。这一改革目标的提出，是与当前经济社会发展对人才的新要求紧密联系的。

政府能否作为社会利益的主体，一直是学术界有争议的话题。按照卢梭《社会契约论》的观点，政府作为全体公民权利的委托行使者，除了公共利益之外，在行使公共权利的过程中不会追求任何个人或团体的利益，也就是说政府及其工作人员是完美的利他主义者③。但也有学者指出，政府及其官

---

① 刘海峰：《以考促学：高等教育考试的功能与影响》，《厦门大学学报》（哲学社会科学版），2002 年第 2 期，第 6 页。

② 廖平胜：《考试学原理》，华中师范大学出版社，2002 年，第 169 页。

③ 卢梭：《社会契约论》，何兆武译，商务印书馆，1980 年，第 40 页。

员并不是利他主义者，政府是拥有权力的众多的社会组织结构之一，它与其他的社会组织一起分享社会管理的种种职能，政府内部的各种权力是由社会不同利益集团“讨价还价”的结果，政府制定的政策必然存在着非全社会的“公共利益”的“政府利益”①，即政府利益既有反映国家利益的公共利益的要求，也有作为个体自身特殊的利益诉求。因此，要区别对待它们。

此外，这里的政府既有中央政府，也有地方政府。经济生活中的中央政府和地方政府是两个有着明显差别的利益主体，二者之间时常发生激烈的争斗。而在高考改革中，由于地方政府长期处于从属地位，与中央政府相比，地方只负责考试的具体组织工作，因此较少涉及利益分割。自 2004 年部分省市获得高考命题权开始，地方政府的权力不断增大，二者之间出现了一定的利益纠葛，但就整体而言，二者的冲突仍不太明显。这主要是因为高校招生录取长期以地方为单位，中央与地方的矛盾并未上升为招生中的主要矛盾。

（二）高校

高考从直接目的上看，是高等学校的生源选拔制度。高校是高考的直接受益者。学生质量是高等教育质量的基础，生源更是高等教育质量的第一环节②，因此高校入学考试对维持和保证高等教育质量的意义重大。从整体上看，高等学校在高考改革中的利益要求主要体现在以下方面：

1. 保证充足生源

作为一个系统，高等学校的运行包含一个从“输入”到“输出”的过程。如果将高校培养的毕业生作为“输出”的话，那么招收生源就是重要的“输入”环节。

由于生源的多少决定着毕业生的数量，生源的水平也在一定程度上影响着毕业生的质量，因此，要维持高等学校系统的“生态平衡”，就必须从源头上保证高校拥有充足的生源。此外，生源的规模也反映出一定的经济利益，所以为高校所重视。

（1）生源数量决定着政府的财政资助

---

① 蓝剑平：《政府利益内涵的理论分析》，《中共福建省委党校学报》2005 年第 1 期，第 25 页。

② 胡东成：《试论入学考试和新生教育——高等教育质量链中的第一环节》，《清华大学教育研究》2002 年第 2 期，第 1 页。

高校的生源数量受年度招生计划影响较大。当前，我国高校年度招生计划编制实行中央宏观指导、总量调控，中央和省（自治区、直辖市）两级管理、分级负责的办法。由高等学校根据主管部门对高等教育事业的安排，结合本校规模、专业设置、师资力量、教学设备、住房条件等方面的可能性与容纳量而制定分系、分专业招生计划总数，以及具体投放在各省市的招生人数。招生计划须上报主管部门，并由主管部门汇总后下达。目前，高校招生中除少数学校可以不受招生计划限制外，大部分高校均须严格按照计划招生。长期以来，政府一直是高等学校办学资源的唯一提供者。尽管当前许多高校，特别是名牌大学获得了越来越多的社会捐赠，但政府仍然是高校办学资源的最大提供者。无论是中央政府还是地方政府，都是根据年度最终的招生计划进行拨款，因此，高校的生源计划蕴涵着深刻的经济利益。从这一角度看，高校一般都愿意扩大招生。

(2) 学费是高校办学资源的重要组成部分

高等学校之间在办学水平和层次上千差万别，导致各种办学资源在各校间的分配异常不均衡，竞争导致“马太效应”日益明显。对于大部分水平一般的普通高校而言，除了政府的生均拨款之外，学校很少有其他的资助来源。而且，近年来随着高校办学成本日益增加，政府的生均拨款越来越难以维持学校正常运行，与校办产业经费、社会捐资集资相比，学生的学费逐渐成为最有效的资金来源。在学校急需发展而政府投入不足、建设资金短缺的情况下，一些地方高校通过扩大招生收取学费的办法筹集建设资金，在制订招生计划时首先考虑经济效益，扩大热门专业招生计划，达到多招生、多收费的目的。当前，学费已成为高等教育经费的重要来源渠道，仅次于财政教育拨款所占比例。据统计，1995 年普通高校学费占教育经费比例为 11.89％，2004 年提高到 30.41％。9 年间提高了约 20 个百分点，远高于高中阶段 10 个百分点的速度。从变动趋势看，1999 年以来，随着我国普通高校规模的超常发展，学费占教育经费的比例也提高得特别快，从 1998 年的 13.31％提高到 2004 年的 30.41％，平均每年提高 2～3 个百分点①。因此，对大部分高校而言，保证充足的生源，是高校招生的重要目标。

① 沈百福、王红：《我国普通高校学费分析》，《长春工业大学学报》（高教研究版）2006 年第 4 期，第 4 页。

2. 提高生源质量

随着竞争日益激烈，高等教育的自主意识、特色意识不断增强。与原先统一招生中采取统一的标准相比，高校生源的特殊要求逐渐凸显，生源选拔标准开始分化。

(1) 从优秀生源到合适生源

20 世纪 90 年代以前，高校招生规模与中学毕业生规模存在巨大差额，为保证高校新生的质量，同时体现高考的公平性，国家采用统一的、严格的入学考试，按照成绩高低择优录取。相对于整体中学毕业生而言，大学选拔的新生是德智体美等方面较为出众的优秀中学生。1987 年国家颁布的《普通高等学校招生暂行条例》也曾规定高考要选拔适合高等学校培养要求的优秀生源。由于高考成绩具有客观性、直观性，而德育的考核带来很大的模糊性，因此在一般情况下，高校选拔的“优秀生源”的“优秀”突出地体现在考生的智育特别是高考成绩上。考分是大多数类型和层次的高校招生的唯一标准。然而，随着理论界对高等教育类型、层次结构的研究不断深入，要求区分不同类型和层次高校生源选拔标准的呼声越来越高。部分学校指出，对职业型或技能型高校而言，高考考分高的“优秀”生源不一定是优秀的，针对性、适切性才是生源选拔应贯彻的原则。生源要求出现分化。

从“优秀生源”向“合适生源”的转变实际上是改变原先高考招生中的笼统选才，即对不同类型、不同层次高校生源要求不加区分的局面，反映了改革逐渐向高校人才选拔、培养本质和规律的回归。在这种转变下，研究型大学仍然可以借助“学术型”标准的高考选拔生源，而职业型和技能型大学则需要在改革和调整考核标准方面进行探索。

(2) 从招收普通生源到重视特殊生源

当前我国大多数高校的生源选拔多以高考为招生手段，以高考分数作为主要的录取标准。这些生源多数具有扎实的文化基础，各方面都相对均衡发展，为进行专业教育构建了良好的知识平台。然而随着现代科学技术和生产力的进步，学科和专业向纵深方向发展，社会分工也越来越细，人才的专业性和专门性也逐渐明显。大学在招收新生的过程中也面临着越来越多样的中学毕业生，而且其中不乏一些综合成绩一般，但某些特殊才能出众的特殊考生。随着考生主体地位的逐渐提升和高校自主权的不断扩大，这些特殊考生，特别是偏才考生逐渐受到社会和高校的关注，招生中对其取舍也引发了较多的争议。

偏才考生大多存在严重偏科，文化科学基础处于非均衡发展的态势。若按照正常的高考选拔，他们会因为某些科目成绩太差而无法被大学录取，但其在某些领域却十分出众。例如上海中学生韩寒和满舟，他们在中学都有多门不及格课程，却又都在 17 岁写成 20 多万字的著作。韩寒著有《三重门》，从而成为文坛另类少年；满舟推出《黑客攻击防范秘技》，并成为三家网络公司的执行总裁①。随着社会评价人才标准的逐渐多元化，尽管人们对中等教育中的“偏科”现象批评依旧，但社会对“偏才”已经逐渐表现出接受甚至保护的态度。近年来许多高校积极采取措施，为这些偏才少年开辟了进入大学的“绿色通道”。

尽管当前社会对这些特殊考生能否称为“才”在认识上存在很大差异，对“偏才”的评价也褒贬不一，而且由于选拔途径和录取方式特殊，社会各界对他们能否进入大学仍然存在巨大争议；但高校生源选拔标准的扩充在一定程度上体现了大学和社会对考生主体地位的关注，在利于学校选拔适当生源的同时，也能让考生根据自己的个性与才能选择适当的学校和专业。

3. 扩大高校招生自主权

长期以来，我国实行统一招考制度，招考工作的大部分由中央和地方政府的专门机构完成，高等学校只需担负录取中的一部分工作。这种“权力不大、责任不清”的局面使得高校在招生中一直处于被动地位。随着 20 世纪八九十年代对高考科目、内容、形式以及录取等环节进行全面改革，高等学校在招生考试制度中的地位有所改善。时逢社会呼吁扩大高校办学自主权，高等学校的招生自主权也被提上日程。

时下，越来越多的高校比原先任何时期都关注生源问题，不仅重视生源的数量，也强调生源的类型与水平，反映出高校的自主性逐渐增强。这种自主性在原先学校自主权缺乏的背景下很难实现，只有国家赋予高校一定的参与招考活动的权利，其生源要求才能得到有效的体现。因此，高校要体现和落实生源的特殊要求，需要以招生自主权的扩大为基础。

（三）中学

中学是实施素质教育，推行新课改的主战场，也是高考各种矛盾的集结

① 《复旦大学录取“偏才少年”》，星辰在线网，2001-01-31，http://www.csonline.com.cn/gb/content/2001-01/31/content_155.htm。

地。统一高考自建制以来，多数时期都与中学教学产生紧张关系，引发了社会对“片面追求升学率”和“应试教育”的抨击，高考制度也因此经历了数次调整。综观 60 多年来的高考改革，笔者认为，多数改革试点均直接以促进中学正常教学为目标。改善同中学教学的关系，始终是高考改革的方向之一。由于处在实施素质教育和备战高考二者之间，中学受到社会各方的责难，面临着巨大的社会舆论压力。因此，当前中学的利益要求在于：

1. 实施素质教育，减缓社会压力

从理论上讲，高考要有利于中学教育，并促进中学全面实施素质教育；中学教育要在培养全体学生的全面素质的情况下，为高一级的学校提供优秀的毕业生。两者的协调，是教育发展的目标。但是，由于高考对中学教育的导向作用太明显，因其作为评价结果和评价手段，常常与作为过程的中学教育教学产生不可调和的矛盾。以考试为轴心的教学反映出一定的功利性，容易忽视考试内容之外的知识、技能的传授，从而在一定程度上影响学生的全面发展和个性养成。

20 世纪 90 年代初，针对以高考为重心的中学教育带来的种种弊端，国家开始推行素质教育。由于素质教育是作为应试教育的对立面提出的，而国家在宣传和实施素质教育过程中，习惯将原先的中学教育等同于应试教育，因此在一定程度上割裂了素质教育同原先中学教育的关系。而且，素质教育口号在提出的初期，其含义太宽、太泛，素质教育是作为一种教育思想，还是作为一种新的教育模式（侧重操作），理论工作者与实践工作者并未达成共识。因此，中学实施的素质教育五花八门，“素质教育是个筐，什么都可以往里装”到目前依然是中学素质教育现状的写照。

一方面，社会对什么是素质教育，以及如何实施素质教育没有明确的认识；另一方面，中学教育也有着强大的惯性，强调学科教学、强调考试科目教学的局面很难在短期内改变，加之高选拔性、高竞争性的统一高考依然存在，导致了社会对中学教育“双重性格”的不满，即“对外轰轰烈烈喊素质教育，对内扎扎实实搞应试教育”，中学承受着巨大的社会舆论压力。特别是在那些实施素质教育（根据学校自身理解的）水平较高的中学，由于未能在高考中获得更好的成绩，而招致社会舆论的谴责。2004 年的南京“高考之痛”就是实例。因此，对于中学而言，高考改革的目标之一，就是要确立素质教育与高考的“契合”关系，寻求二者的沟通渠道，从而在实现中学素质教育目标的同时，减轻社会对中学的巨大压力。

2. 提高升学率，获取最佳办学资源

所谓升学率，就是某一地、市，或区、县，或学校的当年毕业生（包括小学、初中、高中毕业生）中升入高一级学校的人数占当年毕业生总数的比例。由于长期以来，我国教育行政部门一直以升学率作为衡量各地、市、区、县和学校教育质量的重要指标，而社会大众也以此作为衡量学校社会地位的标准，因此高考升学率一直是社会关注的焦点。

1963 年，教育部提出反对“片面追求升学率”，至今已有 50 多年的历史。在当年公布的《关于当前中学教学工作中的几点意见》中，教育部指出，升学率的高低只能反映学校教育质量的一个方面，不能以此作为衡量学校工作的唯一标准①。随后的几十年中，尽管国家几经严令禁止“片追”，但此现象仍然难以消除。为获取高升学率，中学教师的高强度工作，以及某些非正常教育方式一直为社会所非议。例如，有人指出，为了提高升学率，学校常常不惜违背学生身心发展特点和教育规律，把学生变为学习、考试的“机器”……为了提高考试成绩，学校加足马力，使出全部的力量，不惜一切代价——包括物质的，更包括学生的身体、精神以及全面素质培养的代价②。中学教师面临巨大的社会压力。然而，有学者指出，不应过分夸大中学对“片追”现象的负面作用。新中国成立以来，由于城乡差别、脑体差别明显，由于上大学等于当国家干部，由于户籍制度，以及科举、儒家思想的影响等，普通高中理所当然地要“追求”升学率。学校的“追求”是社会存在的上述各种因素的反映；学校的“追求”又是因为家长、学生在“追求”，是家长、学生的“追求”决定的，而家长、学生“追求”的不过是他们的切身利益③。中学“追求”高升学率是与中学的切身利益相关的。这种利益包括两方面：

首先，就中学整体而言，提高升学率即意味着获取更充足的办学资源。高中办学资源除了来自政府的教育资助之外，也有一部分来自社会和个人的捐助，以及由于“择校”而带来的物质和其他资源。这些办学资源的获取，

① 杨学为：《高考文献》（上），高等教育出版社，2003 年，第 443 页。

② 胡百良：《素质教育讨论：片面追求升学率害苦了谁》，《中国教育报》2005 年 10 月 19 日。

③ 杨学为：《中国高考史述论》（1949—1999），湖北人民出版社，2007 年，第 514 页。

主要取决于学校是否具有较高的教育质量、教学水平和社会声誉。尽管衡量学校教育教学质量以及社会地位的标准多样，但在现实中，升学率是最直观、完全看得见的指标。因此，考生报考、家长择校，社会捐赠等主要是以升学率作为重要的考量因素。这也在很大程度上助长了中学追求升学率之风。

其次，就中学教师群体而言，升学率与教师自身的经济利益密切相关。由于教育行政部门和社会各界以升学率为评价导向，在考核和衡量校长的管理水平时主要看升学率，获取高升学率即是扩大了校领导的政绩。而学校为了刺激教师积极向学、提高升学率，也将教师的升迁考核、评优评先、晋升职称等与升学率相结合。升学率提高，教师的教学水平得到承认，其社会地位得以提升，并同时获取大量直接或间接的利益报酬。

因此，笔者认为，在当前这种社会环境和教育评价导向不改变的情况下，要求中学放弃“追求”升学率是不现实的。尽管他们在“追求”升学率时存在大量的功利性成分，但这一利益追求是客观的、不以人的意志为转移的。

（四）考生和家长

当前社会，随着社会竞争日益激烈，个人接受高等教育的层次与类型已越来越成为划分社会职业等级，获取社会利益、地位的重要依据。北京大学《大学生就业与劳动力市场变化》研究报告的数据反映，不同类别的学校、不同层次的毕业生就业率存在较大差异（见表 4-1）。一般而言，学历越高，接受教育的高校层次越高，毕业生的就业率就越高。

表 4-1　2001 年不同类别院校的学生就业率比较①

学校	专科生就业率	本科生就业率	研究生就业率
直属	62.2%	92.5%	97.6%
部委	62.5%	82.5%	93.8%
地方	65.0%	75.0%	—

中国是传统的学历社会，数千年科举考试所形成的积极向学、读书至上的传统始终影响着社会公众对教育、对读书的态度。现今中国社会的多数父

① 马永霞：《多元主体利益冲突的高等教育供求结构失衡》，《教育研究与实验》2006 年第 2 期，第 19 页。

母，若非万不得已，怎么也不会让孩子失去升学机会①。由于高考是目前分配高等教育资源的最主要手段，因此高考改革事关考生、家长的切身利益，必然受到他们的高度关注。整体而言，家长和考生在高考改革中的利益要求主要有两点：

1. “改什么也不能改掉公平”

作为一种公共资源，优质高等教育资源非常有限，如何公平、合理、有效地对其进行分配，是一个关系到社会发展的重大问题。从形式上看，稀缺的教育资源的分配手段有多种多样：可以“荐举”，如凭血统、家庭出身、家长的政治权力、本人的表现等作为推荐的标准；可以考试，以考分作为选取的标准；可以用金钱购买，把教育完全作为一种产业；可以按地域分配，如“就近入学”等②。与其他手段相比，考试营造了公开、公正、公平的竞争氛围，为社会绝大多数权钱皆无的老百姓获取教育资源提供了最大的可能。因此，不少人始终认为，尽管高考制度本身存在诸多问题和不足，有些方面备受社会诟病，但客观来讲，高考仍然是我国目前最权威、最公平的人才选拔机制。它不仅可以改变考生的个人命运，为考生提供更大的发展空间，而且是社会阶层正常流动的基本且重要的途径。到目前为止，还没有任何一种方式和措施能够取代高考，所以，对大多数家长和考生而言，“改什么也不能改掉公平”，这是高考改革的底线。

2. “上大学，上好大学”

社会竞争的加剧，使得家长与考生对优质高等教育的追求愈加强烈。“上大学，上好大学”几乎是每个家长与考生的愿望。由于各家庭对社会资源的掌握程度不同，其所处的社会地位也存在较大差异，因此各家庭对高考的关注与投入程度各异。按照利益主体对利益客体的占有情形，我国目前的家庭可以分为三类：第一类是处于社会中上地位的有权有钱家庭，他们掌握着丰富的物质或权力资源；第二类是处在社会下层或底层的无钱无权，或是弱势群体家庭，他们较难充分关注和推动高考改革；第三类是处于两者之间的家庭，他们掌握着一定的资源，却不丰富，但又极力想通过高考改变子女的前途和社会地位。他们对高考的诉求最多，是社会上对高考最为关注的群体。

---

① 刘海峰：《科举考试的教育视角》，湖北教育出版社，1996 年，第 253 页。

② 雷颐：《教育与社会》，《中国教师》2004 年第 2 期，第 6 页。

20世纪90年代末以前，高校招生录取采用高考成绩作为唯一标准，绝大部分家庭子女都必须通过高考才能获取高等教育资源，而且当时高校学费尚未成为多数家庭的负担，因此统一高考为社会中下层无权无钱家庭的子女升学提供了重要保证。在这种制度安排下，考生和家长求自己而不求他人，将考生自己的努力作为升迁的标准。“成功不求人，失败怪自己”，是广大普通家庭面对高考的积极态度。

另一方面，随着社会资源和权力的分化，许多家庭在督促子女认真学习，取得高分的同时，也努力寻求制度外的利益追求。中国是传统的人情社会，凡是竞争激烈的地方几乎都是人情与关系最想介入的地方。大学招生是教育界竞争最为激烈的一个领域，子女升学通常是一个家庭所面对的各种问题中的重中之重，在这方面只要有托关系的可能，很少有中国人会不加以利用。每到大学招生季节，许多家庭往往动员一切可以动员的力量，为自己子女的升学问题奔走联系①。这样，掌握着一定社会资源的家庭逐渐显示出更大的优势，而部分普通家庭因为权力缺乏、信息不对称等原因而在利益追求中时常处于不利地位。

考生和家长是高考改革的最大参与群体，他们形成了巨大的社会舆论力量，他们对改革的支持与否在很大程度上影响着改革的推行效果。因此，改革必须充分考虑他们的意见与要求。由于家庭对社会资源的占有程度是有差别的，虽然“上大学，上好大学”是每个家庭共同的利益追求，但他们实现这一目标的方式和途径不尽相同。考生和家庭都会根据自身的情况，调整与招考政策的关系，采取最有利于自身目的的手段和方法，从而实现个人利益的最大化。尽管个人在实现自身利益时可能会损害他人利益，但这是自由竞争条件下客观存在的。高考改革要充分认清这一现实，并采取相应措施规范个人利益追求，维护公众共同利益，从而实现社会公平、公正。

上述分析的政府、高校、中学、考生与家长这四个利益主体，由于有着各自独特的、不可替代的利益追求，因此各以其独特的行为方式对高考改革产生重大影响。他们之间的差异与统一相互作用，即构成高考制度的运行机制。主体间的根本利益一致性是运行和谐的前提，而利益差异及诸主体对这种差异的追求是运行的动力所在。这四大利益主体的发展，决定着我国高考制度运行的基本框架。

---

① 刘海峰：《高考并非万恶之源》，《北京文学》2006年第1期，第125页。

三、高考改革中各利益主体权力的变化与调整

权力是权威性资源的核心基础，是一种可以自我扩张从而增强其自身力量和范围的资源，利益往往通过权力得以实现。改革开放以来，随着社会权力向“多极结构”方向发展，中国社会的权力格局发生了较大的变化。权力的分散化和扁平化使得社会结构愈发多样，反映到高考改革领域，突出地表现为国家的绝对权力局面被打破，各利益主体不同程度地获得了一定的权力。

（一）政府权力的下放与公共利益的调整

高考改革从统一走向多样，是以中央政府招考权的部分下放为线索的。与 1999 年前的国家统考相比，目前的高考组织，地方政府和高校获得了一定的自主权，中央政府占绝对主导权的局面逐渐被打破，高考改革中的权力格局开始改变，涉及的公共利益也不断调整。

所谓权力格局，主要是指权力在不同主体之间的分配状态。多样化高考试点的推行，改变了原先国家是唯一的利益主体的局面，使得利益追求不再为国家所独有。不同利益主体的活跃，改变了他们之间的力量对比，从而产生新的权力格局。分省命题和高校自主选拔录取就是这种新的权力格局的产物。

政府作为国家权力的代言人，作为公共利益的代表者和维护者，为公众谋利益是其重要职责①。政府产生及存在是为了公共利益、公共目标、公共服务以及创造具有公益精神的意识形态。因此，政府利益在一定程度上体现着国家利益、公共利益。高考分省命题，命题主体从中央政府转变为地方政府，从 1 个变成截至 2015 年的 17 个，地方的权力得到很大增长。但是，由于地方政府与中央政府的职能基本上是一致的，并且中央在行政上容易对地方进行控制，所以分省命题中政府所代表的仍然是国家利益和公共利益，权力的性质没有发生改变。

与分省命题不同，高校自主选拔录取引起了权力的再分配。由于高校参与招考，考生最终能否被录取取决于高考成绩和高校的单独测试成绩，这便

---

① 刘玉蓉：《析政府利益与公共利益的关系》，《四川行政学院学报》2004 年第 4 期，第 5 页。

使得原先集中的政府权力逐渐分化，高校参与分配招考权。尽管高校的招考权仍然很小，但政府权力的“分割”引起了公共利益的部分转移。为了保证转移给高校的权力不被滥用，维护公共利益，体现社会公平、公正，亟待对其进行约束与制约。为此，2003 年教育部在《关于做好高等学校自主选拔录取改革试点工作的通知》[①] 中规定，各试点学校由主管校领导、学科专家、纪检监察部门、招生部门负责人组成的招生领导小组，要按照“严格程序、加强管理、接受监督”的原则，做到“标准刚性化，程序规范化，招生办法公开化，录取结果公示化”。

高校招生选才具有体现公共利益的要求，改革需要面对公众对其是否公平、公正的检验。为实现这一目标，长期以来国家将招考权收归中央，十分有效地建立了体现公平、公正原则的社会选才制度；但这一局面在很大程度上是以忽视高校自主性、牺牲高校的办学要求为代价的。因此，当前的高考逐渐将权力下放作为改革的发展方向之一。但是，由于传统与现实的因素，高校的招生自主权在目前仍然存在着容易被各种力量侵蚀的风险，因此亟待加强对高校招考权的监督。

（二）政府之外主体权力的增大是一个缓慢的过程

在我国，由于长期实行高度集中的计划体制，中央与地方政府之间、上级与下级政府之间的关系完全是绝对的领导与服从关系。作为公共事务的管理者和公共产品的提供者，政府的行政活动在公众意识中具有广泛的信任度和合理性，其原因有二[②]：一方面，只有政府才具有解决这些问题的能力和义务；另一方面，公众对政府活动的认可、信任和依赖。在这种文化心理的支配下，公众往往在潜意识中认为政府的活动通常都是合法的。因此，高校招生这一具有重大社会影响的制度逐渐为政府全权包办，政府拥有着绝对主导的招考权，高校、中学、考生和家长长期处于“无权无责”的从属地位。改革开放以来，虽然政府的权力是沿着逐渐下放的趋势在发展，但高考改革中其他利益主体获取的权力仍然十分有限，其权力的获得和扩大是一个长期而缓慢的过程。

---

① 教育部办公厅：《关于做好高等学校自主选拔录取改革试点工作的通知》，教育部网页，2003-02-24，http：//www.moe.edu.cn/edoas/website18/level3.jsp? tablename=45&infoid=571。

② 涂晓芳：《政府利益形成的原因分析》，《求是》2003 年第 1 期，第 51 页。

高校自主选拔录取反映了政府之外的主体权力对比关系的变化，改革促使参与权力的分配主体增多。首先，高校获得了考测学生的自主权。考生在参加国家或省市的统考之后（2015 年自主招生安排在高考结束后实施），要参加作为资格考试的学校单考。各高校自主命题，自定考核标准，自行设置录取标准，决定降分幅度。招考的参与权逐渐形成并稳步增长。此外，中学的权力经历了从无到有的转变，拥有了一定的发言权。实行统考统招时，中学只负责输送考生。试行自主选拔录取，中学获得了一定的推荐权。对于符合自主招考条件的考生需经所在中学推荐，由中学向试点学校提供考生在校德智体美方面的发展情况及获奖、特长等证明与写实性材料。中学推荐的水平决定着改革能否取得成功。尽管考生和家长在此试点中没有直接的权力，但他们有决定是否参与试点的选择权，而且他们对改革的态度在很大程度上影响着改革能否顺利推行。

当前，我国社会利益冲突逐渐表现为利益主体的多元化和逐利行为的多样性，加之满足主体需要的社会资源和财富十分稀缺，因此，社会利益冲突是不可避免的①。改革要认真分析各利益主体的利益冲突，建立平衡和协调各方利益追求的措施，以更加有利于推进改革。

第三节　高考形式与内容改革中的利益博弈

高考改革中，政府、高校、中学、考生和家长的利益差别是客观存在的。在自发分工的条件下，各主体要实现自身的利益，彼此之间就不可避免地会发生利益冲突。因此，制定改革措施时必须考虑各方利益的平衡与协调。从改革的实际进程来看，改革过程不过是不同利益集团相互博弈后所形成的一种公共选择。考查当前高考内容和形式改革中各主体的利益博弈情况，可以对改革的方向有所把握。

一、博弈论：利益冲突与制衡的分析工具之一

（一）基本概念

博弈论的英文名称为 Game Theory，也翻译为对策论、游戏论，是关

① 易本钰：《论转型时期我国社会利益冲突的法律控制》，《南昌大学学报》（人文社会科学版）2004 年第 1 期，第 72 页。

于人与人之间利益相互制约下策略选择时的理性行为及相应结局理论。豪尔绍尼（John C. Harsanyi）在 1994 年获得诺贝尔经济学奖的获奖词中这样定义博弈论：博弈论是关于策略相互作用的理论，也就是说，它是关于社会形势中理性行为的理论，其中每个局中人对自己行动的选择必须以他对其他局中人将如何反应的判断为基础。博弈论认为，各种社会力量存在冲突与合作，人与人之间利益存在冲突与影响的情况几乎出现于所有的人类活动中，当有利益关联的多个利益主体发生冲突时，每个人所获得的利益不仅取决于自己所采取的行动，还有赖于其他人采取的行动，因此每个人都需要针对对方的行为选择做出对自己最有利的反应①。囚徒困境（Prisoners' Dilemma）是博弈论中最著名的实例。这是指有两个人因为涉嫌一次犯罪而被捕，被警方分别关在两个房间内审讯，他们面临的形势是：如果两个人都坦白罪行，那么将各判处 6 年有期徒刑；如果一方坦白、另一方不坦白，那么坦白者从宽判处 1 年徒刑，抗拒者从严判处 8 年徒刑；如果两个人都不坦白，则各被判处 2 年徒刑。用矩阵表示，双方的策略选择局势如图 4-1 所示：

		局中人2	
		坦白	不坦白
局中人1	坦白	(-6, -6)	(-1, -8)
	不坦白	(-8, -1)	(-2, -2)

图 4-1

如矩阵数据反映的，如果两人都不坦白的话，他们的惩罚最低，可以得到对双方来说都更好的结局；但由于这两人的选择受制于对方，在不清楚对方如何抉择的背景下，个人为了各自利益会进行理性选择，其结果是双方各自坦白，各被判处 6 年徒刑。这一事例表明，处于利益博弈中的个体，都需要琢磨对方可能的选择，由此确定自己的对策。

（二）分析框架——纳什均衡

博弈论有着庞大的理论体系，在经济学科中得到了深入应用，在政治学、生物学、计算机科学、道德哲学、社会学等广泛领域内也产生了重要的

① 黄涛：《博弈论教程——理论·应用》，首都经济贸易大学出版社，2004 年，第 2 页。

影响。在众多的博弈理论中，纳什均衡（Nash Equilibrium，简称 NE）概念是现代博弈论中的核心内容和重要基础。纳什均衡，即博弈的理性结局是这样一种策略组合，其中每一个局中人均不能因为单方面改变自己的策略而获利。换言之，其中每个局中人选择的策略是对其他局中人所选策略的最佳反应[①]。因此，纳什均衡是关于博弈最优策略选择的解和博弈结局的一致性预测。根据纳什的研究：在一个给定的博弈格局中，如果我们规定局中人应该使用哪些策略，而且局中人也了解这种规定，那么，我们要么必须确定一个均衡，要么必须对某些局中人指出其非理性行为。如果我们不规定一个均衡，那么某个局中人就可能通过将其策略换成我们没有为他规定的另外某个策略而受益[②]。简言之，纳什均衡要求在多个利益主体博弈的格局中，确定各方一致性的均衡点，对所有参与方的“非理性行为”进行有效约束，从而实现多方共赢的“焦点均衡”。

斗鸡博弈（Chicken's Game）是典型的纳什均衡事例。两个人面对面相会在独木桥上，如果互不相让则只能两败俱伤，因而必须有一方退让，博弈局势如图 4-2 所示：

	进	退
进	(-1，-1)	(2，1)
退	(1，2)	(0，0)

图 4-2

上图表明，这一博弈中有两个纯策略纳什均衡，一方进、另一方退，即(2，1)，(1，2)。正是有了这个均衡点，双方才找到一个相对来说更好的解决办法。纳什均衡的概念以及研究框架对于分析当前处于多利益主体利益冲突之中的高考内容与形式改革有着重要的价值和意义。这也是本节内容最主要的分析工具。

（三）研究的假设条件

博弈论的核心问题是研究人们如何在利益相互影响的情况下做出最有利

① 黄涛：《博弈论教程——理论·应用》，首都经济贸易大学出版社，2004 年，第 15 页。

② 迈尔森·R. B：《博弈论矛盾冲突分析》，于寅、费剑平译，中国经济出版社，2001 年，第 82 页。

于自己的选择。为了更好地分析各利益主体的利益博弈，这里借用制度经济学的相关研究框架，对高考内容和形式改革中的利益博弈设定一些假设条件。

1. 人是追求自身利益最大化的理性人

假设参与高考改革的政府、高等学校、中学、家长和考生等都是在一定的约束条件下追求自身经济利益最大化的具有相对充分（但不完全）理性的“经济人”。尽管对于环境的不确定性、信息的不完全性以及人的认知能力的有限性，人只有有限的理性；但是，由于政策路径的依赖性、信息社会的开放性和人的趋利避害的本性存在，各利益主体仍具有相当充分的理性。

2. 人们在逐利活动中具有一定的机会主义行为倾向

机会主义行为倾向是对利益主体行为（特别是个人行为）的另一个假设。它是指人们具有一些借助不正当手段谋取自身利益的行为倾向。机会主义行为假设实际上是对人追求自身利益最大化假设的补充。它表明人们追求自身利益的动机强烈，同时行为是复杂的，既可以采取正当的和合法的手段，也可以采取不正当的和非法的手段。

二、高考形式改革中的利益博弈

围绕高考次数、组织主体、组织形态等改革，政府、高校、中学、考生和家长构成了一个巨大而复杂的利益博弈网。

（一）改革中存在的几对博弈关系

统一高考局面的打破，使得原先各利益主体的相对位置发生了变化。当然，不同改革试点带给各主体地位的变化是不同的。这种变化引起了不同主体之间利益关系的调整，产生了利益的博弈。整体而言，改革主要涉及以下几对博弈关系：

1. 政府—高校

多样化的高考形式改革，政府从唯一的组织主体变成主体之一，逐渐改变了原先统一高考下形成的政府与高校的关系。

春、夏“二次高考”，增加了高校招考的次数。与一次高考相比，春季高考赋予了高校与考生一定的自主选择权，使得高校和考生可以根据自身的情况做出最佳反应。从政府的角度看，春季高考除了要实现缓解考生升学压力、促进高校内部管理体制（例如学分制、学籍和教学管理等）改革等目标外，也需要考虑成本和收益。然而，由于春季高考作为多一次的选择机会，并没有给高校、考生产生“不得不”参加的压力，使得高校可以根据自身的损益计算来调整其行为。从改革的结果看，由于春季高考推行仓促，也没有考虑到它同中学教育秩序和进度的关系，因此生源比较单一，多以上年复读生或“三校生”为主，这种生源局面对众多名牌高校难以产生强大吸引力。加之春季高考的生源入学后，容易与学校传统的管理体制改革产生矛盾，而并非所有的高校对此都做好了准备。因此，从高校角度看，春季高考意味着招生成本的扩大、生源质量的不确定，以及可能引起学校教育教学秩序的震荡，考虑到高校自身的利益得失，所以大部分高校参与的积极性不高。正因为如此，政府与高校之间的矛盾逐渐凸显。由于政府举办春季高考的成本与收益难以平衡，所以这项改革在安徽和内蒙古等地被取消。如果以大部分高校，特别是名牌大学的利益活动为例，上述博弈局势可表示为此矩阵，其中纳什均衡点为（0，0）（见图 4-3）。

		政府	
		举办	不举办
高校	参加	（3，2）	（-1，1）
	不参加	（4，-1）	（0，0）

图 4-3

以上矩阵以（0，0）作为原点，意指政府不举办此试点，高校亦无机会参加，双方收益即为 0。以此为原点，若政府举办二次高考，对于名牌大学而言，不参加的收益大于参加的收益；若政府不举办二次高考，而高校又有此需要时，高校的收益降低；当高校有参加试点的意愿时，政府举办该试点的收益大于不举办的收益；而当高校不愿意参加该试点时，政府不举办比举办试点更能维持其收益。

自主选拔录取的推行，使得高等学校已成为重要的高考组织主体之一。虽然高校的招考权不大，但其已不是完全的从属地位，变成了参与者和合作者。政府作为放权、让权的行为主体，要保证下放的公共权利不被滥用，需要对高校招考权进行制约；但是，由于我国长期以来社会的监督机制缺乏，对各种权力的制约容易流于形式，高校的自我约束意识淡漠，加之政府与高校处于信息不对称位置，政府很难对自主选拔的录取生源情况进行考核和检查。因此，社会公众仍对自主选拔能否排除舞弊和腐败怀有疑虑。监督与反监督会继续成为政府与高校的关系模式。

2. 高校—中学

在一次统考条件下，高校与中学的关系相对松散。中学只负责向考试输送考生，而高校则根据考生高考成绩进行录取，高校招生和中学备考成为各自独立的系统，彼此少有沟通，中学的行为很少直接影响高校录取结果。随着高考形式由统一走向多样，特别是高校自主选拔录取试点试行后，高校的自主性不断提高，其在招生中越来越依赖中学提供优秀生源，而中学也因此获得提高升学率的机会，二者关系逐渐密切起来。由于二者的选择在很大程度上受制于对方的决定，因此构成博弈关系。

只有中学推荐优秀学生，高校才可能通过自主考试选拔到优秀生源，并维持成本和收益的平衡；同时，高校若招收到的生源是名副其实的优秀学生，而不是中学弄虚作假推荐上来的，高校才能与该中学建立良好的合作关系，从而为中学长期拥有参与此试点的资格提供可能。但是，由于中学受自身利益最大化的影响，为提高升学率，并不一定将最好的生源推荐给大学，“推良不推优”“荐官不荐民”，而大学由于信息不对称，也很难对这部分被推荐学生的情况进行深入了解，所以改革中也容易出现一些偏差，高校与中学的利益矛盾逐渐凸显。

3. 高校—考生、家长

20 世纪 90 年代末的高考形式改革，给考生提供了多种参与分配高等教育资源的机会。对于部分地区的部分考生而言，不仅有着选择参加春季和夏季高考的权利，也有参与自主选拔录取和统一高考的自由。考生选择机会的增多带来了各种选择的利益博弈，从而影响着每项改革的推行效果。

春季高考中，高校与考生、家长构成利益博弈关系。一方面，家长、考生以参加招生的高校的层次为参照点，作为是否参与该试点的标准；另一方面，高校也要以考生的参与程度、高校的成本与收益核算等作为衡量自己是否参加招生的指标。二者若不能达成共识，改革将无法按预期目标实现。

此外，考生对不同试点的选择也存在利益博弈。由于博弈中的个体以追求利益最大化为目标，同时在逐利活动中具有一定的机会主义行为倾向，对于大部分拥有多种参与各试点机会的考生而言，一方面，他们不会放弃任何一项机会；另一方面，他们会选择对自身最为有利的结果。因此，就会出现机会的浪费，改革的成本与收益就会出现不平衡。2015 年以前，高校自主招生试点均安排在统一高考之前进行。假若某学生参与高校自主选拔录取，通过高校的考试被确立为资格学生，在参加完统一高考之后，他会根据自身的利益调整行为。若其高考分数不高（但已符合自主选拔高校的要求），他会接受自主选拔录取；若其分数很高，他可能会因此而舍弃自主选拔学校，而参与高一层次的高校的普通高考录取。近些年的自主选拔录取中时常会出现“高分学生另攀高枝”的现象，就充分体现了考生以自身利益的最大化为前提来参与试点。

（二）各主体利益博弈集中的焦点——自主选拔录取

高校自主选拔录取试点起源于 2001 年南京大学、东南大学以及南京航空航天大学等江苏省试行的“自主招生录取”改革。2003 年，试点逐渐在部分重点高校铺开。与 2015 年调整后的自主招生相比，此前实施的高校自主选拔录取的主要工作安排在高考前完成，高校在统一高考前利用自行组织的考试与通过该考试的中学推荐生签订协议，根据学生能力、学识等的水平承诺其在随后的高考中可适当降分录取。自主招生改革的出现，在很大程度上是多样化的高校、个性化的考生与原先大一统的高考三者矛盾激化的结果。这里，笔者着重分析调整前后自主招生实施过程中各主体的利益博弈及其变化，以及其对后续改革的影响。

1. 招考权力的分化导致原有利益集团利益格局的调整，各利益主体受益大小不一、程度不均

社会改革的实践表明，社会制度的真正变革或改革并非对所有的人都产生同样的效果，尽管改革的初衷可能并非如此。改革可能并不改变某些人的境况，甚至可能使其境况恶化，所以关于改革的讨论不仅应该仔细地界定已经发生了什么样的改进，还要指出谁在受益。分析自主招考改革涉及的利益群体，可以从改革的目的出发。总体来看，自主招考改革期望达到的目标是：扩大高校办学自主权；打破高考“一考定终身”，挖掘一些无法经由统考统招录取的特殊人才；通过强调学生基本素质，重视学生个性化和综合性的发展，推动中学素质教育等。从这个意义上说，高校、中学和考生都能因自主招考获益。

对于高校而言，自主招考的益处在于学校可以在更大范围内，用更加全面的标准考核、招收生源。这些生源既包括部分考分很高，却因志愿填报失误无缘重点大学的考生，也包括一贯优秀却在高考中发挥失常，或是整体成绩平平，但单科成绩优异或特长明显的学生，从而弥补一次统一高考灵活性不足的缺憾。从当时部分高校的改革结果看，自主招生的确录取了一部分偏才和有特长的学生，而且某些学校的生源质量也较高。例如，东南大学自

2001 年开始，一直对自主录取学生的学习状况进行跟踪调查，同时做了自主录取与正常录取学生学习不及格率（按出现一门或一门以上不及格课程的人数统计）的如下比较①：

(1) 2001 级第二学期自主录取的 106 人不及格率比高考正常录取的 4 148 人低 9.66%；第三学期自主录取的 99 人（学生人数的变化有出国、停学、留级、退学等原因，下同）比高考正常录取的 4 146 人低 1.94%。

(2) 2002 级自主录取的 135 人第二学期不及格率比高考正常录取的 4 056 人低 12.94%；第三学期自主录取的 135 人比高考正常录取的 4 086 人低 10.36%。

向大学推荐特长学生或偏科学生，一经高校录取，中学就降低了原先统一高考录取下这部分学生升学可能存在的风险，在一定程度上保证和扩大了中学的高考升学率。尽管后来自主选拔的录取结果表明，各高校经过降分录取的考生占总体自主招生录取人数的比重不一，但终究使得这部分考生免于落榜（见表 4-2），从而也让中学获得了很多的社会利益。

表 4-2　2003 年南京部分高校自主招考录取情况②

高校	录取人数	正常上线率	承诺降分录取率
南京大学	93	72%	28%
东南大学	144	50%	50%
南京航空航天大学	10	60%	40%

注：南京航空航天大学自主招生录取的 10 人是扣除了文艺、体育特长生后的人数。

从考生角度讲，自主招考使得部分考生受益巨大。大体上看，自主选拔录取的受益考生有以下几类③：

(1)“特优生”，指在中学阶段一贯表现优秀，学业成绩突出的学生，因种种偶然因素而导致高考“失手”。

(2)“特高生”，指高考第一志愿报考清华、北大等名校，但却落榜的“高分二志愿考生”。

① 周大平：《高校自主招生如何突破》，《瞭望》2004 年第 16 期。

② 蔡玉高、王骏勇：《江苏：8 所高校自主招生情况不尽如人意》，新华网，2004-02-19，http://news.sohu.com/2004/02/09/81/news218998189.shtml。

③ 《高考自主选拔录取，哪些学生从中受益》，南方网，2003-03-07，http://www.southcn.com/edu/zhuanti/zizhuzhaosheng/discuss/200303270534.htm。

(3)“特长生”，即在人文科学、体育、艺术、科技创新和实践能力等方面成绩优秀，具有较高素质和能力的考生。

(4) 在中学阶段德智体美全面发展，社会活动方面表现突出的学生。

(5) 具有学科特长，高考单科成绩特别优秀，具有明显发展潜质的学生。

自主招考与单纯统一高考录取相比，受惠学生的范围更大，在一定程度上弥补了统一高考弹性过小的不足。

2. 高校、中学和考生等利益主体彼此依赖、相互影响，但由于三者在利益诉求上存在一定差异，矛盾难以避免

自主招考措施的实行在于减缓统一高考录取可能造成的人才流失，使得有潜力、有特长的学生获得接受高等教育的机会。从此角度看，高校、中学和考生有着共同的利益，要求三者互相支持，只有中学真实向大学推荐优秀人才，考生积极拥护和贯彻自主选拔录取政策，高校公平、公正地组织考核和选拔工作，自主招考才能顺利推行。但在实际中，三个利益群体除了共同的利益之外，还有各自的利益追求，在一定条件下甚至会产生冲突，容易产生改革实践与预想的偏差。

在自主选拔录取试点中，高校尽管掌握着组织考核、录取入选学生的较大权力，但随着改革的深入，各校面临着越来越大的考试组织压力和招生成本。例如，从 2004 年开始，自主招生的推荐方式发生了较大变化，由过去的指定地区、指定中学推荐改为“个人推荐与中学推荐相结合”，并且不仅是重点中学的学生可以报名，一般中学的学生也可以自荐。这便加大了部分高校，特别是生源丰富的高校的负担。为此，高校之间纷纷组成不同的联盟，联盟内高校采用联合考试的方式来确定“资格生”，从而提高自主招生的效率；但是，由于不同联盟高校，甚至是同一联盟内高校均有自己的利益要求，高校之间的竞争不可避免。一时间，争夺生源，开展“掐尖大战”，其竞争程度随着自主招生改革的推进愈演愈烈。其组织的各类联考也日益受到考生的重视，各种考前辅导班应运而生，层出不穷。它逐渐演变成一场“小高考”，在一定程度上影响了中学正常的教育教学。此外，由于高校招生自主权不断扩大，招考不公平与滋生腐败的问题随之而来。以往统考统招时，高校在抵制社会不良风气以及构建自我约束机制方面的经验本来就尚浅；试行自主招生后，高校出现的问题则更为严重。近年来，高校自主招生领域腐败频发，监管机制作用有限，招生信息不透明，使得其日益成为高校自主招生腐败的重灾区，严重影响了自主招生的公平公正。与此同时，中学与考生的某些不当却又是客观存在的利益诉求也在一定程度上影响着自主招生的实施水平。

中学方面。尽管按照高校要求的人才标准推荐特优生、特高生和有潜力的特长生是中学的目标，但中学也有自己的利益诉求。尽管这些诉求与改革的目标不完全一致，但它们却是客观存在的。例如，部分中学受升学率与名牌大学录取率等利益的驱使，为求稳妥，在向大学推荐生源时"推良不推优"，把那些成绩不错但不是有十分把握（考取该大学）的学生推荐给大学；同时也推荐一些学生干部，学校以这种方式对他们付出的劳动给予一定回报①。此外，更有学校在推荐学生时，对学生材料进行弄虚作假，骗取"自主招生"资格等等。这些都与高校自主招生的目标相去甚远，影响了高校组织单独考核的实际效益。

在考生方面，2015 年之前，有关自主招生生源缺失诚信，"另攀高枝"的新闻几乎年年可见诸报端。这是因为，自主招生后考生还要参加高考，考试的成绩除了可以用于自主招生外，还可以用于考生报考其他普通高校。因此，部分参加自主选拔录取试点的入选考生，以自己利益为出发点，最大化地为自己争取有利形势，若高考分数偏低就依靠自主招考入学，若获得高分就"临阵倒戈"，改填报其他高校志愿。这样做的结果就是导致部分高校遭遇"高分考生不辞而别、自主招生招不满"的尴尬处境，耗费了大量的人力、劳力，最终却无法获取足够的回报，高校举办自主招生的积极性受到一定影响。至此，高校自主招考因为高校、中学及考生的不同且复杂的利益纠葛不断陷入困境，从而出现新的调整。自主招生改革要持续、有效地进行，就必须建立各方可接受的利益分配格局。

3. 摆脱博弈困境的出路——权力制衡与利益均衡

从长远看，自主招考改革仍然有其存在的价值，它对于提高高校办学自主权、保护与选拔特殊人才，以及促进高考制度的多样化改革都有着重要意义。尽管高校、中学和考生有权力的分配和利益的均衡带来的矛盾，但对这个三方都受益的制度，仍期望维持其共同的利益。因此，笔者认为，自主招考不宜轻言取消，而应根据各受益群体权利、利益的大小加强约束制度建设，从而达到利益的相对均衡。

---

① 《高校自主招生无才可选谁之过?》，《北京青年报》2004 年 11 月 22 日。

首先，要进一步规范与监督高校的自主招生行为。尽管从开始实施以来，教育部就一直强调高校在推进自主招生过程中要做到标准刚性化、程序规范化、招生办法公开化、录取结果公示化；但各校的自主招生，实际上仍然是处于不受外部权力监督的环境里。例如，有学者指出，在自主招生中，一些高校在标准设定、自主选拔环节，特别是面试环节，不尽合理，制度规范不严密，存在某些漏洞。如以极富“弹性”的人才评价标准定取舍；通过“权钱交易”，以“特长生”的名义，大幅降分录取高考低分考生等①。更有人指出，内部定向生招生指标不公开，制度空间缺乏监管，保送加分暗箱操作，行政权力介入招生，且难受制约等，让高校自主招生的初衷发生了极大扭曲②。因此，要将招生工作置于有效的监督之下，形成包括高校、公众、考生等在内的监督网络。另外，还应该扩大自主招生信息的公开度。2013年，教育部继续发文，要求高招信息“十公开”。其中，尤其强调应公开“自主选拔录取学生、高水平运动员、艺术特长生等特殊类型考试招生入选考生资格”，而公开的具体信息则包括姓名、所在中学（或单位）、享受照顾政策类别、资格条件等多项内容。只有真正将自主招生过程置于阳光之下，才能让腐败无所遁形。

其次，在赋予中学推荐生源权力（利）的同时，加强对中学的监督与考核。对于中学可能存在的“推良不推优”以及推荐材料弄虚作假等现象，应采取措施加强对推荐对象的全面考核。同时，中学的推荐对象也需要公示，接受社会监督。当中学推荐对象出现上述问题时，应该保留高校对该类学校惩罚性处理的权利。例如，在来年招考中拒绝接受该校推荐生或减少该校推荐生名额等。

此外，还应严格平衡自主选拔录取的考生的权利与义务。其实，针对2015年之前的自主招生过程中出现的高分学生“另攀高枝”的问题，可以通过平衡考生的权利与义务减轻其对改革的不良影响。例如，对那些入选自主选拔试点，却因高考发挥出色改投其他高校的考生的行为进行约束。可规定一旦入选此项试点的考生，应严格遵循自主选拔录取的要求，除了高考分

① 《高校自主招生腐败频生，多个环节被指存漏洞》，搜狐新闻网，2014-06-09，http://roll.sohu.com/20140606/n400496248.shtml。

② 《“自主招生易腐”都是制度惹的祸?》网易教育网，2013-12-04，http://edu.163.com/13/1204/04/9F7LRUEA00294M81.html。

数没有达到相应的规定外，一律作自主招考的录取生源考虑。因此，可将双方原先在高考之前签订的协议进行补充，除了继续保留高校给入选考生一定降分录取的承诺外，还应规范入选考生的行为，要求其承诺一旦被录取，就不能再报考其他高校。此外，各地招生办也可以在政策和操作上给予自主招考的高校以支持，对那部分因高考分数过高而改投其他高校的考生应不予以投档录取等等。2015 年后，由于自主招生在工作时间上的调整 ，在一定程度上改变了考生在此项改革中的地位，减少了其在此前改革中容易出现的机会主义，所以杜绝了高分学生的“临阵倒戈”的问题。由于考生对自己高考发挥的情况有了基本认识，所以在报考高校时相对理性。高校和报考考生之间的选择关系也有了微妙的变化，双方的目标都相对明确且稳定，在很大程度上有利于高校提高自主招生的效率。

三、高考内容改革中的利益博弈

作为教育内容、课程内容的重要选择和保存机制，考试内容具有深刻的社会性，其中所折射出来的利益和权力的博弈是教育社会学家长期关注的兴奋点之一，这些研究成果为分析高考内容改革中的利益博弈提供了思路。此外，由于高考内容设置直接导向中学的教学，又影响着高校生源的知识结构和能力结构，命题要考虑到中学与高校的要求与实际，因此在实践中不可避免地会产生冲突。分析高考内容改革中的利益博弈可以从以下两个角度展开：

（一）知识与控制：政府政治利益的实现途径

学校中的知识如何得到选择、组织和评估，是社会学家、教育学家十分关注的问题之一。迈克尔·W. 阿普尔的观点代表了许多批判教育学家们的意见。在他看来，教育与文化政治有着很深而密切的牵连。课程从来都不仅仅是知识的不偏不倚的汇集，正如一个国家的教科书里以及课堂中所显现的情形，它总是一种选择性传统的一部分，是某人的选择结果，是某个集团对合法性知识的见解。它产生于文化、政治、经济的冲突、紧张和妥协中，正是这些冲突、紧张和妥协使一个民族有机地团结在一起或四分五裂①。Basil

① 迈克尔·W. 阿普尔：《文化政治与教育》，阎光才等译，教育科学出版社，2005 年，第 24 页。

Bernstein 也认为，一个社会如何选择、分类、分配、传递和评价它认为具有公共性的知识，反映了权力的分配和社会控制原则[①]。哪些内容被算作知识，它是以何种方式被组织的，谁有权力教授这些知识，什么能够表明你已经掌握了知识，谁被允许提出和回答这些问题等，所有这些问题都是社会中统治与服从是如何被再生产和被改造的这一问题的重要构成部分[②]。

由于知识具有社会控制的特性，所以知识常常成为统治阶级积极使用的工具。吴刚在分析科举考试产生的社会控制影响时指出，科举考试确立了这样一种知识控制原则，它既对从事特定知识的人提供报酬或正强化，又对不从事这些活动的人的行为进行负强化，从而减退这些行为[③]。科举考试以诗赋、经义为考核内容，儒家经典逐渐成为人们为人、治学、为官的行为准则，成为人们参与社会选拔的参照系，其结果是不被当权者认可的其他知识被弃之一旁。自然科学知识难以进入教育的主流，而且统治阶级为强化其统治，对儒家经典中的各种利于皇权地位的内容多加利用，以利于国家统一意志、统一思想、统一行动，巩固统治秩序。

新中国成立初期，教育与政治的关系十分密切。教育作为阶级斗争的工具，使得考试内容充满着意识形态和“政治主导”的色彩。1966 年高等学校招生工作座谈会上，高教部学生司总结了新中国成立至 1966 年间招生工作的经验，确立了命题以突出政治和理论联系实际，着重考查学生对基础知识的理解程度和灵活运用能力等的命题原则。例如，语文科命题标准为：强调政治思想性，突出政治，紧密结合当前的形势，而且使学生都有话可说，易于联系思想实际；作文评分标准，规定政治标准第一，艺术标准第二的原则。以 20 世纪 60 年代几年的高考语文试题为例。

1960 年高考语文试题

一、作文题

1. 我在劳动中受到了锻炼。

① 麦克·F. D. 扬：《知识与控制——教育社会学新探》，谢维和、朱旭东译，华东师范大学出版社，2002 年，第 61 页。

② 迈克尔·W. 阿普尔：《文化政治与教育》，阎光才等译，教育科学出版社，2005 年，第 25 页。

③ 吴刚：《知识演化与社会控制——中国教育知识史的比较社会学分析》，教育科学出版社，2002 年，第 282 页。

2. 大跃进中的新事物。

(任择一题)

二、把下面一篇文言文用现代汉语翻译出来:

艾子行水涂见一庙矮小而装饰甚严前有一小沟有人行至水不可涉顾庙中弗辄取大王像横于沟上履之而去复有一人至见之再三叹之曰神像直有如此亵慢乃自扶起以衣拂饰捧至坐上再拜而去须臾艾子闻庙中小鬼曰大王居此为神享里人祭祀反为愚民所辱何不施祸患以谴之王曰然则祸当行于后来者小鬼又曰前人以履大王辱莫甚焉而不行祸后来之人敬大王者反祸之何也王曰前人已不信矣又安敢祸之艾子曰真是鬼怕恶人也。

1961 年高考语文试题

一、作文题

1. 我学习了毛主席著作以后。

2. 一位革命前辈的事迹鼓舞了我。

(任择一题)

二、把下面两段文言文用现代汉语翻译出来:

1. 江湖间唯畏大风冬月风作有渐船行可以为备唯盛夏风起于顾盼间往往罹难曾闻江国贾人有一术可免此患大凡夏月风景须作于午后欲行船者五鼓初起视星月明洁四际至地皆无云气便可行至于巳时即止如此无复与暴风遇矣。

2. 及之而后知履之而后艰乌有不行而能知者乎披五岳之图以为知山不如樵夫之一足谈沧溟之广以为知海不如估客之一瞥疏八珍之谱以为知味不如庖丁之一啜。

1965 年高考语文试题

一、作文题

1. 给越南人民的一封信。

2. 谈革命与学习。

(任择一题)

二、把下面两段文言文翻译成现代语:

1. 道光二十一年，英人将扰佛山镇，取道泥城，经萧冈、三元里，里民愤起，号召各乡义勇，枪械云集，四面邀截，英兵窘迫不能出，死者二百余人，毙其渠帅伯麦。英酋义律亟驰援，复被重围。时，奋臂起者百有三乡，不械而集，众至数万人。是役也，英人为之丧胆。

2. 未开之山，土坚石固，草树茂密，腐叶积数年可二三寸，每天雨，从树至叶，从叶至土石，历石隙，滴沥成泉；其下水也缓，又水下而土石不随其下。水缓，故低田受之不为灾，而半月不雨，高田犹受其浸溉。若以斧斤童其山，而以锄犁疏其土，一雨未毕，沙石随下，注壑〔hè〕涧中，皆填淤不可贮水，毕至洼田中乃止，及洼田竭而山田之水无继者：是为开不毛之土而病有谷之田。

以上 3 年的高考语文试题，无论是考题还是评分标准，都体现出明显的社会控制特点。6 篇可供选择的作文直接与当时的政治斗争密切相连。通过考试，国家可深刻了解考生的革命立场与阶级感情。5 篇文言文翻译题目，有的也体现了当时社会发展独特的政治背景。例如，第 1 篇文言文，主要是通过庙里小鬼与大王的对话反映出“鬼怕厉害人”的思想，突出敢于革命、破除迷信的命题主旨；第 4 篇文言文的内容是记录清末三元里人民英勇抗击英国殖民者的事迹。命题者的立意主要在于通过考题激发考生的爱国情感，弘扬革命精神。此外，作文评分标准也反映出命题者一定的价值观照。1960 年公布的作文评分标准中将作文分分为 7 类。其中第 1 类 90 分～100 分，要求：

(1) 思想正确，具有无产阶级思想观点，紧密结合当前阶级斗争和生产斗争，紧密联系自己的思想实际。

(2) 内容充实，有观点，有材料，观点明确，材料典型，观点和材料紧密结合。中心思想明确，切题。

而第 7 类规定：通篇思想有严重错误的不给分。

中间第 2 类至第 6 类主要根据作文的思想内容和语言结构的好与差决定其评分等级。

从此标准来看，20 世纪 60 年代的高考作文评分以当时的政治主流意识为正向标准，命题者将维护国家政策、巩固领导中心的意识形态，透过试题让考生加以发挥、确立，再给予认同者期待的奖赏，透过此种方式，形成考生判断正确知识的标准。命题者还借助考生考分的高低进行正强化和负强化，实现社会控制。

无独有偶，有学者在分析我国台湾地区大学入学考试时也指出，由于政治力的介入，无论是考试科目还是考试内容，20 世纪 90 年代之前的考卷也体现着深刻的“政府”控制的意蕴。三民主义是 20 世纪 30 年代国民党政权为推行党化教育，实施民族精神教育而被列入高中必修课程的，反映了国定课程是政府以政治方式控制知识的机器。因此历来对三民主义列入联考考科，始终是各界批判的焦点。有学者指出，三民主义的考题，“充满自我诠释、自以为是的命题”，学生为了考试，必须去死记“本质跟精义的分别”及“问‘原则’不要与‘精神’混淆”，此种不当的考科规划与命题内容的乖谬，将对未来领导人才培育造成伤害。由于政治力的影响，除了三民主义之外，其他科目，如国文、历史等科的命题，也充满着政治的语言与意识形态的灌输，政治浓度掩盖了学科知识的客观性①。例如，20 世纪 80 年代，台湾《联合文学》邀请 14 位作家对 1954 年—1984 年台湾大考语文试题加以评分和评论，反思国文作用的实施效果。结果反映，这 31 年间的作文题目，充满着意识形态且不易测出考生能力，这些题目“训练出一批批观念八股、只尚空谈的考生”，“混进政治意识与公民道德，未能落实于考生的现实生活环境”，“间接导致中学生、大学生国文程度低落”，“一直在固定的命题套式中打转，使考生也在固定的作文套式中翻腾”②。

从 20 世纪 90 年代开始，随着政治民主程度的提高，台湾大考和大陆高考命题受政治力影响过大的局面有所变化，突出地表现为考题中的政治倾向开始减弱，学科知识的标准逐渐突出，命题的“政治取向”有所减弱。当前，高考内容改革逐渐形成了以反映学生现实生活、体现学科特点、重视考生能力培养为目标的命题标准，反映了高考内容从突出政治转向教育本质的回归。

由此可见，利用考试内容强化政府政治统治的做法久已存在，它是实现国家利益、政府利益的重要手段。尽管当前高考试题中的政治取向逐渐不像 20 世纪六七十年代那样明显，但高考仍然是政府进行社会管理的工具之一，利用考题树立社会正面导向、弘扬文化传统、实行道德教育和社会教育仍然是高考内容的重要命题思想。这是政府的利益诉求，是客观存在的。如果将这一利益要求与高考的教育（高校与中学）要求相结合，就是政府与高校、中学力量的博弈。

---

① 管美蓉：《大学入学考试制度与教育控制——台湾地区的历史考察（1949—2001）》，政治大学博士学位论文，2005 年，第 119、124 页。

② 管美蓉：《大学入学考试制度与教育控制——台湾地区的历史考察（1949—2001）》，政治大学博士学位论文，2005 年，第 154～155 页。

（二）高考命题：在高校与中学的利益之间

高考是连接高等教育与中等教育的桥梁与纽带，对二者都产生着巨大的影响。1999 年高考改革提出新一轮高考改革的原则，即三个“有利于”。具体来说，就是改革要有利于中学实施素质教育，有利于高校选才，有利于高等学校提高办学自主权。这三个“有利于”的提出，实际上反映了统一高考长期无法理顺中学与大学关系的弊端，导致其与中学和大学都产生了较大的矛盾。

1. 命题范围

从命题的知识来源（范围）上看，入学入学考试大致可分为三种类型。第一类是以中学教学内容为命题知识，高考是典型代表；第二类是以大学的教学需要为命题标准，民国时期的各高校单独考试即是这类；第三类是以美国 SAT 考试为代表的能力测验，它独立于特定的知识传授之外，与中学和大学没有直接的知识联系，但以进入大学学习所需具备的语言、数理、逻辑等能力为要求作为命题立意。从形式上看，我国大学入学考试采用过前两种类型；但从实践结果看，无论考试的命题以中学还是以大学为范围，都会产生明显的优势与弊端。

（1）侧重高校

民国时期各校实行单独招考。虽然当时政府颁布《大学令》和《专门学校令》对各高等学校招生资格提出规范，但对于招生方式和考试方法则未加限制。各高校在招生及考试上享有相当大的自主权。考试科目及录取方式多样，各高校也无统一的做法。以北京地区高等专门学校为例，除国文、英文、数学为必考科目外，多数学校还会从该校的专业要求出发，设置相关考科。法政专门学校，增设历史、地理等科；工业专门学校，增设理化、图画等科；医学专门学校，增设理化、博物等科；至于大学预科则多要求考察上述所有科目①。尽管大学入学考试是中学与大学的连接点，但从当时考试的试题来看，出现向大学一端倾斜的现象。这里以 1929 年中山大学和 1934 年清华大学的入学考试试题为例。

① 《教育杂志》，1913 年，第 5 卷，第 3 号。

1929年中山大学入学考试试题（本科）[1]

国文

治学方法，有预拟范围，整理比次。

历史

(1) 周代封建之制，最为明备，试就事实上证明其利弊。

(2) 试述东汉党禁之起讫，及对当日大局之关系如何。

(3) 从史实上推论太平军失败之原因。

(4) 试述宗教改革之起因及其结果。

(5) 欧洲大战时，列强参战之目的，各有不同，能略道其底蕴否？

5选3

论理学

(1) 什么叫作思想？

(2) 论名和辞（names and propositions）。

(3) 论同异交得法（joint method of agreement and difference）。

(4) 论因果律。

(5) 述连词（copula）的作用。

1934年清华大学入学考试历史试题[2]

西洋通史（选答七题）

(1) 埃及（Egypt）于公元前2500年（金字塔时代 Pyramid Age），文化已发达至若何程度，言其大概。

(2) 希腊之哲学、科学、文学、美术于后世均有极大影响，试与此四方面择一，言其特点及其代表作品。

(3) 罗马帝国（the Roman Empire）最盛时期，在第几世纪？疆域包括现时何处？其后衰落主要原因何在？

(4) 就下列各点，述欧洲中古僧院制度（Monasticism）：

——（甲）僧院之生活概况。

——（乙）僧院在教会中之地位。

---

① 《学生杂志》，1929年，第18卷。

② 中国第二历史档案馆藏：《国民政府教育部档案》，全宗号一一三，案卷号178，转引自杨学为、刘芃：《中国考试史文献集成》（民国卷），高等教育出版社，2003年，第255页。

——（丙）僧院在文化史上之地位。

(5) 自穆罕默德创教至欧战终止，回教徒在欧洲势力之消长，述其梗概。

(6) 封建制度何时始起于欧陆？何为其兴起原因？何时渐衰？十字军东征与其衰落有何关系？

(7) 十五六世纪时，欧洲之经济发生重大变化，何为其原因？何为其影响？

(8) 1914年—1918年之欧战，与1803年—1815年之拿破仑战争，及1702年—1713年之西班牙继位战争，有何相同之点？有何特异之点？

(9) 自十八世纪末，至现时欧、美劳工阶级势力之变迁，言其大概。

以上两校的考题体现出各自的特色。从考试内容上看，这两校的考试侧重大学的专业教育要求，命题的知识专业性较强，试题难度较大，明显高于中学教学实际。这两所大学只是当时众多高校中的代表之一，尽管在1919年全国中学校长会议上，许多校长对大学入学考试命题不考虑中学教学实际表示强烈的不满，教育部也于当年公布《各专门学校大学校中学校招生办法训令》，规定各专门学校及大学预科招生，命题概须依照中学毕业程度，勿使太过不及，致于学校衔接有所妨碍。它也要求各中学校尤须郑重招生，认真授课，俾毕业生时适合相当程度，以此双方并进①。但是，由于没有统一的标准，各高校依然从自身要求出发。形式和内容各异的入学考试，导致中学毕业生升学困难。一方面，考试命题分散，题型过于简单，以简答题为主，影响了知识点的选择面和覆盖面，不利于中学生掌握全面的基础知识；另一方面，由于各高校命题程度不一、难度各异，给教师教学和考生备考都带来了很大的困难，影响了中学正常的教学秩序。

(2) 关注中学

与民国时期的各校单考相反，20世纪50年代的统一高考自建制起，就确立了以高中教学为命题范围的命题原则。“文革”前，高考仅有考试大纲，与中学教学大纲保持一致；恢复高考后，1977年—1980年，也仅有复习大纲；从1981年开始，教育部规定，“今后高等学校招生考试以中学各科教学大纲和通用教材为依据”，即所谓高考必须“以纲（教学大纲）为纲，以本

---

① 杨学为等：《中国考试制度史资料选编》，黄山书社，1992年，第574页。

（教材）为本”①。从此，高中教学与高考紧紧捆绑在一起。由于高考竞争异常激烈，只有提高试卷的难度才能更好地拉开考生的差距，从而利于人才选拔；但是中学教材长期使用，加之知识总量也有限，高考命题要完全“以纲（教学大纲）为纲，以本（教材）为本”仍然难以提高考试的区分度。因此，数年间高考试题有超纲的现象，带来了学生负担过重的问题。教育部几乎每隔几年就在文件中重申高考命题不能超纲，不能脱离中学实际。与此同时，高考命题中“以本（教材）为本”的原则，导致了学生过分倚重课本，死记硬背，严重束缚了高考注重对基础知识的理解程度和运用能力以及对基本技能的掌握和熟练程度的考查。因此，到1999年新一轮高考改革推行时，国家提出高考内容要“遵循教学大纲，又不拘泥于教学大纲”，重新确定了高考命题的知识范围。对此命题原则的理解，一般认为是，“遵循又不拘泥”的目的是使高考可以更好地考能力，这才既有利于高校选拔又有利于高中教学。“遵循教学大纲”是指高考试卷内容不超过高中各科教学大纲的总体的范围；“又不拘泥于教学大纲”是指高考各科不局限于高中相应科目教学大纲的范围，可以考查学生跨学科运用知识、解决问题的能力②。

统一高考建制后，考试内容逐渐全国统一，命题的标准开始转向侧重中学教学。一方面，由于考试内容以中学教学内容为命题知识来源，教育行政部门可以有效地督导中学教学，掌握教学质量，提高教学水平。另一方面，高考将各高校的入学考试统一起来，考生不必为了投考某所或某几所特定学校（可能与中学教学脱节，或者难度高于中学水平）而对中学教学内容有所忽视；而教师也不会因为考试标准难以统一而无法指导学生备考，从而减轻了教师教学和学生备考的压力。因此，这一命题标准在一定程度上满足了国家、中学、教师、家长的利益追求的需要。

但是，正是因为高考内容与中学教学关系过于密切，高考发挥着强烈的导向作用，中学教学出现了以考试为轴心的现象。“高考考什么，中学学什么”及“高考不考，中学不学”逐渐成为高考与中学教学关系的真实反映。因此，从20世纪90年代中期开始，教育部在探索高考与中学教学关系中，

① 杨学为、廖平胜：《考试社会学问题研究》，华中师范大学出版社，2003年，第142页。

② 杨学为、廖平胜：《考试社会学问题研究》，华中师范大学出版社，2003年，第143页。

逐渐实施了与课本脱钩的命题。这种开放式的考试形式，是对考生综合素质的理想测试，在很大程度上引领了人们教育教学观的合理转变，推动了教育教学改革，活化了教育教学。它促成教育教学朝着崇尚素质方向发展，对改变原先“以本（教材）为本”条件下，学生过分倚重课本，死记硬背的局面有着重要意义，因此也获得了教师、学生的欢迎。然而，对传统观念、规律、方式、方法的任何挑战，都必须顺应科学的发展规律，千万不能过“度”，变革如果只着眼于利、得而忽视弊、失，就必然会使其实践陷入尴尬的境地。20 世纪 90 年代中期以来，与课本基本脱钩的高考命题模式已实行多年，其在推动高中教育教学改革的同时，也渐渐伴生出诸多负面效应。例如，课本价值被边缘化、知识积累被空心化、教与学目的被功利化，以及随之被滋生出来的治教与治学的浮躁心态，学科知识的整体性和系统性遭到肢解，学科教学的优良传统和科学规律受到侵蚀①。由此可见，高考命题侧重高校或侧重中学，都会带来相应的弊病，这主要是高考的竞争激烈、中学“应试”日益强化等原因造成的。

（3）与中学、大学脱钩

美国的 SAT，在命题上属于与中学、大学教学相对脱钩的能力考试。它与中学关系松散的原因主要在于美国中学缺乏统一的教学大纲和教材，各州间、学校间的教学状况存在很大差异。因此，SAT 设置与中学教学相对独立的试题，是对全美中学教学差异过大的现实的一种被迫应对。

美国教育行政实行地方分权制。州负有主要责任，地方承担具体责任，联邦具有广泛影响。由于各州各自为政，美国中学课程设置非常散乱，没有国家规定的统一课程，教学标准也多种多样，因此中等教育考试必须体现设计综合性的特点，不以某一大纲或教材为命题依据，而是通过对众多教材的研究和对各州教学情况的调查，找出教学中知识和能力要求的共同点，在考试中加以考查。为了不引起各区域的不公平，使得评价目标适合一般水平，并适应大学求学的需要，SAT 考试突出学习能力的考查，对与大学要求紧密联系的数学和语言等基本能力的水平和学术能力进行考测，而与中学的一般教学没有直接关系，避免了考试对教学影响过大的不正常现象。

但是，由于 SAT 考试与中学教学脱钩，导致其对中学教学难以形成正

① 陈星际：《反思：与课本基本脱钩的高考命题模式》，《中国青年报》2006 年 1 月 18 日。

面的导向和促进作用，教育行政部门很难对中学教育质量进行把握。20世纪80年代中期，中等教育发展中暴露出的质量低下的问题越来越明显。中学毕业生中，近一半人不能把100份中的9份换算成百分数。权威测试结果表明，在自然科学和数学方面，美国14岁学生掌握的知识不如其他发达国家的学生；在美国核电站培训技术人员的640个小时中，有520个小时用在数学和其他本应在中学掌握的基础知识上①。为提高中学教育质量，便于国家很好地掌握中学教育水平，美国设立了全国统一的全国教育评价考试(NEAP)和高中毕业水平考试——最低能力测验。此外，另一项与高中课程联系更为紧密的大学入学考试——ACT考试逐渐受到重视。该考试强调学生升入大学所具备的知识和能力，是通过整个学校教育过程获得的，并不能通过短期突击和考前辅导获得，因此考试必须与高中教育目标和课程紧紧相连，考试的分数应当反映考生在高中就读期间努力学习的结果②。而SAT考试，近年来也进行改革，逐渐贴近和反映中学的教学实际情况。

由此可见，入学考试命题范围的确立都无法忽视其对中等教育的影响。太过贴近或太过远离中学教学实际的考试命题都会产生巨大的消极影响。就我国的大学入学考试而言，命题标准经历了从侧重高校到关注中学的转变，但这个转变前后中学教育都会产生一些负面影响。原因之一在于中学教师和考生会根据自身利益调整行为。无论是试题内容偏重大学还是偏重中学，积极备考都是师生共同的应对措施，教师和考生都会竭尽全力，将体力、智力、精力发挥到最大限度。与各校单独招考相比，在统一高考条件下，教师和考生的备考要求相对集中，同时也能兼顾中学质量的提高，因此长期为我国所采用。与此同时，以中学教学内容为命题范围的统一高考，也在一定程度上导致了学生负担过重，特别是以知识为命题立意的考试内容，加剧了学生的考试负担。从这一角度看，高考命题从知识立意到能力立意、素质立意的转变就有着重要意义。

2. 命题立意

长期以来，高考制度一直伴随着考知识还是考能力、考书本还是考实际

---

① 韩家勋、孙玲：《中等教育考试制度比较研究》，人民教育出版社，1999年，第342页。

② 韩家勋、孙玲：《中等教育考试制度比较研究》，人民教育出版社，1999年，第104页。

的争论。20 世纪 70 年代开始，国家逐步提出高考要注重测试学生掌握基础知识的状况和分析问题、解决问题的能力。到 1999 年，教育部在新一轮高考改革中明确指出，高考内容将更加注重对考生能力和素质的考查；命题范围遵循中学教学大纲，但不拘泥于教学大纲；试题设计增加应用型和能力型题目。命题要把以知识立意转变为以能力立意，转变传统的封闭的学科观念，在考查能力的同时，注意考查跨学科的综合能力。从知识到能力立意的转变也带来了中学和大学利益的博弈。笔者现就其中的能力考试，特别是综合能力考试的推行进行分析。

(1) 能力考试的取与舍

近年来，高考改革在以能力立意的改革指导思想下获得了较大的发展。考试内容体现出越来越明显的综合性、应用性和创新性。在考查学生科学能力的同时，注重考查学生跨学科的综合能力，强调学科之间的渗透、联系、交叉和融合。此外，试题逐渐注重理论与实践的结合，强调学以致用，强调与社会、生活实际的联系；同时鼓励学生打破常规，注重考核学生的开拓精神和创造能力。

随着能力立意在高考内容改革中日益突出，能力考试越来越受到社会关注。人们在谈到能力考试时，通常将其与知识考试相区别。有的学者认为，知识性考试主要考查某一特定专业领域的知识内容，如字词、语法、代数等知识；而能力性考试主要考查那些影响活动较广，比较稳定的，不易受到环境影响的心理特征。与知识考试相比，能力考试的特点表现为以下几个方面：首先，它不容易受到强化辅导的影响，几乎是无法准备的；其次，对记忆力的要求较低；再次，更多地着眼于潜力，能力考试往往更关注受测者潜在的心理特征而不是现实具有的知识技能①。当前，我国高考内容改革正处在从知识立意到能力立意的转变过程中，高考试题对学生能力的考查还非常有限。原因主要有以下几点：首先，高考命题对如何命制能力试题还缺乏经验，能力考题的命制水平仍有待提高；其次，大规模的考生队伍，以及单一的笔试方法在一定程度上阻碍了能力考试的广泛实施；再次，中学师生的某些不当应考态度和应考行为对能力考试的深入推行产生了一定阻力。其中第三点就明显地体现着高校与中学、考生之间的利益博弈。

社会的发展对人才素质的结构提出了全新的要求。不少研究者指出，高

① 谢小庆：《知识考试与能力考试》，《中国教师》2004 年第 2 期，第 21 页。

校招生考试的标准不能停留在对学生所学知识的掌握程度上，以单一的基础理论知识考试方式选拔学生进入高校学习，不利于学生在高校期间的学习，也不能培养出适应时代需求的人才。因此，衡量标准的另一重要内容就是考查学生的基本技能和能力。其中包括学生独立思考、抽象概括等学习能力；演说、辩论等语言能力；参加体育活动、社团活动、学生工作、艺术表演、社会公益活动等组织能力和社会活动能力[①]。尽管高校的生源要求不一定能满足上述各项标准，但从高校的角度讲，还是希望生源具备扎实的文化基础、宽广的知识面、较强的逻辑思维能力和口头表达能力，以及一定的动手能力和创新能力。高考命题从知识立意向能力立意转变，为高校选拔具备各项能力的考生奠定了基础。因此，高校属于改革的受益者，其对此命题立意的革新持支持与赞同态度。

就中学角度看，高考命题立意的调整对长期形成的教育教学秩序产生了一定的影响。长期以来高考内容主要以知识考试为主，虽然也考查学生的部分能力，但总体而言考查的能力层次、水平较低。部分教师教学、备考方式长期受知识性考试的影响，倾向于使用题海战术。因此，随着考试内容的能力倾向越来越强，教师亟待转变教学方式，提高学生分析问题、解决问题的能力。然而，随着高考竞争日益激烈，加之受升学率和个人物质利益的驱使，一些中学教师并没有实现从“授之鱼”到“授之渔”的转变，而是将教材中的知识在运用时可能遇到的情况，编成练习题，要学生练习、记忆、背诵，在运用知识去解决问题的过程中所应表现的能力，被训练成记忆的知识；再加上各种复习资料、模拟试题等，“考能力”被异化了，成了死记硬背[②]。鉴于此，有学者提出要坚决打击形形色色的高考复习资料，并认为复习资料的最大害处是把考能力异化为背诵死的知识[③]。

其实，只要有考试，客观上就存在着应考。无论是考知识还是考能力，中学教师和考生都需要做好备考工作，这是他们自身要求的客观反映，所

① 王晶：《加入WTO后我国高等教育入学机制改革分析》，《云南师范大学学报》（哲学社会科学版）2002年第5期，第111页。

② 杨学为：《中国高考史述论》（1949—1999），湖北人民出版社，2007年，第528页。

③ 杨学为、廖平胜：《考试社会学问题研究》，华中师范大学出版社，2003年，第143页。

以，多年来教育部三令五申禁止编印复习资料一直都未见成效。这除了维护部分复习资料编印者的个人利益之外，中学的应考需要也是重要的原因之一。自科举制实施以来，中国社会已逐渐形成了深厚的应考传统，无论参加什么考试，投考者都希望掌握复习资料，都会花精力备考。考试的重要性越大，投考者的付出就越多。从考试心理的角度来看，这是考生提高考试胜算、减轻考试压力的重要途径之一。因此，高考内容要实现“考能力”的目标，需要认真考虑中学教师、考生的利益取向。

（2）综合能力考试的进与退

综合能力考试是1999年推行的“3＋X”改革的重要组成部分，是建立在中学文化科目基础上的综合科目的一种测试方式，是综合性地考查学生理解、掌握和运用中学所学知识的能力的一种测试①。综合能力考试多以现实生活中、实验中的有关现象和问题立意命题，对其中折射出事物的物理、化学、生物甚至历史、地理、政治方面的特征、特性，要求考生综合运用有关方面的知识去分析解决。综合能力测试以综合科目为载体，命题上强调学科间的渗透、交叉与融合、学以致用，强调人与自然、社会协调发展的现代意识。在试卷安排上，既有反映学科之间并列递进关系的试题，即选择一段材料，分层次、多角度设问，构成一个问题链；也有体现学科之间系统包容关系的试题，即设计一个问题，要求调动多学科知识和方法，从整体上加以把握②。

自2000年开始推行以来，综合能力测试已走过15年的历史。实践中积累了相当的经验，也遭遇了许多问题，其中最明显的问题就是命题中的学科分类与综合的矛盾。学科分类由来已久，各学科都有自己比较科学、完善的学科体系。目前我国高中阶段设置了9门文化基础课程，各学科的教学大纲、教材、教学组织分别独立制定完成，学生在系统地学习各门知识的过程中，逐渐形成了各学科的知识结构、逻辑结构和带有学科特色的思维方法；但由于现实社会中，许多大大小小的问题的产生和解决却是不分学科的，需要通盘考虑。综合考试正是基于这一现实而出现的，它强调以学生所学的各学科知识内容作为载体或背景，或是在提供新情境的条件下，分别用各学科的知识解决问题。综合试题的内容并不是要脱离高中学生已具有的单学科知

① 东方、岳龙：《追问3＋X》，福建教育出版社，2000年，第35页。

② 东方、岳龙：《追问3＋X》，福建教育出版社，2000年，第17～18页。

识体系，而是要力图根据事物及其发展的内在逻辑和规律，将知识重组、整合，构成一个有机整体[①]。然而，在实际的命题过程中，由于综合能力测试的命题水平一直难以稳定与持久，加之受年龄和所学知识的限制，高中生分析相关联的复杂事物的能力也很有限，所以综合考试中强调主要是本学科内的综合，其次才是跨学科的综合。因此，实践中对综合考试命题存在很大非议，认为综合能力考试是“拼盘”“知识点少、随意性大”“考生凭运气”的教师和学生不在少数。

笔者在对福建省某一级达标中学的教师进行访谈时了解到，综合能力考试在推行初期曾一度受到中学教师的热情支持与极大期待。不少教师认为，综合考试设置之前，分科教学带来了各自相对完整的知识体系和严谨的逻辑结构，提高素质、培养能力、开发智力等教育要求被分解到各门学科中去，在一定程度上造成了知识和能力的人为分解，使学习与人的发展及社会现实发生相当的疏离，与社会发展对于人的素质的全面性的要求不太适应。因此，综合能力考试是缓解和解决中学教学中长期存在的学科隔离问题的良好契机。然而，此项改革推行多年后，教师的积极性在下降，原因主要有：一方面是命题水平难以提高，综合考试仍然只是几门单科知识的“拼盘”，综合试题并未实现学科的真正综合。同时，综合科目将三门单科知识糅在一起，减少了各自学科知识的覆盖面，在一定程度上影响了学生掌握知识的全面性。另一方面，综合考试也带来各单科教师之间的利益冲突，即与原先的单科考试相比，综合考试对教师的评价、考核方式产生了一定的不利影响。调查中笔者了解到，单科考试条件下，教师可以从高一就“培养”几个该门课程的“明星学生”，这些单科优秀的学生的高考分数与教师的升迁和福利有着紧密的联系。而在综合考试条件下，三位教师（史、地、政或物、化、生）要共同努力才能出现高分局面，因此容易形成“责任不明”“利益不清”的问题。因此，不少教师从自身利益出发，要求改综合考试回单科考试。

由此可见，命题人员的素质，综合能力考试的命题水平，甚至是部分中学教师因为命题改革中地位的调整带来的自身不尽合理却又客观存在的利益诉求，都深刻影响着高考综合能力考试的推行。而从改革实际来看，也有部分省份在分省命题的背景下，根据自己的实际调整了综合科目的命题方式。

---

① 韩家勋：《高考内容改革探析》，《中学化学教学参考》2001 年第 1-2 期，第 12 页。

例如，尽管仍设立综合科目，天津市高考的文科综合和理科综合考试就实行"同场分科考试"。在综合考试科的时间里，考生需要完成文科（政治、历史、地理）及理科（物理、化学、生物）各三份单科考试试卷。综合能力测试不再像此前的文科大综合和理科大综合一样，而主要集中于各个科目内部的综合，考查学生单个学科的综合能力。这在一定程度上减缓了综合科目的命题难度，也有助于命题人员将注意力转向钻研单一学科综合能力命题，从而提高整体的命题水平。

社会改革都会出现各个利益集团的相互冲突、相互影响和相互作用。个体的利益选择影响着别人的选择；个体的利益选择又受制于别人的选择；个休的利益选择受制于整体的选择，整体的选择是个体利益选择的均衡；各利益主体因自身利益而进行各自的选择和展开激烈的利益竞争，又必须为竞争秩序和共同利益而合作。因此，整个过程是各利益主体多重博弈、重复博弈和合作博弈相互交错的结果。由于不同的利益集团在改革过程中拥有不同的地位和权力、不同的偏好体系和特殊利益，它们在变迁中的权力结构、偏好体系和相互冲突、相互制衡共同决定制度变迁的矢量方向。也即任何一种制度选择或改革道路选择，都不单单取决于政府的偏好或领导集团的好恶，而是最终取决于各种利益集团的相对势力及其合力，是各利益集团公共选择的结果①。高考形式改革和内容改革，也明显地体现出这一特点。

① 柳新元：《利益冲突与制度变迁》，武汉大学出版社，2002 年，第 60 页。

第五章　高考形式与内容的公平性研究

公平是人类社会发展史上最古老的话题之一。人类社会发展史，从某种意义上说，就是一部追求公平的历史。现代社会是这样一种社会，它把根据能力以取得更高地位为目标的自由竞争作为其基本功能条件。因此，各种考试制度是选拔和分配机构中最富有战略性的部分①。考试作为分配有限社会资源的手段之一，是一种客观的、合理而公正的能力评价制度，它使得资源的分配结果符合社会正义原则。高考是我国现阶段个人获取高等教育入学机会的最重要途径，如何从制度上保证统一高考的公平、公正对于改革有着重要的理论和现实意义。本章主要对当前高考内容和形式的公平性进行理论探讨和实证分析，以期为改革推进提供一定的参考。

第一节　当前高考制度公平性的总体概况

长期以来，统一高考的公平、公正一直为社会所颂扬和褒奖，其彰显的“公平竞争”对于杜绝“不正之风”有着不可替代的作用。高考一直被认为是中国最公平的制度之一，在现实社会生活中，大概很难找到比高考更为公平的竞争了②。在高等教育资源有限的情况下，它采用分数这一统一的取舍尺度，确立了“分数面前人人平等”这一程序上的公正，受到社会公众的极大拥护。然而，近年来随着社会公平、公正理论的发展，以及高考改革的深化，社会对统一高考的公平性给予了更深层次的关注与讨论。在这场讨论中，不乏出现一些对高考制度公平性的质疑，成为影响甚至阻碍统一高考继

---

① 天野郁夫：《社会选拔与教育》，转引自张人杰：《国外教育史化学基本文选》，华东师范大学出版社，1989 年，第 160 页。

② 刘海峰：《为什么要坚持统一高考》，《上海高教研究》1997 年第 5 期，第 45 页。

续推行的因素之一。对此，笔者认为亟待从理论上进行深入探讨。

一、统一高考是否体现了"公平"？——怀疑者的意见

公平是一个看似简单，却异常复杂的概念。由于公平的种类不同，加之个人所处的角度不同，人们对一个事物是否具有公平性的把握时常存在很大差异。因此，就在不少人极力颂扬统一高考公平、公正的同时，也有人从另一角度对高考制度的公平性提出了质疑。总体上看，怀疑者的意见主要包含以下几方面：

（一）是否真正"一切以分数为去留"

"分数面前人人平等"是高考制度的核心，是统一高考公平、公正的最明显体现。它剔除了金钱、权利、出身等人为因素的干扰，充分展现考试"能力至上""客观公正"的优势。但自 20 世纪 90 年代开始，愈演愈烈的高考"倾斜分数线"问题使得"分数面前人人平等"这一公平、公正原则受到越来越大的挑战。

我国高校招生以省为单位。由于各高校在不同省份投入的招生计划不一致，导致各省之间的高考录取分数线存在较大差别。以京、津、沪为代表的东部经济发达地区和西部边远地区的分数线明显低于中部湖北、河南和山东等地。以 2001 年—2005 年部分省市本科一、二批控制分数线为例（见表 5-1）。

表 5-1　2001 年—2005 年全国部分省市高考录取分数线差距比照①

年份	类别	批次	省市									
			北京	天津	上海	浙江	江西	湖南	湖北	安徽	贵州	甘肃
2001	文科	一批	454	500	424	543	525	539	524	520	504	490
		二批	429	456	408	509	495	498	488	480	423	465
	理科	一批	488	508	427	569	532	551	555	538	490	512
		二批	443	458	399	530	490	506	501	476	393	467
2002	文科	一批	462	492	467	560	542	553	527	535	513	492
		二批	432	453	449	522	491	513	504	482	429	466
	理科	一批	469	505	456	573	564	559	555	548	485	508
		二批	424	455	423	531	509	513	525	487	393	457

① 数据来源：历年各省高考录取分数线，中国招生同盟网，http：//www.zgedu.net/kspd/gk/gd.asp。

续 表

年份	类别	批次	省市									
			北京	天津	上海	浙江	江西	湖南	湖北	安徽	贵州	甘肃
2003	文科	一批	470	477	441	541	530	557	516	507	505	504
		二批	434	441	420	500	478	520	489	462	422	456
	理科	一批	455	452	435	508	512	501	502	482	436	458
		二批	408	403	388	459	462	457	468	431	354	402
2004	文科	一批	474	520	463	576	583	568	536	564	531	578
		二批	435	472	428	535	542	531	510	520	463	528
	理科	一批	491	495	451	574	596	541	561	565	484	568
		二批	433	434	398	517	542	496	530	501	408	508
2005	文科	一批	486	498	480	568	554	574	506	543	556	535
		二批	443	460	439	535	509	533	478	488	476	476
	理科	一批	470	458	469	550	545	544	524	541	536	558
		二批	414	408	418	508	494	491	492	480	459	498

从表 5-1 中可以看出，2001 年—2005 年间，各省高考分数最高分与最低分相差分别为，文科一批：121 分、98 分、100 分、109 分、94 分；文科二批：80 分、90 分、100 分、100 分、96 分；理科一批：142 分、123 分、77 分、145 分、92 分；理科二批：137 分、101 分、80 分、144 分、100 分。各省间的分差相当大，而具体到某一所学校分数的差距就更大了。在湖北的一些大学，同一寝室的同学高考分数最多相差 200 分①。因此，有人将这一现象称为中国教育最大和“最刺眼的不公正”②。

由于涉及社会各方利益的调整，从 20 世纪 90 年代末开始，高考分数线的倾斜问题逐渐由普通百姓尤其是考生、家长、中学教师等的非议发展为政府高层商议的焦点，成为历年“两会”讨论的重要议题之一。1999 年的“两会”上，武汉大学博士生导师万湘鄂提交了《我国高等教育面临的问题与改革建议》的提案，指出在全国统一试卷的情况下，湖南、湖北、江苏等省的分数线要高出经济发达省市（包括北京）近 180 分，引起了与会代表的强烈反响③。2000 年的“两会”上，全国政协委员、中科院院士姚守拙又

① 罗新宇、陈志文：《倾斜的高考分数线》，《中国青年报》2000 年 2 月 24 日。

② 肖雪慧：《最刺眼的不公正——2001 再谈高考录取线》，《社会科学论坛》2001 年第 11 期，第 43～45 页。

③ 傅盛宁：《倾斜的高考录取分数线》，《焦点》2000 年第 6 期。

提交了题为《高考招生应该全国范围内按分数高低统一录取》的提案[①]。2002年第九届全国人大四次会议上，张汉青等代表也提交议案，质疑高考录取分数线的划定是否公正，并引起了国家权力机关的高度重视。之后连续几年的“两会”上，高考录取制度的改革一直被广为关注。2005年的“两会”上，全国政协委员朱永新在《关于加快高考制度实质性改革》的提案中，建议把高考分数线统一起来，并认为高考分数线应该统一，统一才能体现公平[②]。

许多学者都指出，高考“倾斜的分数线”的形成有着深刻的历史和现实原因，对各省市分数线的倾斜及其调整不仅仅是简单的考试公平或区域公平问题，而且是一个受到政治、经济、文化、人口、就业以及高等教育布局等多种因素综合影响的复杂问题[③]。同时，对于这一问题，不存在绝对的公平和完美的解决之道，只能在兼顾两端的情况下求得相对的平衡[④]。但是，倾斜的高考分数线还是导致了各地区考生在高考竞争中因地域身份的限制而处于不平等竞争的地位，这与民主社会中“公民身份平等”的原则产生了内在的冲突和紧张[⑤]。这种“口头上的平等受教育权与事实上人为造成的受教育机会不平等的反差”在很大程度上“破坏了统考的存在理由”[⑥]。因此，它逐渐成为质疑统一高考公平性的最具代表性的观点。

（二）是否对城乡学生一视同仁

全国统一高考，从“分数面前人人平等”角度看是公平的；但有学者指出，表面的公平往往掩盖了实质的不公平，对于来自农村基础教育水平低、家庭经

---

① 郑琳：《全国政协委员建议高考应统一分数线》，《中国青年报》2000年3月15日。

② 朱振国：《加快高考制度实质性改革——访全国政协常委、苏州市副市长朱永新》，《光明日报》2004年8月12日。

③ 郑若玲：《考试公平与区域公平：高考录取中的两难选择》，《高等教育研究》2001年第6期，第56页。

④ 刘海峰：《高考改革中的两难问题》，《高等教育研究》2000年第3期，第38页。

⑤ 李立峰：《我国高校招生考试中的区域公平问题研究》，厦门大学博士学位论文，2006年，第3页。

⑥ 肖雪慧：《最刺眼的不公正——2001再谈高考录取线》，《社会科学论坛》2001年第11期，第43页。

济条件差的考生而言，入学机会是不公平的[1]。近年来，城乡教育差距广为社会关注。有人形容这种差别为：城市的学校像欧洲，农村的学校像非洲；城市中小学的一间教室相当于农村的一所学校。义务教育阶段的差距使城乡孩子在人生起跑阶段就不公平。笔者认为，产生这一现象的深刻原因在于国家长期以来逐渐形成了重城市、轻农村的发展政策。受此政策的影响，城市发展优先于农村，出现了巨大的城乡差别。农村教育与城市教育形成巨大落差，城乡教育呈现出“马太效应”似的不平衡发展：城市由于集中了更多的政治、经济和文化资源，在资源配置、资金投入、办学条件、教师待遇等方面越来越好；而农村由于缺乏资源的配备、政策的保证，其与城市教育的距离在进一步拉大。

由于地方政府对城乡的投入和支持力度不同，城乡学生在分享公共教育资源上存在着巨大的不合理差距。很少的重点高中留在农村，农村中硬件好些的学校更是凤毛麟角，加之农村的孩子无法请得起甚至没有机会请家教，高水平的教师也不愿意待在农村。不少人据此产生疑问：这原本就受了不同水平教育的学生去一起考那同难度的试卷，高考如何体现公平[2]？正是因为如此，农村中学的教育质量和教学水平难以与城市相提并论。对于许多农村孩子而言，他们要付出比城市孩子更多的努力，才不至于落得太远，输得太惨。因此，有学者指出，在这样的条件下推行统一高考，实质上是对农村考生及公共教育设置不发达地区考生的歧视[3]。实践中对高考公平性的质疑呼声自然也就越来越大。

（三）是否为各阶层子女提供了相同的入学机会

考生高考分数的高低，有着众多的影响因素：一方面，取决于个人天赋、后天努力程度及对教育价值的不同理解等；另一方面，也与个人的家庭出身有关。美国社会学家詹姆斯·科尔曼曾在1968年发表的《教育机会均等的概念》一文中指出，社会的阶级结构影响着那一社会的教育机会均等的观念。他对20世纪60年代美国白人学校和黑人学校学生的学业成就与学校投入的关系调查表明，黑人学校与白人学校之间差异的重要性排列：最不重要的是设备和课程上的差异，其次是教师素质上的差异，最重要的乃是学生

---

① 潘懋元：《公平与效率：高等教育决策的依据》，《公平与效率：21世纪高等教育改革与发展》，福建教育出版社，2003年，第8页。

② 余人：《细数高考的不公》，《北京文学》，2006年第7期，第107～108页。

③ 顾海兵：《中国高考制度批判：计划经济的考试可以休矣!》，《中国改革》2001年第10期，第12页。

的教育背景上的差异[①]。此外，国外大量社会学的研究也反映，高阶层子女往往比低阶层子女拥有更多的机会接受高等教育。家庭出身对子女入学机会的影响主要是通过一些中介因素起作用的，这些中介因素包括家庭的物质条件、父母的教育态度、价值观念和语言类型等[②]。例如，用来测定社会地位（属于上层社会阶级、中层社会阶级还是下层社会阶级）的社会一经济指标，或者某些经济方面的变量（家庭收入或家产），与测验成绩、学业成绩的相关系数为 0.2 至 0.4。但是，当人们考虑到家庭背景中一些最重要的心理因素时，尤其是考虑到母亲与其孩子的相互作用、家长对其子女的独立精神的培养、父母对其子女的支持，以及为子女提供效法父母行为的机会和得到奖励的机会诸因素时，其相关系数显然就更大。沃尔夫和戴夫求得环境中某些变量与智力测验成绩、标准测验分数之间的相关系数甚至高达 0.8[③]。

我国学者王伟宜和余小波的研究也基本与上述结果一致。研究表明，社会阶层、家庭背景对于子女获取高等教育机会有着重要的影响。王伟宜认为，由于当前我国十大阶层在三大资源的占有上存在差异，这种差异影响着相应阶层子女的早期教育，而早期教育存在的差异会影响各阶层子女在统一高考中的分数并决定其能够拥有多少高等教育入学机会，最终导致不同阶层子女在高等教育入学机会方面存在一定差异，出身较高阶层的子女拥有比出身较低阶层的子女更多的入学机会。如国家与社会管理者、专业技术人员这些中上阶层的子女获得了更多的入学机会，而像占人口绝大部分的产业工人、农业劳动者这些低社会阶层子女拥有的入学机会却相当有限。这说明，高等教育系统客观地进行着“淘汰”，阶层地位越低，这种淘汰越严重[④]。

余小波以某校 2000 级学生的高考录取分数线与其父亲身份的关系的研究也表明（见表 5-2），由于父亲身份的不同，考生入学的实际录取分也是不一样的，差异较大的在农民的子女与干部、工人的子女，前者比后者的实际录取分要高出约 20 分，而工人子女的实际录取分较干部子女的平均要高

---

① 詹姆斯·科尔曼：《教育机会均等的概念》，转引自张人杰：《国外教育史化学基本文选》，华东师范大学出版社，1989 年，第 187 页。

② 陈奎喜：《教育社会学》，台湾三民书局，1980 年，第 109～113 页。

③ 托尔斯顿·胡森：《平等——学校和社会政策的目标》，转引自张人杰：《国外教育史化学基本文选》，华东师范大学出版社，1989 年，第 211 页。

④ 王伟宜：《中国不同社会阶层子女高等教育入学机会差异研究》，厦门大学博士学位论文，2006 年，第 107、288 页。

出约 4 分。不同阶层子女的录取平均分不同表明，招生考试工作中也存在不正之风，而在拉关系、走后门方面，农村家庭明显是不会占优势的。而且，招生学校出于自身利益的考虑，也可能会把关注点更多地放在干部子女、城镇考生身上而不是农村①。

余小波的此项研究，将高考分数与考生父亲的身份相结合，作为分析高考教育入学机会均等的公平性指标，是一个很好的分析角度。但需要指出的是，若严格按照统计学的方法考察不同阶层子女的高考分数的差别，一般不能只从数值上比较平均数（原始分）的大小，而需要对不同组别进行平均数差异检验或方差分析。因为平均数容易受到样本量和样本极端值的影响，若样本中存在过大或过小值，直接用平均数进行比较，就可能会掩盖数据的真实情况，使得样本能代表和反映总体数据的有效性降低。对此，笔者将在后文做具体分析，以进一步考察统考与考生家庭背景的关系。

表 5-2　父亲身份不同的学生实际录取分比较②

学科门类	父亲身份	平均分
工科	干部	511
	工人	530
	农民	537
财经	干部	509
	工人	517
	农民	539
文科	干部	521
	工人	514
	农民	525
理科	干部	512
	工人	512
	农民	530
总计	干部	512
	工人	516
	农民	534

① 余小波：《当前我国社会分层与高等教育机会探析——对某所高校 2000 级学生的实证研究》，《现代大学教育》2002 年第 2 期，第 45 页。

② 余小波：《当前我国社会分层与高等教育机会探析——对某所高校 2000 级学生的实证研究》，《现代大学教育》2002 年第 2 期，第 45 页。

二、统一高考的程序公平与实质公平

上述三种对统一高考公平性的质疑都是客观存在的。怀疑者的意见表明，近年来随着社会对高考制度的进一步聚焦，人们已经逐渐不满足追求高考在程序、形式上的公平，而对其公平性提出了更高的要求，即要求统一高考体现来自社会不同阶层、不同社会背景的考生的利益，实现高等教育资源的更加公平的分配。在以上三种意见中，倾斜分数线属于高考程序公平的问题，而后面两者则涉及更深层次的考试的实质公平。统一高考的程序公平与实质公平是两种不同类型的公平，在一定条件下会产生矛盾。解释和解决这一问题，可采用国外社会学、教育社会学中的公平、公正和平等理论为分析框架之一。其中瑞典的托尔斯顿·胡森的“平等的三阶段”与美国的约翰·罗尔斯的“作为公平的正义”是最有代表性的理论。

（一）“平等是起点、连续不断的阶段和最后目标”

托尔斯顿·胡森在其代表作《社会环境与学业成就》（1972 年版）一书中对“平等”的概念做了如下分析。他认为，就个体而言，“平等”可以有下述三个含义：第一，“平等”首先可以指个体的起点；第二，“平等”也可以指中介性的阶段；第三，“平等”还可以指最后目标，或者指这三方面的综合。

具体来说，所谓“平等”，首先是指每个人都有不受任何歧视地开始其学习生涯的机会，至少是在政府所办的教育中开始其学习生涯的机会。从遗传学的观点来看，显然不会得出这样的结论。但我们至少可以从理论上设想，使所有儿童从出生起都能真正地享有同样的生活条件。当然，第一个难题就在于，他们的家长从遗传学着眼是有很大差别的，因此，所有的儿童从起点开始就受到极大不相同的对待。其次，“平等”这一思想还可以适用于对待，即可以考虑各种不同但都以平等为基础的方式来对待每一个人——不论其人种和社会出身如何。在这方面，首先，可以使每个人在法律面前一律平等。其次，也可以制定相应的社会政策，以确保每个人都有收入或者有最低限额的生活补助。还可以建立统一的学前教育系统或学校教育系统，以便不加歧视和没有其他限制地对所有儿童一视同仁。最后，在制定和施行教育政策时应列入一些措施，俾使入学机会更加平等，进而使学业成就的机会更加平等。在这个意义上，教育面前机会平等可以被视为一项目标，或被看作一组指导原则[①]。

用这一平等的三段式来分析高校招生入学考试可以看出，统一高考在个体获取高等教育入学机会过程中体现的公平是有限的。考试作为社会资源的分配方式之一，在当前教育资源不充足的背景下充当着“公平的标准”这一角色。考试的竞争与资源的稀缺性密切相关，现阶段统一高考的高竞争性、高风险性折射出社会优质高等教育资源的稀缺程度，反映了国家难以为每个人都提供同等的高等教育机会。因此，若期望仅由改革高考而能增加高等教育资源，为更多人提供获取高等教育的机会是不现实的。而且，随着考生离出生时的原始状态越来越远，其在面对高考时，学习条件与机会、背景和心理状况上都存在着巨大的差异，主要表现为[②]：第一，学生的资质与学习准备不同。由于先天条件或个人成长经历不同，不同学生的优势与特长存在很大的差距。第二，学生的学习能力不同，在接受、理解、建构、创新、实践等方面，不同学生的能力是不可能完全相同的。第三，学生的家庭出身、经济基础、文化背景不同，家庭与文化背景对学生的影响是巨大而广泛的。单就学习而言，家庭经济条件不同，给学生创设的物质方面的学习条件就会有所不同。家长的辅导能力不同，学生在家里所获得的学习机会就有差异。至于文化背景，则直接影响着学生学习目的的不同定位、学习内容的偏好、学习方式与学习习惯的差异。第四，学生个人心理世界的差异。因此，要求考生参加高考前达到绝对的背景公平是不现实的。

此外，就高考的社会性而言，其蕴涵着“优胜劣汰”“选拔贤能”等深刻含义，鼓励竞争、强调效益是其重要特征。利用考试，社会将群体进行分类。考生群体因为考试成绩的多少逐渐被分为多个类别、多种等级，群体的差异性在逐步扩大。因此，在高考竞争依然存在的情况下，个体会因为考试而产生成功或失败的不同，要达到考试结果的绝对平等是十分困难的。由于高考的起点公平、结果公平难以在短期内实现，因此高考公平只能更多地体现在过程的平等上，即提供程序的公平，让能力和学识上突出的学生能够通过公平竞争的方式脱颖而出，实现为高校选拔生源和为社会输送人才。

---

① 托尔斯顿·胡森：《平等——学校和社会政策的目标》，转引自张人杰：《国外教育史化学基本文选》，华东师范大学出版社，1989 年，第 194～195 页。

② 张雅君：《教育起点的不公平与学校教育公平的实现》，《常州工学院学报》（社会科学版）2007 年第 2 期，第 109～110 页。

（二）“作为公平的正义”

约翰·罗尔斯是迄今为止对公正研究最深入、最为体系化的美国学者。20世纪70年代出版的《正义论》一书是罗尔斯累积近20年的努力思考而成的一部心血之作，它集罗尔斯思想发展乃至集英美近年来道德和政治哲学发展之大成，把罗尔斯多年来殚精竭虑力图完善的一种正义观念和证明程序，进一步发展成为一个严密的条理一贯的体系。《正义论》对西方社会产生了重大的影响，被誉为“二次大战后伦理学、政治哲学领域中最重要的理论著作”①。

在《正义论》中，罗尔斯认为，一个社会是一种对于相互利益的合作的冒险形式，但它却不仅具有一种利益一致的典型特征，而且具有一种利益冲突的典型特征。一方面，由于社会合作，存在着一种利益的一致，它使所有人有可能过一种比我们仅依靠自己的努力独自生存所过的生活更好的生活；另一方面，由于这些人对由他们协力产生的较大利益怎样分配并不是无动于衷的，这样就产生一种利益的冲突，就需要一系列原则来指导在各种不同的决定利益分配的社会安排之间进行选择，达到一种有关恰当的分配份额的契约②，即形成一种作为公平的正义原则。

在罗尔斯看来，正义的对象是社会的基本结构，即用来分配国民的基本权利和义务，划分由社会合作产生的利益和负担的主要制度。他认为：人们的不同生活前景受到政治体制和一般的经济、社会条件的限制和影响，也受到人们出生伊始所具有的不平等的社会地位和自然禀赋的深刻而持久的影响，然而这种不平等却是个人无法自我选择的。因此，这些最初的不平等就成为正义原则的最初应用对象。换言之，正义原则要通过调节主要的社会制度，来从全社会的角度处理这种出发点方面的不平等，尽量排除社会历史和自然方面的偶然任意因素对于人们生活前景的影响③。为此，他提出了“作为公平的正义”理论。这一理论的核心不是选择建立某一特殊的制度或进入

① 何怀宏：《公平的正义：解读罗尔斯〈正义论〉》，山东人民出版社，2002年，第11～12页。

② 约翰·罗尔斯：《正义论》，何怀宏等译，中国社会科学出版社，1988年，第4页。

③ 约翰·罗尔斯：《正义论》，何怀宏等译，中国社会科学出版社，1988年，译者前言。

某一特定的社会，而是选择确立一种指导社会基本结构设计的根本道德原则（正义原则）。他把这种正义原则概括为两点①：

第一，平等自由的原则，即每个人对与所有人所拥有的最广泛平等的基本自由体系相容的类似自由体系都应有一种平等的权利。

第二，机会的公正平等原则和差别原则的结合，社会的和经济的不平等应这样安排，使它们被合理地期望适合于每一个人的利益，并且依系于在机会公平平等的条件下职务和地位向所有人开放。

这两个原则的要义是平等地分配各种基本权利和义务，同时尽量平等地分配社会合作所产生的利益和负担，坚持各种职务和地位平等地向所有人开放。罗尔斯认为，第一个原则主要用于支配权利与义务的分派；而第二个原则则用于调节社会和经济利益的分配，一是确定与保障公民的平等自由的方面，一是指定与建立社会和经济不平等的方面。这两个原则是按照先后次序安排的，第一个原则优于第二个原则，这一次序意味着：对第一个原则所要求的平等自由制度的违反不可能因较大的社会经济利益而得到辩护或补偿。财富和收入的分配及权力的等级制，必须同时符合平等公平的自由和机会的自由。对于第二个原则，他认为，每个人都要从社会基本结构中允许的不平等中获利。这意味着此种不平等被看作是一种持续的情形，但不能根据处在某一地位的人们的较大利益超过了处在另一地位的人们的损失额而证明收入或权力方面的差异是正义的②。由于社会和经济的不平等（例如财富和权力的不平等），只允许那种能给最少受惠者带来补偿利益的不平等分配，任何人或团体除非以一种有利于最少受惠者的方式谋利，否则就不能获得一种比他人更好的生活③。因此，第二个原则中，机会公正平等原则优于差别原则。

在解释公平与正义的关系时，罗尔斯认为，正义并不等同于公平（fairness），但正义的要义正是公平。要从公平的角度来观察正义，以达到

---

① 约翰·罗尔斯：《正义论》，何怀宏等译，中国社会科学出版社，1988年，第61页。

② 约翰·罗尔斯：《正义论》，何怀宏等译，中国社会科学出版社，1988年，第64～65页。

③ 约翰·罗尔斯：《正义论》，何怀宏等译，中国社会科学出版社，1988年，译者前言。

作为一个结构来集合正义的内容（诸正义原则）。因此，正义的原则是一种公平的协议或契约的结果，“作为公平的正义”也就意味着正义原则是在一种公平的原始初状态中被一致同意的。或者说，它意味着社会合作条件是在公平的条件下一致同意的，所达到的是一个公平的契约，所产生的也将是一个公平的结果。

以罗尔斯的“作为公平的正义”理论来分析高考的公平性可以看出，获取教育资源和社会资源是社会中每个人追求的目标之一，但由于资源的有限性，就必须采用符合社会正义的原则来指导资源的分配。与血统制、推荐制相比，高考是目前更加符合中国社会实际的高等教育资源的分配手段，为了实现考生的入学机会平等，体现社会正义的内涵，它需要具备以下要求：

第一，高考“机会的形式平等”，亦即“唯才是举”的“前途平等”。这类似罗尔斯的第一正义原则，即在一种自由竞争的制度下，为了让所有人都享有平等的基本自由，符合社会正义的制度安排应该是，让所有地位和职务向所有能够和愿意努力去争取它们的人开放。这样，每个人都有同样的合法权利进入所有有利的社会地位。国家设立统一高考作为人们争取教育资源、社会地位的制度安排，从起点上保证了每个中学生参与社会资源竞争的权利。在此种情况下，权利是平等的，各种前途是向各种才能开放的，至于结果如何，机会是否能够同等地为人们利用，则任其自然，只要严格遵循了地位不封闭或开放的原则，就可以说高考的结果是正义的。

第二，高考“公平机会的平等”，即教育资源和社会资源不仅要在一种形式的意义上开放，而且应使所有人都有一个平等的机会得到他们。由于考生的个人禀赋千差万别，而且这些禀赋的培养、训练和发展也受到各人所处的不同社会条件的影响，即使有类似天资的人，也可能因为其社会出身的不同而没有同等的机会。这样，分配的份额就不仅受到自然天赋的偶然因素的影响，也受到社会出身的偶然因素的影响①。因此，就要通过改进中等教育，增加落后地区教育的投入，为所有中学生提供质量和水平相对均衡的教育，减少考生因人为因素而形成的“起点不公平”，从而努力实现考试的“实质公平”。同时，考虑到考生所处的社会地位不同，对于落后地区或弱势群体要采取扶持政策，即“反歧视”原则，力求使他们的利益有所体现。

① 何怀宏：《选举社会及其终结——秦汉至晚清历史的一种社会学阐释》，生活·读书·新知三联书店，1998年，第66～67页。

目前，高考要满足以上两方面的需要是有限的。统一高考确立了一种面向社会大众开放“职务”和“地位”的权利平等原则，使得考生心怀希望，求诸自己，减少了权力、金钱等人为因素对高考录取的侵蚀，体现了社会公平、公正原则。尽管高考录取对西藏等西部边远地区采取降分处理，在一定程度上体现了“差别原则”，关注社会弱势群体的利益诉求，但其仍然无法顾及教育条件差异所导致的竞争结果的不平等。从此意义上说，高考能实现“权利的平等”，但很难依靠自身改革实现“公平机会的平等”。

社会公众的高考公平诉求从重视程序公平向追求实质公平迈进，反映出公平是任何社会永恒的诉求。正因为实现公平不易，才使得追求公平的过程显得意义重大。当前统一高考难以实现“实质公平”，不都是高考自身的原因，其涉及更广、更深层的教育与社会原因。因此，社会不应过多责难本不属于高考自身的不公平，也更不应该因此而否认统一高考具有的有限却意义重大的公平——机会的形式平等。

三、统一高考公平、公正的核心

2007 年 5 月至 6 月，为了纪念高考恢复 30 周年，教育部考试中心联合《中国青年报》、ATA 公司等主办“恢复高考 30 年大型公众调查”。此次调查以报纸、电话、网络等方式，对全国 38 087 名公众和 6 个省份的 551 名高中教师进行了调查。从调查结果看，社会对高考的公平还是持肯定态度的。有 73.3%的公众认为，现行高考制度大体上是公平的，可以为社会筛选出可造就的人才；超过 95%的教师认为，高考制度仍是目前最好的选拔方式；56.8%的教师认为，高考受益最多的人是“有真才实学的人”。在如何促进高考公平问题上，公众表现出较为强烈的对“统一”的期盼。35.2%的人认为，“全国统一试卷”有助高考公平；30.4%的人认为，“全国统一录取分数线”能促进高考公平①。

时下，公平、公正已经逐渐成为中国社会衡量高考改革的最主要标准之一。高考自恢复至今近 40 年来，在以全国统一的文化考试为根本的高校招生考试制度不动摇的同时，也进行了方方面面的改革。回顾这些改革，但凡涉及公平性，无不引起社会上下的深切关注，有些改革因此亦难

① 袁新文：《高考调查：七成公众认为高考制度大体公平》，人民网，2007-06-28，http：//edu.people.com.cn/GB/1053/5920928.html。

善终[①]。为何公平、公正对高考改革的影响和制约这么大？统一高考的公平、公正到底何在？笔者认为，社会公众对高考公平、公正的极大热情，甚至是过度追求，主要源于以下两点：

（一）高考建立了为数不多的开放的社会流动机制

在社会分层理论中，社会垂直流动机会的畅通与否被视为衡量一个社会封闭或开放的重要标志，社会流动率的提高是社会现代化和社会进步的体现[②]。科举考试制度是中国古代重要的人才选拔制度，也是中国古代社会流动的主要渠道。自科举制度稳固地确立后，中国传统等级社会中的官、民之间有了一种持续的上下流动[③]。两汉及唐宋以来这种官、民之间开放的、持续的流动，一直是近现代科举社会流动论研究者关注的焦点。20 世纪 40 年代，潘光旦、费孝通在清华大学《社会科学》第 4 卷第 1 期上发表《科举与社会流动》一文，对科举与社会流动问题进行量化研究。结论表明：有十分之一强的贡生、举人和进士是从没有功名的人家中选拔出来的，这说明科举并不是完全由已有功名的世家所垄断[④]。为此，钱穆在评价科举制度时指出："凭事实讲，科举制显然在开放政权，这是科举制度之内在意义与精神生命"[⑤]。

与古代的科举考试一样，当前的统一高考不仅是选拔人才，而且是社会流动最核心的制度性管道之一。中国近 30 年的高速发展，带来了社会的巨大失衡，地区之间、阶层之间产生了严重的不平等。社会的不平等固然可怕，但更可怕的是社会流动的匮乏。只要底层精英还有向上流动的可能，还有某个比较公平的制度作为"出人头地"的保证，这个社会还不至于失序。高考制度作为当代"新科举"，就承担了这一社会缓冲阀的功能。它是目前中国仅有的几个基本剔除了人为因素的刚性制度，考生的所有素质都以数字

---

① 郑若玲：《考试与社会之关系研究——以科举、高考为例》，厦门大学博士学位论文，2006 年，第 299 页。

② 李骏、罗忆源：《转型中国的高等教育、社会分层与社会公平》，《上海交通大学学报》（哲学社会科学版）2005 年第 1 期，第 62 页。

③ 何怀宏：《选举社会及其终结——秦汉至晚清历史的一种社会学阐释》，生活·读书·新知三联书店，1998 年，第 340 页。

④ 潘光旦、费孝通：《科举与社会流动》，《社会科学》1947 年第 1 期。

⑤ 钱穆：《中国历代政治得失》，三民书局有限公司，1974 年，第 48 页。

区分。尽管社会公众明白“唯分数取人”未必合理，但老百姓要的是公正，要的是与上流社会同样的权利。因此，近年来围绕高考改革的争论，社会舆论关心的焦点不是考试和招生方式是否合理，而是是否真正实现了分数面前人人平等，如何将权力、金钱和地区差异的因素排除出去①。

从统一高考录取的结果来看，它的确能够保障相当一部分社会中下层考生实现向上流动的愿望。根据张宝昆对我国自新中国成立以来实行的 35 次高考(除 1950 年、1958 年和“文革”11 年)的统计，共有 1 354.05 万人实现了向上流动(其中农村人口约占 50%)②。据此，作者认为，高考制度充当了促进社会流动并控制这种流动的角色，起到了一个社会安全阀的重要作用③。

郑若玲对厦门大学 1950 年—1952 年、1965 年、1976 年—1980 年学生家庭出身档案共 6 465 份进行统计，以父亲职业为角度，考察统一高考对社会流动的影响。她的研究结果表明，新中国成立前高等教育入学机会有近八成为较高阶层子女所占有，通过单独招考实现阶层向上流动的工农子女所占不到二成。而到新中国成立后的 1965 年，学生父亲职业分别发生了根本性的逆转，低阶层子女凭借统一高考实现阶层向上流动的比例已大幅度增加。此后各年的比例也说明了这一点④。

而李文胜对 1957 年—1991 年北京大学新生出身情况的统计也表明(见表 5-3、表 5-4)，一定比例的工农家庭的子女也因为统一高考实现了向上流动⑤。

表 5-3 北京大学新生出身情况 1 (1957 年—1976 年)

年份	工农家庭(%)	剥削家庭(%)
1957	30.8	31
1958	55.5	9.8
1959	45.7	16.3

① 许纪霖:《高考制度:迫不得已的荒谬?》,《新闻周刊》2005 年第 27 期，第 65 页。

② 不一定是完全的向上流动，也有可能是水平流动。

③ 张宝昆:《大规模教育考试的社会控制功能研究》，云南大学出版社，1999 年，第 100～109 页。

④ 郑若玲:《考试与社会之关系研究——以科举、高考为例》，厦门大学博士学位论文，2006 年，第 226～228 页。

⑤ 李文胜:《中国经济发展战略与中国高等教育入学机会的公平》，转引自:《公平与效率:21 世纪高等教育改革与发展》，福建教育出版社，2003 年，第 424～425 页。

续　表

年份	工农家庭（%）	剥削家庭（%）
1960	64.8	8.2
1961	60.4	7.9
1962	37.7	17.4
1963	41.1	16.2
1964	41.5	9.1
1965	41	4.7
1972	63.5	0.16
1973	57.8	3.87
1974	78.6	0.41
1975	68.3	0.34
1976	64.8	0.09

表 5-4　北京大学新生出身情况 2（1977 年—1991 年）

年份	工农家庭	干部军人家庭	知识分子家庭	其他
1977	27.5	38.7		
1978	27.5	40.6	11.6	20.3
1979	34.4	39.2	11.4	15
1980	33.3	39.2	12	15.5
1981	33	36.4	14.2	16.4
1982	43.1	34.6	11	11.3
1983	40.5	34.1	11	14.4
1984	41.9	35.2	12	10.9
1985	44.6	32.3	12.4	10.6
1986	44.4	35.9	12.3	7.3
1987	42.7	37.3	14.4	0.6
1988	42.8	43.2	13	1
1989				
1990	40.4	45.7	13.3	0.6
1991	37.1	48.7	13.6	0.6

数据来源：李文胜：《中国经济发展战略与中国高等教育入学机会的公平》，转引自：《公平与效率：21 世纪高等教育改革与发展》，福建教育出版社，2003 年，第 424～425 页。

正是因为统一高考建立了当前我国为数不多的开放的社会流动的管道，

所以它的公平问题越来越为社会公众所聚焦。

（二）高考确立了一种社会公众可接受的利益分配原则

高考是社会对人才的一种评价手段和选拔手段，但不是唯一的手段。若从这个角度来看，高考是可以被替代的；然而从实践中看，尽管人们对高考产生的弊端有诸多不满，但始终无法废除这一制度。孙东平的观点就是时下较有代表性的观点。他认为，“尽管高考带来了压制个性，摧毁个性的悲哀；带来了权力本位，真理成为奴仆的难堪；带来了人为扩大教育的不公平，教育腐败的恶果；也带来了对高考分数进行关卡的地域性歧视……但是，我还是打心眼儿赞成高考，因为它是合理的、公平的”①。社会公众对待高考的这种左右为难的矛盾心态，反映出高考的特殊作用，即确定了一种社会公众可接受的利益分配原则。

恢复高考以来，社会对高考的关注度急剧升温。在这场“高考热”的大潮中，学生是“高考热”的参与者，家长是“高考热”的推动者。不计其数的家庭，为了参加高考的子女，举家关注，倾其所能，竭尽全力。其中最主要的原因在于高考是这个社会上目前最公平的竞技场，是平民子弟改变命运的“龙门”，除此之外找不到第二扇可以开启的适合大多数人改变命运的公平之门②。社会重视高考，追求公平，使得社会资源分配符合社会正义原则；但社会太过依靠高考，过度追求公平，又容易为考试所累，考试的选拔和育人功能也会逐渐异化。不断升温的“高考热”现象，在很大程度上折射出人们对社会上公平缺失和诚信危机的无奈心理。

我国目前的社会诚信水平是令人担忧的。2007 年 6 月，参加该年高考的考生在走进考场前全部签署了“诚信考试承诺书”，承诺自己将在高考中自觉遵守国家教育考试纪律和有关规定。与此同时，当年 6 月 24 日出版的《南方周末》却惊曝了西安高考造假丑闻。为使部分考生能在高考总分上附加 20 分，西安市一些学校和学生家长“联手”通过非正当手段批量生产“国家二级运动员”。诚信是社会一直呼吁的道德底线，高考是我国选拔并培养优秀人才的重要途径。面对高考的公正、公平和严肃性在诚信缺失的危机下不断被侵犯的事实，面对“国家二级运动员”被批量生产出来的“尴尬”，

① 孙东平：《高考制度优劣之我见》，《北京文学》2006 年第 6 期，第 124 页。

② 王肃：《“高考热”与社会公平缺失》，《北京文学》2006 年第 4 期，第 117 页。

面对一边在“诚信考试承诺书”上签名，一边肆意造假的客观现实，社会诚信教育和建设越来越显得迫切与必要。

当前，社会诚信的缺失是高考实现科学选才的最大障碍，也是高考负担过重的最主要原因。在多年的高考“存废之争”中，主张废除高考的学者提出了一系列高考替代制度，例如推荐制、高中成绩加综合表现、高校单独考试等，其中不乏许多在理论上较统一高考更具科学性、合理性的措施，但其仍然无法为社会所接受。最主要的原因之一在于这些改革措施无法与现有的社会文明基础和制度保障相适应。2006 年《北京文学》上曾刊登一篇题为《多听听高中老师的意见》的文章。文中，作者指出当前高考改革的一个很大弊端就是忽视了高中教师的发言权，因为最能全面了解考生的人就是中学教师。为此，作者指出，假如我们的招生制度改为：不仅要看学生在全国统考中所取得的成绩（比如占 40%），更要看学生在高中三年的成绩（比如占 50%），还要关注考生的特长、参加社会活动以及课外活动的情况（比如占 10%）。然后综合考虑给出一个综合分，再提供学校录取。这样是不是就可以改变以前那种“一次考试定前途，一分之差送命运”的弊端呢？是不是可以使学生、教师、家长对于高考就不至于如此过分紧张呢[①]？笔者认为，尽管这位中学教师的高考改革意见在理论上具有科学性、合理性，但高考改革需要有相应的社会文明的支持，在当前我国社会诚信缺失的背景下，若采用这位中学教师所提出的改革试点，那么除高考成绩这一刚性评价外，谁能保证教师和学校给出的所有学生的高中三年成绩和综合素质方面的弹性评价的客观性与公正性？谁能保证这当中不产生权钱交易和人情污染等暗箱操作？毕竟我们所能感受到的社会诚信水平是不高的。

因此，有学者指出，鉴于中国的国情和社会诚信水平，高考招生制度的改革必须谨慎稳妥地逐步推进，要与社会诚信的提升大致同步，否则就会适得其反、得不偿失。为了尽可能保证高考招生的客观和公平，我国在一个相当长的时期内还必须以刚性的高考成绩作为招生录取的主要依据。弹性评价尽管具有很强的信度和效度，但由于社会诚信的限制，还不宜较多采用。在当前，如果没有分数线挡住人情关系和各种交易的介入，可以想象我国的高校招生会乱成什么样子[②]。

---

① 赵国珍：《多听听高中老师的意见》，《北京文学》2006 年第 7 期，第 109 页。

② 扈中平：《高考招生改革：挑战社会诚信》，《光明日报》2006 年 11 月 18 日。

由此可以看出，因为社会诚信的缺失，导致各种扩大高校与中学自主权的弹性指标不约而同地遭遇了公平性的质疑，从而进一步强化统一高考的地位。坚持统一高考意在彰显社会公平、公正，但从本质上看，统一高考地位的强化是由于其确立的利益分配原则为社会大多数所接受。高考录取采用刚性的分数，最大限度地排除了金钱、权力等人为因素的侵蚀，对于社会大多数无权、无钱的老百姓而言，要取得高考成功在于凭本事，凭能力读书，在于靠自己、不求人。若废除统考，或改行其他弹性指标，对于大多数在权力和信息上处于不利地位的老百姓来说，他们将失去竞争社会资源的机会，因此，他们对高考公平的诉求是持久与强烈的。

对当前高考制度的公平性进行把握可以看出，随着高考竞争重心的上移，与高考直接或间接相关的个体、群体感受的竞争压力越来越大。由于高考在客观上扮演着社会流动管道和利益分配手段的角色，因此，它的公平性就成为公众的首要挂念。近年来，社会公众在追求高考公平的过程中已经逐渐不满足于考试的程序公平，还要求高考改革能够促进考试实质公平的实现。然而，现实中高考的公平、公正是有限的。而且，为了追求形式的公平，高考改革要实现科学选才的目标通常会变得更加困难。因此，加强社会诚信建设，减轻社会对高考的过重负担，才是兼顾高考公平选才和科学选才的最佳出路。

第二节　高考形式的公平性分析——以分省命题与高校自主选拔录取为例

上节内容主要是对高考制度的公平性进行总体分析。从本节开始，笔者将分别对高考形式和内容的公平性进行考察，方法上主要采用实证的研究方法，以期对高考的公平、公正进行更为具体的分析和把握。

20 世纪 90 年代以来的高考形式改革主要是在原先统一高考基础上设置了多次数、多类型的考试，包括春、夏二次高考，广西本专科二次高考，分省命题、高校自主选拔录取等。从改革的现实影响来说，前两项试点不如后二者。考虑到改革的成本与效益，目前已逐渐取消前两项试点，国家统考、分省命题以及高校自主招生选拔录取是当前最主要的招考形式。本节主要以统考（包括分省命题）和高校自主招生选拔作为高考形式公平性的分析对象。

一、分省命题的公平性考察——以某省属高校为例

由于分省命题只是更换了高考的命题主体，没有改变统考的性质，所以也可以将它作为检验统考的公平性的依据。要检验分省统考的公平性，从表面上理解，就是考察考试是否对人人都平等，其在分配入学机会上是否存在城乡、性别以及社会出身的差别。高考分数是考察统考公平性与否的关键因素。这里利用某省、某高校考生高考分数，考察其与考生的性别、城乡地位以及社会阶层的关系，从而作为衡量统考公平性的标准之一。

（一）研究方案设计

1. 研究维度

以性别（男、女）、出生地（城镇、农村）、社会阶层（父亲职业：知识分子和干部、工人、农民、私营业主、无固定收入者）为分类标准，将新生分为三类六组，分别考察类内各组间的高考成绩是否存在差异。

2. 研究假设与初步设计

“分数面前人人平等”是衡量统考是否公平的比较直观的标准。笔者拟以某所高校为研究对象，以该校新生入学的高考平均分差异程度作为基本衡量尺度，如果高考成绩（平均分差异检验）在来自农村和城镇两类不同家庭背景的学生中不存在差异，那就表明统考形式公平，否则就为不公平；如不同性别群体的高考成绩存在差异，就表明考试是不公平的，反之就是公平的；此外，还将对父亲身份分别为农民、工人、干部、私营业主、无固定收入者的学生的高考做方差分析，若存在差异就表明统考不公平，否则就为公平。

可将上述假设作如下表示：

Ho1.1：高考成绩不因性别不同而产生差异。

Ha1.1：高考成绩因性别不同而产生差异。

Ho1.2：高考成绩不因生源地不同而产生差异。

Ha1.2：高考成绩因生源地不同而产生差异。

Ho1.3：高考成绩不因家庭阶层不同而产生差异。

Ha1.3：高考成绩因家庭阶层不同而产生差异。

3. 样本选取

这里以某所省属重点院校部分学院 2006 年新生高考成绩为样本。该省该年参加分省命题。该高校面向全国招生，但从整体上看，生源主要以省内

生源为主。为了使样本具有同质性，即考生参加的考试内容相同，考试分数具有可比性，笔者剔除了外省生源的成绩。由于部分专业兼收文科、理科高中毕业生，且文理考生的考卷不同，考分不具有可比性，因此，笔者在样本选择上抽取了完全的文科或理科学院，使得考生处于一种相对等同的状态下。

通过自设问卷对某省属高校 2006 级新生进行调查。问卷内容涉及高考分数、科类、性别、家庭所在地、父母职业、父母文化程度、家庭人均年收入等项。经过剔除不合要求的新生后，选择了文理学生共计 2 813 人：其中理科选取了计算机学院、数信学院、化工学院、理电学院等共计 1 954 人；文科选择了文学院、政法学院、文化旅游学院等共计 859 人。

4. 数据统计与分析方法

利用社会科学统计软件包 SPSS11.5 进行统计分析，采用的分析方法主要有两种：一是平均数的差异检验；二是方差检验。前者主要用来检验高考成绩在不同性别群体间、在城乡考生间是否存在差异；后者则考察高考成绩是否在不同阶层考生中存在差异。

（二）统计结果与分析讨论

利用上述统计软件与统计方法，得到如下数据：

1. 描述性统计

（1）文科生源

此次参与调查的文科学院学生共计 859 人，他们在性别、生源地、父亲职业方面的分布，如表 5-5—5-7 所示。

表 5-5 文科生源性别分布

		Frequency	Percent	Valid Percent	Cumulative Percent
Valid	1	235	27.4	27.4	27.4
	2	624	72.6	72.6	100.0
	Total	859	100.0	100.0	

表 5-6 文科生源地分布

		Frequency	Percent	Valid Percent	Cumulative Percent
Valid	1	421	49.0	49.0	49.0
	2	438	51.0	51.0	100.0
	Total	859	100.0	100.0	

表 5-7　文科生源父亲职业分布

		Frequency	Percent	Valid Percent	Cumulative Percent
Valid	1	210	24.4	24.4	24.4
	2	120	14.0	14.0	38.4
	3	313	36.4	36.4	74.9
	4	163	19.0	19.0	93.8
	5	53	6.2	6.2	100.0
	Total	859	100.0	100.0	

对上述图表解释如下：在参与调查的 859 名文科生中，男生 235 人，占 27.4%；女生 624 人，占 72.6%。生源地为城镇的学生 421 人，占 49%；农村学生 438 人，占 51%。父亲的职业分布分别为：知识分子或干部 210 人，占 24.4%；工人 120 人，占 14%；农民 313 人，占 36.4%；私营业主 163 人，占 19%；无固定职业者 53 人，占 6.2%。

(2) 理科生源

此次参与调查的理科学生共计 1 954 人，他们在性别、生源地、父亲职业方面的分布，如表 5-8—5-10 所示。

表 5-8　理科生源性别分布

		Frequency	Percent	Valid Percent	Cumulative Percent
Valid	1	1264	64.7	64.7	64.7
	2	690	35.3	35.3	100.0
	Total	1954	100.0	100.0	

表 5-9　理科生源地分布

		Frequency	Percent	Valid Percent	Cumulative Percent
Valid	1	779	39.9	39.9	39.9
	2	1175	60.1	60.1	100.0
	Total	1954	100.0	100.0	

表 5-10　理科生源父亲职业分布

		Frequency	Percent	Valid Percent	Cumulative Percent
Valid	1	392	20.1	20.1	20.1
	2	281	14.4	14.4	34.4
	3	851	43.6	43.6	78.0
	4	307	15.7	15.7	93.7
	5	123	6.3	6.3	100.0
	Total	1954	100.0	100.0	

理科生源的基本情况如下：1 954 名新生中，男生 1 264 人，占 64.7%；女生 690 人，占 35.3%。生源地为城镇的学生 779 人，占 39.9%；农村学

生 1 175 人，占 60.1%。父亲的职业分布分别为：知识分子或干部 392 人，占 20.1%；工人 281 人，占 14.4%；农民 851 人，占 43.6%；私营业主 307 人，占 15.7%；无固定职业者 123 人，占 6.3%。

2. 性别对高考成绩的影响分析——假设 1.1 的检验

分析统一考试会不会对男女产生差别，就是要对下面的假设进行检验。

Ho1.1：高考成绩不因性别不同而产生差异。

Ha1.1：高考成绩因性别不同而产生差异。

(1) 文科生源

使用 SPSS11.5 对不同性别文科考生的高考成绩进行平均数差异检验，结果如表 5-11、表 5-12 所示：

表 5-11　文科学生高考成绩分性别描述统计量

Group Statistics

	性别	N	Mean	Std. Deviation	Std. Error Mean
高考成绩	1	235	542.52	15.292	0.998
	2	624	540.33	19.972	0.800

表 5-12　文科学生高考成绩分性别方差齐性检验与 T 检验结果

Independents Samples Test

	Levene's Test for Equality of Variances		T-test for Equality of Means						
	F	Sig.	T	df	Sig. (2-tailed)	Mean Difference	Std. Error Difference	95% Confidence Interval of the Difference	
								Lower	Upper
高考成绩 Equal variances assumed	2.954	0.086	1.524	857	0.128	2.19	1.440	−0.632	5.019
Equal variances not assumed			1.716	546.510	0.087	2.19	1.278	−0.317	4.705

为了方便分析，可将表 5-11、表 5-12 制成下面的简表（见表 5-13）：

表 5-13　高考成绩与性别比较（$\bar{X}$±SD）

	男生（235 人）	女生（624 人）	T	P
高考成绩	542.52±15.292	540.33±19.972	1.524	>0.05

从上述三表可以看出，文科新生中，男生的高考成绩的平均值为 542.52，女生为 540.33，标准差分别为 15.292 和 19.972。方差齐性检验中 F 值为 2.954，相伴概率 0.086>0.05。因此，要选择上行（Equal variances assumed，即假设方差相等）的数据作为 T 检验结果数据。T 值

为 1.524，相伴概率为 0.128>0.05，因而我们不能拒绝接受零假设 Ho1.1，而应拒绝备择假设 Ha1.1，即文科新生的高考成绩不因性别不同而产生差异。

(2) 理科生源

使用 SPSS11.5 对不同性别理科考生的高考成绩进行平均数差异检验，结果如表 5-14、表 5-15 所示：

表 5-14　理科学生高考成绩分性别描述统计量

Group Statistics

	性别	N	Mean	Std. Deviation	Std. Error Mean
高考成绩	1	1264	528.73	29.355	0.826
	2	689	530.97	28.870	1.100

表 5-15　理科学生高考成绩分性别方差齐性检验与 T 检验结果

Independent Samples Test

	Levene's Test for Equality of Variances		T-test for Equality of Means						
	F	Sig.	T	df	Sig. (2-tailed)	Mean Difference	Std. Error Difference	95% Confidence Interval of the Difference Lower	Upper
高考成绩 Equal variances assumed	3.806	0.051	−1.623	1951	0.105	−2.24	1.382	−4.954	0.467
Equal variances not assumed			−1.631	1433.892	0.103	−2.24	1.375	−4.941	0.454

将上二表制成如下简表（见表 5-16）：

表 5-16　高考成绩与性别比较（$\bar{X}\pm SD$）

	男生（1264 人）	女生（689 人）	T	P
高考成绩	528.73±29.355	530.97±28.87	−1.623	>0.05

从上述三表可以看出，理科新生中，男生的高考成绩的平均值为 528.73，女生为 530.97，标准差分别为 29.355 和 28.870。方差齐性检验中 F 值为 3.806，相伴概率 0.051>0.05。因此，要选择上行（Equal variances assumed，即假设方差相等）的数据作为 T 检验结果数据。T 值为−1.623，相伴概率为 0.105>0.05，因而我们不能拒绝接受零假设 Ho1.1，而应拒绝备择假设 Ha1.1，即理科新生的高考成绩不因性别不同

而产生差异。

以上对文科、理科学生高考成绩进行平均数差异检验，反映出男生与女生的高考成绩没有显著性差异，表明统考对不同性别的学生是相对公平的。

3. 生源地对高考成绩的影响分析——假设 1.2 的检验

Hol. 2：高考成绩不因生源地不同而产生差异。

Hal. 2：高考成绩因生源地不同而产生差异。

(1) 文科生源

使用 SPSS11. 5 对来自不同生源地的文科考生的高考成绩进行平均数差异检验，结果如表 5-17、表 5-18 所示：

表 5-17　文科学生高考成绩分城乡描述统计量

Group Statistics

	家庭所在地	N	Mean	Std. Deviation	Std. Error Mean
高考成绩	1	421	539. 26	22. 411	1. 092
	2	438	542. 53	14. 415	0. 689

表 5-18　文科学生高考成绩分城乡方差齐性检验与 T 检验结果

Independent Samples Test

		Levene's Test for Equality of Variances		T-test for Equality of Means						
		F	Sig.	T	df	Sig. (2-tailed)	Mean Difference	Std. Error Difference	95% Confidence Interval of the Difference	
									Lower	Upper
高考成绩	Equal variances assumed	22. 194	0. 000	−2. 548	857	0. 011	−3. 26	1. 281	−5. 778	−0. 750
	Equal variances not assumed			−2. 528	712. 201	0. 012	−3. 26	1. 291	−5. 799	−0. 729

将表 5-17、表 5-18 制成如下简表（见表 5-19）：

表 5-19　高考成绩与生源地比较（$\bar{X}\pm SD$）

	城镇生源（421 人）	农村生源（438 人）	T	P
高考成绩	539. 26±22. 411	542. 53±14. 415	−2. 528	0. 01<P<0. 05

从上述三表可以看出，文科新生中，城镇学生的高考成绩的平均值为 539. 26，农村学生为 542. 53，标准差分别为 22. 411 和 14. 415。方差齐性检

验中 F 值为 22.194，相伴概率 0.000＜0.01。因此，要选择下行（Equal variances not assumed，即假设方差不相等）的数据作为 T 检验结果数据。T 值为－2.528，相伴概率为 0.05＞0.012＞0.01，反映出显著性差异，因此我们应当拒绝接受零假设 Ho1.2，接受备择假设 Ha1.2，即高考成绩因生源地不同而产生差异。城镇和农村二组均值之差（Mean Difference）为－3.26，即高考录取中，城镇新生的高考成绩低于农村新生。

（2）理科生源

使用 SPSS11.5 对来自不同生源地的理科考生的高考成绩进行平均数差异检验，结果如表 5-20、表 5-21 所示：

表 5-20 理科学生高考成绩分城乡描述统计量

Group Statistics

家庭所在地		N	Mean	Std. Deviation	Std. Error Mean
高考成绩	1	779	526.83	33.148	1.188
	2	1175	531.28	26.114	0.762

表 5-21 理科学生高考成绩分城乡方差齐性检验与 T 检验结果

Independent Samples Test

	Levene's Test for Equality of Variances		T-test for Equality of Means						
	F	Sig.	T	df	Sig. (2-tailed)	Mean Difference	Std. Error Difference	95% Confidence Interval of the Difference	
								Lower	Upper
高考成绩 Equal variances assumed	61.028	0.000	－3.308	1952	0.001	－4.45	1.346	－7.090	－1.812
Equal variances not assumed			－3.154	1393.615	0.002	－4.45	1.411	－7.219	－1.683

将表 5-20、表 5-21 制成如下简表（见表 5-22）：

表 5-22 高考成绩与生源地比较（$\bar{X}\pm SD$）

	城镇生源（779 人）	农村生源（1175 人）	T	P
高考成绩	526.83±33.148	531.28±26.114	－3.154	＜0.01

从上述三表可以看出，理科新生中，城镇学生的高考成绩的平均值为 526.83，农村学生为 531.28，标准差分别为 33.148 和 26.114。方差齐性检验中 F 值为 61.028，相伴概率 0.000＜0.01。因此，要选择下行（Equal variances not assumed，即假设方差不相等）的数据作为 T 检验结果数据。T 值为－3.154，相伴概率为 0.002<0.01，因而我们应当拒绝接受零假设 Ho1.2，接受备择假设 Ha1.2，即高考成绩因生源地不同而产生差异，且差异十分显著。城镇和农村二组均值之差（Mean Difference）为－4.45，即高考录取中，城镇新生的高考成绩低于农村新生。

上述对文科、理科学院城镇和农村两组学生的高考成绩进行平均数差异检验，反映出城镇学生与农村学生的高考成绩存在显著性差异，其结果都是农村学生的高考成绩高于城镇学生，表明高考录取会受到学生生源地的影响。

4. 社会阶层对高考成绩的影响——假设 1.3 的检验

Ho1.3：高考成绩不因家庭阶层不同而产生差异。

Ha1.3：高考成绩因家庭阶层不同而产生差异。

（1）文科生源

用父亲职业作为学生社会阶层的标准。使用 SPSS11.5 对父亲职业分别为知识分子和干部、工人、农民、私营业主、无固定职业 5 类文科考生的高考成绩进行方差分析，结果如表 5-23、表 5-24 所示：

表 5-23 Oneway

Test of Homogeneity of Variances

高考成绩

Levene Statistic	df1	df2	Sig.
15.164	4	854	0.000

上表给出方差齐性检验结果，因为相伴概率 P＝0.00<0.01，显示各组方差有显著差异①，因此需要做多重比较分析。

从表 5-24 的方差分析结果可以看出，方差检验的 F 值为 5.774，相伴概率为 0.000<0.01，差异非常显著，表示拒绝接受零假设，即接受 Ha1.3 “文科生源的高考成绩因家庭阶层不同而产生差异”。也就是说，五个组中至少有一个组和其他四个组有明显的区别，也有可能五个组之间都存在显著的区别。

① 余建英、何旭宏：《数据统计分析与 SPSS 应用》，人民邮电出版社，2003 年，第 145 页。

表 5-24　父亲职业对文科学生高考成绩影响的单因素方差分析

ANOVA

高考成绩

	Sum of Squares	df	Mean Square	F	Sig.
Between Groups	8005.635	4	2001.409	5.774	0.000
Within Groups	296033.6	854	346.644		
Total	304039.2	858			

表 5-25　不同父亲职业类型的文科学生的高考平均分

Report

高考成绩

父亲职业	Mean	N	Std. Deviation
1	535.69	210	26.902
2	541.31	120	18.463
3	542.72	313	14.188
4	543.58	163	12.463
5	542.08	53	17.672
Total	540.93	859	18.824

注：1 为知识分子和干部，2 为工人，3 为农民，4 为私营业主，5 为无固定职业。

由于表 5-23 显示各组方差存在显著差异，需要同时做多重比较分析，利用 SPSS11.5 作出表 5-26、表 5-27。由于父亲职业不同组之间方差不齐性(即各组方差存在显著差异)，在选择多重比较方法时，应选取表中 Tamhane's T2 的方法。

由表 5-26 中 Tamhane 显示的 P 值可以看出，父亲职业各组中第 1 组（知识分子和干部）与第 3 组（农民）之间存在显著差异（P 值为 0.006＜0.01)；第 1 组（知识分子和干部）与第 4 组（私营业主）之间存在显著差异（P 值为 0.002＜0.01)。其他各组 P 值均大于显著水平 0.05，表明它们之间不存在显著区别。由表 5-25 中所反映的不同父亲职业的各组生源的高考平均值（Mean)，可以看出，不同组之间学生的高考平均分存在差别。其中第 1 组分数最低，第 3 组、第 4 组相对更高。这说明高考录取过程中，知识分子和干部家庭的学生因为掌握着更多的资源，因此，其所需达到的录取分数线更低。这与余小波的研究结论有相似之处。

表 5-26 父亲职业与文科学生高考成绩影响的多重比较

Multiple Comparisons

Dependent Variable：高考成绩

	(I) 父亲职业	(J) 父亲职业	Mean Difference (I-J)	Std. Error	Sig.	95%Confidence Interval	
						Lower Bound	Upper Bound
LSD	1	2	−5.62*	2.131	0.008	−9.80	−1.44
		3	−7.03*	1.661	0.000	−10.29	−3.77
		4	−7.89*	1.944	0.000	−11.71	−4.08
		5	−6.39*	2.862	0.026	−12.01	−0.77
	2	1	5.62*	2.131	0.008	1.44	9.80
		3	−1.41	1.999	0.481	−5.33	2.51
		4	−2.27	2.239	0.311	−6.66	2.13
		5	−0.77	3.071	0.803	−6.79	5.26
	3	1	7.03*	1.661	0.000	3.77	10.29
		2	1.41	1.999	0.481	−2.51	5.33
		4	−0.86	1.798	0.633	−4.39	2.67
		5	0.64	2.765	0.816	−4.78	6.07
	4	1	7.89*	1.944	0.000	4.08	11.71
		2	2.27	2.239	0.311	−2.13	6.66
		3	0.86	1.798	0.633	−2.67	4.39
		5	1.50	2.944	0.610	−4.28	7.28
	5	1	6.39*	2.862	0.026	0.77	12.01
		2	0.77	3.071	0.803	−5.26	6.79
		3	−0.64	2.765	0.816	−6.07	4.78
		4	−1.50	2.944	0.610	−7.28	4.28
Tamhane	1	2	−5.62	2.507	0.229	−12.69	1.45
		3	−7.03*	2.022	0.006	−12.74	−1.33
		4	−7.89*	2.097	0.002	−13.81	−1.98
		5	−6.39	3.056	0.326	−15.11	2.33
	2	1	5.62	2.507	0.229	−1.45	12.69
		3	−1.41	1.866	0.998	−6.70	3.88
		4	−2.27	1.948	0.940	−7.78	3.25
		5	−0.77	2.955	1.000	−9.22	7.69
	3	1	7.03*	2.022	0.006	1.33	12.74
		2	1.41	1.866	0.998	−3.88	6.70
		4	−0.86	1.263	0.999	−4.42	2.70
		5	0.64	2.556	1.000	−6.77	8.06
	4	1	7.89*	2.097	0.002	1.98	13.81
		2	2.27	1.948	0.940	−3.25	7.78
		3	0.86	1.263	0.999	−2.70	4.42
		5	1.50	2.616	1.000	−6.06	9.07
	5	1	6.39	3.056	0.326	−2.33	15.11
		2	0.77	2.955	1.000	−7.69	9.22
		3	−0.64	2.556	1.000	−8.06	6.77
		4	−1.50	2.616	1.000	−9.07	6.06

* The mean difference is significant at the 0.05 level.

注：1 为知识分子和干部，2 为工人，3 为农民，4 为私营业主，5 为无固定职业。

表 5-27　Homogeneous Subsets

高考成绩

	父亲职业	N	Subset for alpha=0.05	
			1	2
Student-Newman-Keuls[a,t]	1	210	535.69	
	2	120		541.31
	5	53		542.08
	3	313		542.72
	4	163		543.58
	Sig.		1.000	0.779

Means for groups in homogeneous subsets are displayed.

a. Uses Harmonic Mean Sample Size=121.086.

b. The group sizes are unequal. The harmonic mean of the group sizes is used. Type I error levels are not guaranteed.

注：1 为知识分子和干部，2 为工人，3 为农民，4 为私营业主，5 为无固定职业。

(2) 理科生源

用父亲职业作为学生社会阶层的标准。使用 SPSS11.5 对父亲职业分别为知识分子和干部、工人、农民、私营业主、无固定职业 5 类理科考生的高考成绩进行方差分析，结果如表 5-28 所示：

表 5-28　Oneway

Test of Homogeneity of Variances

高考成绩

Levene Statistic	df1	df2	Sig.
11.972	4	1949	0.000

上表给出方差齐性检验结果，因为相伴概率 P=0.00<0.01，显示各组方差有显著差异①。因此需要做多重比较分析。

表 5-29　父亲职业对理科学生高考成绩影响的单因素方差分析

ANOVA

高考成绩

	Sum of Squares	df	Mean Square	F	Sig.
Between Groups	5169.873	4	1292.468	1.518	0.194
Within Groups	169582	1949	851.505		
Total	1664752	1953			

① 余建英、何旭宏：《数据统计分析与 SPSS 应用》，人民邮电出版社，2003 年，第 145 页。

从表 5-29 中方差分析结果可以看出，方差检验的 F 值为 1.518，相伴概率为 0.194＞0.05，差异不显著，表示不拒绝零假设，即接受 Ho1.3 “（理科生源的）高考成绩不因家庭阶层不同而产生差异”。

由于表 5-28 显示各组方差存在显著差异，需要同时做多重比较分析，利用 SPSS11.5 作出表 5-30、表 5-31。由于父亲职业不同组之间方差不齐性（即各组方差存在显著差异），在选择多重比较方法时，应选取表中 Tamhane's T2 的方法。

由表 5-30 中 Tamhane 显示的 P 值可以看出，5 组之间无论哪一个组都与其他各组没有显著区别，即 P 值都大于 0.05，所以父亲职业对理科学生的高考成绩都不产生差异，即意味着高考录取中，身处不同社会阶层的理科学生的地位是相对平等的。这与表 5-31 的分析结果是一致的。

表 5-30 父亲职业与理科学生高考成绩影响的多重比较

Multiple Comparisons

Dependent Variable：高考成绩

	(I) 父亲职业	(J) 父亲职业	Mean Difference (I-J)	Std. Error	Sig.	95%Confidence Interval	
						Lower Bound	Upper Bound
LSD	1	2	−1.95	2.281	0.394	−6.42	2.53
		3	−4.26*	1.781	0.017	−7.76	−0.77
		4	−2.78	2.224	0.212	−7.14	1.58
		5	−3.55	3.016	0.239	−9.46	2.37
	2	1	1.95	2.281	0.394	−2.53	6.42
		3	−2.32	2.008	0.249	−6.25	1.62
		4	−0.83	2.409	0.730	−5.55	3.89
		5	−1.60	3.155	0.612	−7.79	4.59
	3	1	4.26*	1.781	0.017	0.77	7.76
		2	2.32	2.008	0.249	−1.62	6.25
		4	1.49	1.943	0.444	−1.32	5.30
		5	0.72	2.815	0.799	−4.81	6.24
	4	1	2.78	2.224	0.212	−1.58	7.14
		2	0.83	2.409	0.730	−3.89	5.55
		3	−1.49	1.943	0.444	−5.30	2.32
		5	−0.77	3.114	0.804	−6.88	5.34
	5	1	3.55	3.016	0.239	−2.37	9.46
		2	1.60	3.155	0.612	−4.59	7.79
		3	−0.72	2.815	0.799	−6.24	4.81
		4	0.77	3.114	0.804	−5.34	6.88

续　表

	(I) 父亲职业	(J) 父亲职业	Mean Difference (I-J)	Std. Error	Sig.	95%Confidence Interval	
						Lower Bound	Upper Bound
Tamhane	1	2	−1.95	2.691	0.998	−9.51	5.62
		3	−4.26	1.830	0.184	−9.40	0.88
		4	−2.78	2.336	0.931	−9.34	3.79
		5	−3.55	2.825	0.906	−11.53	4.43
	2	1	1.95	2.691	0.998	−5.62	9.51
		3	−2.32	2.325	0.979	−8.86	4.23
		4	−0.83	2.742	1.000	−8.54	6.88
		5	−1.60	3.168	1.000	−10.53	7.33
	3	1	4.26	1.830	0.184	−0.88	9.40
		2	2.32	2.325	0.979	−4.23	8.86
		4	1.49	1.903	0.997	−3.87	6.84
		5	0.72	2.478	1.000	−6.32	7.75
	4	1	2.78	2.336	0.931	−3.79	9.34
		2	0.83	2.742	1.000	−6.88	8.54
		3	−1.49	1.903	0.997	−6.84	3.87
		5	−0.77	2.873	1.000	−8.88	7.34
	5	1	3.55	2.825	0.906	−4.43	11.53
		2	1.60	3.168	1.000	−7.33	10.53
		3	−0.72	2.478	1.000	−7.75	6.32
		4	0.77	2.873	1.000	−7.34	8.88

* The mean difference is significant at the 0.05 level.

注：1 为知识分子和干部，2 为工人，3 为农民，4 为私营业主，5 为无固定职业。

表 5-31　Homogeneous Subsets

高考成绩

	父亲职业	N	Subset for alpha=0.05
			1
Student-Newman-Keuls[a,t]	1	392	526.71
	2	281	528.66
	4	307	529.49
	5	123	530.26
	3	851	530.98
	Sig.		0.44

Means for groups in homogeneous subsets are displayed.

a. Uses Harmonic Mean Sample Size=267.777.

b. The group sizes are unequal. The harmonic mean of the group sizes is used. Type I error levels are not guaranteed.

注：1为知识分子和干部，2为工人，3为农民，4为私营业主，5为无固定职业。

5. 结论及分析

综上所述，在该省进行分省命题试点中，学生的高考成绩较少受到性别的影响，高考体现着一定的性别平等。在对高考成绩与生源地、社会阶层的关系进行分析时，上述研究表明，高考成绩因生源地不同而产生差异，无论是文科还是理科，城镇考生的高考录取成绩低于农村考生。从学生所属社会阶层角度看，较高社会阶层（例如知识分子、干部等）的考生，由于掌握着各种物质资源、信息资源、权力资源，往往在高考录取中更占优势，但这在文科和理科考生中又表现出一定的差别：文科生源中，较高社会阶层的新生录取分数线低于其他阶层；而理科生源的情况则未反映出这一差别，父亲职业不同对理科学生的高考成绩不产生差异，在高考录取中，身处不同社会阶层的理科学生的成绩没有差别。

城镇考生与农村考生的高考分数的差异表明，高考要在更大程度上消除城乡的差异是有限的。这主要是因为考生在参加高考前城乡教育的差别太大了，由于政府对各级中学、小学的投入，以及学校对各种教育资源的获得存在着巨大的城乡差异，因此，高考实际上是建立在不平等基础上的，却又期望克服不平等的制度，它的作用是有限的。而且，除了教育资源的城乡差异造成城乡学生获取高等教育入学机会不平等之外，高校在招生中对不同考生的差别对待也是重要的原因之一。正如余小波所言，招生学校出于自身利益的考虑，也可能会把关注点更多地放在干部子女、城镇考生身上而不是农村考生身上。农村学生增多会增加学校贫困生比例，加剧学校经济困难，而干部子女、城镇学生增多，则可能有利于学校获得更多的社会支持，加速学校的发展①。

二、高校自主选拔录取的公平性分析

高校自主选拔录取始于2003年，是在统一高考之外设立的，旨在提高高校办学自主权的重要试点，也为考生提供了更多的机会参与高校选拔。因此，自试点伊始就受到社会公众的高度关注。十余年来，自主选拔录取在取得一系列的成绩之余，也面临着诸多的问题，在教育界引起极大的反响，支

① 余小波：《当前我国社会分层与高等教育机会探析——对某所高校2000级学生的实证研究》，《现代大学教育》2002年第2期，第45页。

持、忧虑甚至反对的声音此起彼伏。在各种反对的意见中，认为该政策会对公平选才造成严重冲击的大有人在。追求公平是高考选才的核心，由于自主选拔录取参与了高等教育资源的分配，因此公众对其公平性的诉求自然不言而喻，考察自主选拔录取的公平性也就具有重要的现实意义了。

（一）公众对改革公平性的质疑

高校自主选拔录取客观上增加了选才管道，也在一定程度上为“特殊人才”的选拔提供了机会，这是改革得以推进的重要原因；但是，由于此项改革扩大了高校的招考权，在现有的社会背景下也使一些特殊权力侵入改革成为可能，在很大程度上引起公众对自主招生公平性的质疑。这类说法认为学校缺乏自我约束与监督机制，容易产生主动或被动的权力寻租问题。具体表现为：一是中学推荐中的诸多环节难以保证，难免出现“推良不推优”的现象；二是高校难以有效地抵制各种不正当的压力，导致“关系户”挤占自主招生名额、剥夺其他考生权利的现象出现；三是这种自主招考标准具有相当大的主观性，社会上广大老百姓很难认同①。

还有人认为，试点院校明确规定了具有推荐考生参加自主招生资格的中学规格，加上其他硬性的报考条件要求，绝大部分普通中学被拒之门外。这在一定程度上助长了中学生择校的不良风气，必然进一步带来教育不公②。

对于试点高校自主选拔录取的生源分布，有学者指出，自主选拔录取的名额投放带来地域的不公平③。高校为了实施自主招生，在投放名额过程中，除了首先考虑良好的生源外，也要考虑生源地的经济状况。由于高等学校收费标准的提高，学费收入已经成为高校财政的重要支柱，因此生源属地的经济状况也必然会影响到高校招生名额的投放。一些经济发达地区的收费政策对高校产生了极大的影响，最终造成这些高校加大了对这些地区招生指标的投放力度，也使得西部地区的招生比例明显下降。

（二）自主选拔录取试点中的利益不均

社会公众对自主选拔录取试点的公平性质疑，主要是基于改革中出现的

---

① 刘清华：《高校自主招考的教育意义》，《招生考试研究》2007 年第 1 期，第 56 页。

② 张继明：《从高等教育大众化角度审视高校自主招生》，《湖北招生考试》2005 年第 8 期，第 69 页。

③ 庞守兴：《质疑高校自主招生改革方案》，《教育发展研究》2003 年第 10 期，第 28 页。

利益不均等。笔者认为，这些利益不均等主要包括以下三方面：

1. 官民利益不均

改革受到各种特殊权力的介入，一直是老百姓对自主选拔录取的担心之处。因为在中国当前的社会背景下，高校的独立性以及高校自主权的发挥都是有限的。尤其在高校普遍经费紧张的状况下，加之自身的建设与发展离不开政府部门的支持，一些高校在招生、培养等方面常常屈于权和钱的双重压力，如在招生中，对干部子弟或企业家子弟往往给予特殊照顾、降格录取。更有一些高校将国家给予高校2%的招生自主调节权简化为副校长以上领导者的批条①。这些现象均助长了特殊权力对改革的侵蚀。因此，中学在推荐资格考生时常常“荐官不荐民”，而某些高校也因自身的原因在确定资格学生上对干部子女开门，在一定程度上导致了“有权的官”与“无权的民”所获取的利益存在巨大差别。

2. 地区利益不均

出于多种因素的考虑，高校在自主选拔录取的计划投放上表现出巨大的地区差异，各地因此获益不均。为更好地反映这一问题，笔者以2006年为例，对部分参与自主选拔录取的高校的生源计划进行整理，分析其中的地区差异。

这里选择了东、西、南、北、中各一所参与试点的高校，分别为复旦大学、四川大学、中山大学、北京大学、武汉大学。各大学的生源计划分布情况如表5-32所示。

表5-32　2005年部分高校自主选拔录取生源计划表②

省、区、市	大　学				
	北京大学	武汉大学	复旦大学	中山大学	四川大学
湖北	17	298	7	6	5
河北	5	3	3	7	1
河南	10	15	3	16	22
浙江	20	1	21	3	

① 庞守兴：《质疑高校自主招生改革方案》，《教育发展研究》2003年第10期，第28页。

② 根据中国高等教育学生信息网公布的数据整理而成，http：//www.chsi.com.cn/mdgs。

续表

省、区、市	大　学				
	北京大学	武汉大学	复旦大学	中山大学	四川大学
江西	10	2	2	9	4
山东	8	4	8	16	2
湖南	7	8	3	4	1
山西	9	4		7	
辽宁	5	1	4	10	
吉林	10	1	5	8	1
江苏	23	6	21	8	
广西	1	1		3	
安徽	6	2	3	4	1
四川	10	2		4	125
北京	133	1	2		
陕西	9	1	2	3	
福建	8		2	1	
甘肃	1				1
广东	8		3	128	
贵州	1				
海南	1				
黑龙江	15		3	5	
青海	1				
上海	13		321	1	
天津	2		1	1	
新疆	3		1		1
云南	2				
重庆	12		1	1	
内蒙古				2	
总计	350	350	401	247	164

根据上表，可将各校在各地的计划分布制成表 5-33。

表 5-33 北京大学等 5 所高校在各地的计划分布

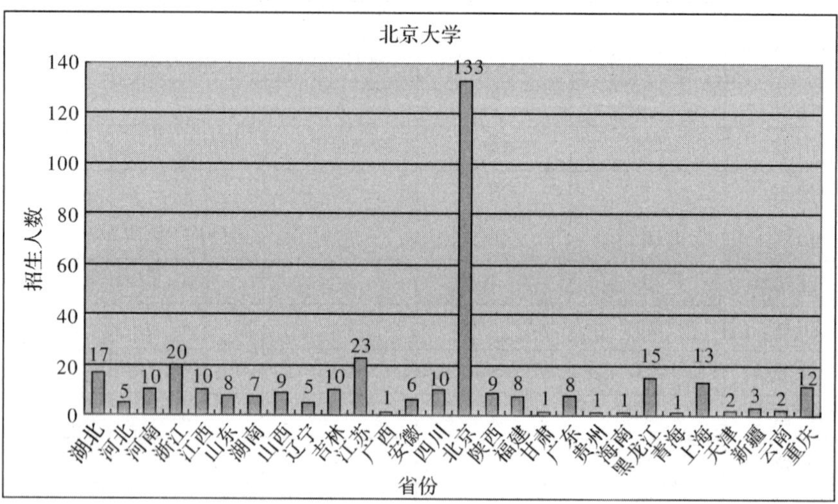

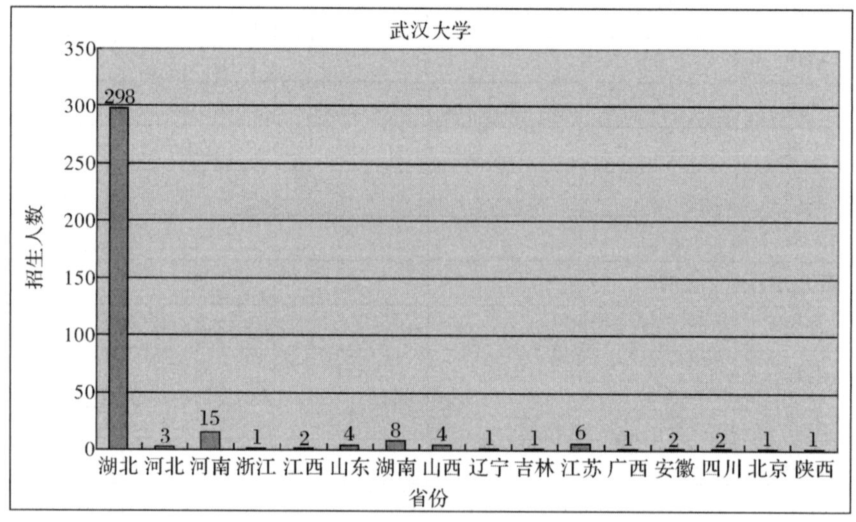

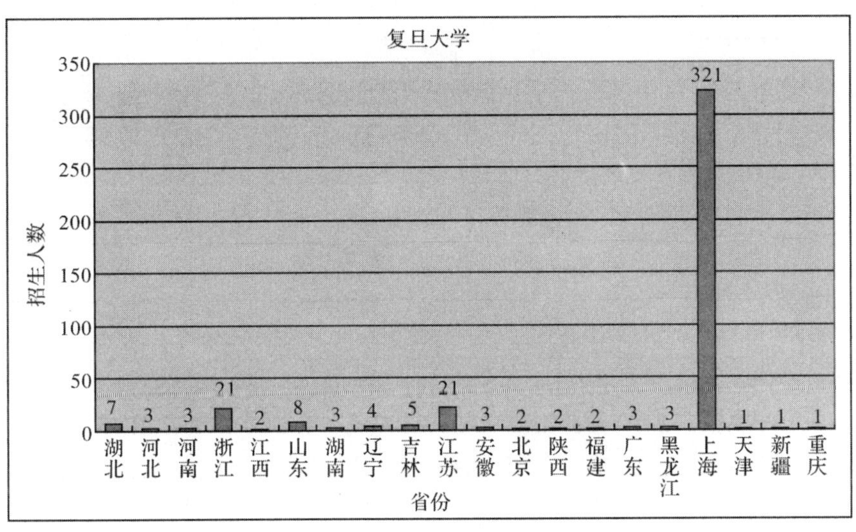
复旦大学
招生人数
350
300
250
200
150
100
50
0
7 3 3 21 2 8 3 4 5 21 3 2 2 2 3 3 321 1 1 1
湖北 河北 河南 浙江 江西 山东 湖南 辽宁 吉林 江苏 安徽 北京 陕西 福建 广东 黑龙江 上海 天津 新疆 重庆
省份

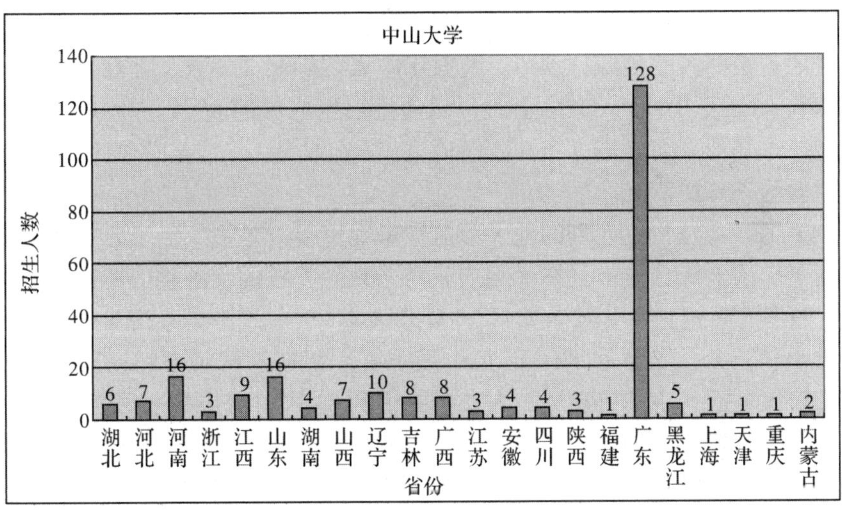
中山大学
招生人数
140
120
100
80
60
40
20
0
6 7 16 3 9 16 4 7 10 8 8 3 4 4 3 1 128 5 1 1 1 2
湖北 河北 河南 浙江 江西 山东 湖南 山西 辽宁 吉林 广西 江苏 安徽 四川 陕西 福建 广东 黑龙江 上海 天津 重庆 内蒙古
省份

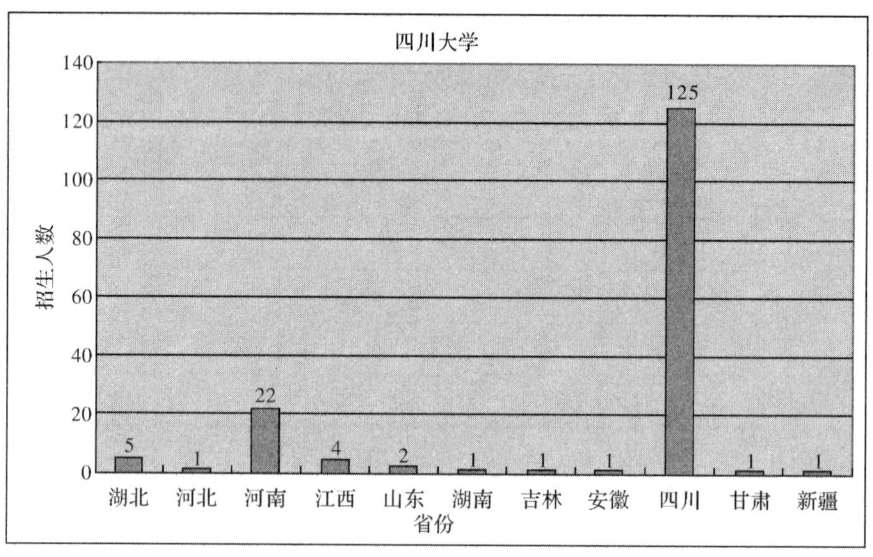

如表所示，5 所自主选拔录取高校在生源计划的投放上呈现如下特点：

第一，招生计划的投放反映出明显的“地方主义”。这 5 所高校在学校所在的省市招收的生源分别为：北京 133 人、湖北 298 人、上海 321 人、广东 128 人、四川 125 人，分别占它们各自招生总数的 38%、85.1%、80%、51.8%、76.2%。本省（市）生源有着“压倒一切（他省）”的优势，地方利益得到充分的满足。

第二，各校招生计划的地区覆盖面呈现出很大差别，除了北京大学基本覆盖了全国大部分省市（28 个省市）外，其他高校的生源地区覆盖面差别较大，较多的高校有中山大学 21 个，复旦大学 20 个，其次为武汉大学 16 个，四川大学较少，仅为 11 个。而且，同一所大学在不同省市间投放的计划也存在较大差别，少的只有一二人，多的达到 20 人（除去在本省招生的）。

第三，招生计划对经济发达地区或教育大省有所倾斜。考虑到生源所在地的经济水平以及生源的质量，各高校将计划的重点（除去本省招生）投向经济发达地区或教育大省。其中河南、浙江、江苏、山东等省获得的计划量相对较多，而贵州、海南、青海、内蒙古等边远地区则受益很小，但与其他未曾获得招生计划的省市相比，它们仍然是受益者。

3. 城乡利益不均

笔者在对上述 5 所高校招生计划分布的情况进行统计时发现，与城市中学和考生相比，农村中学和考生几乎被排除在这一改革试点之外而根本无法受益。

首先，从参与试点的资格来看，城乡处于完全不平等的地位。由于高校此项试点的资格学生由中学推荐，为了保证资格学生的质量，参与试点的高校对具有推荐考生参加自主招生资格的中学规格进行了明确的规定，具有推荐资格的中学几乎完全是城市的重点中学。根据张继明的研究，2005 年明确提出生源所在地中学为省、自治区、直辖市重点中学的试点高校有 25 所，约占 62.5%①。这样，大部分普通中学被拒之门外，特别是那些教育资源非常有限的农村中学，更无法获取推荐资格，从而也无法从这一改革试点中受益。

其次，就高校设置的学生报考资格来看，城市中学和考生的优势更加明显。这里以某校为例，该校在 2005 年颁布的《自主选拔录取工作实施办法》中规定，具有以下条件的应届高中毕业生具有报考资格：高中阶段获数学、物理、化学、信息学、生物学五大学科奥林匹克竞赛两个以上不同学科省级赛区二等奖者；高中阶段获全国新概念作文大赛一等奖或全国创新英语作文大赛优胜奖（前 50 名）者；省级重点中学中德智体美全面发展，高中阶段学习成绩一贯优秀（所在中学文科或理科每学年年级综合排名均为前 10%）的应届毕业生；我校专家认定的各种专利或创造发明的主要获得者；我校专家认定的某一方面（文学、艺术、体育等）具有特殊才能者。该校的标准体现了较高的入学门槛，有利于提高生源质量，但有些标准对农村学生明显不利。

由于城乡教育差异是客观存在的，而且近年来大有愈演愈烈的趋势。乡村教育条件无法得到改善或者继续恶化，使得农村学生不断处于竞争的不利地位。无论是参加各种全国性大赛获奖的可能性，还是学生能力、素质的培养，其平均水平都远远低于城市学生。而部分高校在制定报考资格中，将那些大量依靠物质资源、社会资源才能获取的能力作为标准之一。例如，对专利、创造发明以及各种文学、艺术等特殊才能的侧重，使得农村中学和考生进一步失去竞争的机会，农村中学和考生的劣势越来越明显。因此，这一改革试点对城乡学校和考生产生了完全不同的结果，城市中学和考生是绝对的

① 张继明：《从高等教育大众化角度审视高校自主招生》，《湖北招生考试》2005 年第 8 期，第 69 页。

受益者，而农村中学和考生因各种原因几乎被排除在制度之外，实在有失公允。

（三）改革对招考公平、公正的维护

2003 年开始，为了解除社会公众对自主选拔录取可能滋生的腐败和社会不公的担忧，教育部和各高校陆续颁布了一些政策与规定，以维护招考的公平与公正。

1. 高校招生程序的规范化

2003 年教育部在推行试点伊始，就要求试点高校要做到“三公开”[①]：一是试点高校要将自主确定招生对象、选拔办法和招生人数，以招生章程的形式向社会公布；二是应届高中毕业生由本人提出申请，经所在试点高校确定的中学推荐，试点高校组织专家组进行考核，提出候选人，试点学校招生领导小组审核后确定入选名单，向学生所在中学公布，并报学生所在省（自治区、直辖市）高校招生办公室备案；三是试点高校应将“自主选拔录取”的学生通过学生所在省（区、市）高校招生办公室向社会公布。

2. 教育部对高校招考权和中学推荐权的监督

教育部还对行使招考权的高校和推荐权的中学进行监督。例如，要求各试点高校成立由主管校领导、学科专家、纪检监察部门、招生部门负责人组成的招生领导小组，按照“依法治招、严格程序、规范管理、接受监督”的要求，制订详细的招生方案，认真把好招生过程的每一关，特别是不能利用这种招生形式向学生变相高收费。中学应本着高度负责的精神，严格按照一定的程序公开组织推荐工作，如实提供推荐学生的真实情况。在招生录取过程中，教育部将组织检查，如发现有弄虚作假、徇私舞弊行为的，一经查实，除将按招生工作处罚条例予以处理外，对负有责任的高校，取消其试点资格；对负有责任的中学，取消其向高校推荐学生的资格；对负有责任的学生，取消其录取资格，并将有关情况记入个人诚信档案。

3. 高校对中学的约束

针对部分中学推荐中可能存在的“推良不推优”“荐官不荐民”等现象，许多高校也采取了一些措施。例如，在招生简章中明确提出：“对于提供虚

① 《教育部有关负责人就 22 所高校自主选拔录取发表谈话指出：加大力度　严格管理　坚持“三公开”努力选拔优秀人才》，教育部网站，2003-03-28，http：//www.moe.edu.cn/edoas/website18/level3.jsp?tablename=217&infoid=2881。

假材料的中学，取消该校3年的推荐资格；对于提供虚假材料的考生，取消该生的认定资格。”以此期望通过规范中学推荐行为，减少招生中的腐败行为与有失公平、公正的现象。

4. 统一高考的公平保障

为了保证该试点的生源质量，维护选才的社会公平，教育部要求被各校认定的资格学生需要参加高考，而且考试成绩要达到生源所在省（自治区、直辖市）确定的与试点高校同批次录取控制分数线，才能按双方事先达成的协议进行录取。对此，社会公众褒贬不一。有学者指出，很赞成教育部在高校试行的“自主招生”制度，但不赞成再对学生进行层层考试。要求其参加统考，反而加重了学生负担，仍然引导学生整天去应对考试和考分①。也有不少人认为，此举是对招考公平的最大维护。笔者也赞同后一种观点，因为在中国当前的社会风气和诚信水平下，社会个体往往从自身利益出发，与试点高校频频发生联系，许多物质利益、权力利益纷纷涌向高校。由于长期以来在抵制社会不良风气以及构建自我约束机制方面的经验一直不足，部分高校被迫处于为“权力大开方便之门”的为难境地。而统考成绩的设定，为高校摆脱这种困境提供了可能，维护了高校招考的公平、公正。因此，自主选拔录取的推行不能忽视高考的作用。

（四）改革的困境：选拔专才与招考公平的矛盾

在选才标准的确定上，自主选拔录取赋予高校一定的自主权，规定高校可以根据各自办学特色、资源情况、学科特点等确定录取标准，特别是对一些“特殊人才”，高校也可制定相关的录取政策；但是，从实践来看，为了方便操作，减少争议，各试点高校提出的招生对象和范围呈现出共同的特征。例如，各高校一般都提出招生重点中学综合成绩（学业成绩）名列前茅者或综合素质突出者，以及在某方面（如学科竞赛、科技创新、文学艺术、哲学语言、思想道德品质、社会活动等）具有突出才能或培养潜能者，真正体现高校个性化和学科特点的要求不太明显。而且从选拔的结果看，录取的大部分都是综合素质较高、学业成绩较好的考生，而各种个性化、“特殊性”人才出现得不多。对此，有

---

① 杨德广：《对两种“自主招生”改革的剖析》，《招生考试研究》2007年第1期，第47页。

学者指出，自主招生的根本意义在于让有专长、特长的学生平时能充分发挥和展示自己的才能，不受考试分数的约束，应把一部分优秀学生从繁、难、偏、旧的题海中解放出来，使他们的素质得到全面提高，个性得到充分发展。因此，在自主招生过程中，应建立免除参加高考的保送制度。一方面，确定一批有推荐保送资格的中学，将保送推荐权交给中学校长，成立保送生专家小组，全面考核、审定保送人选。另一方面，大学成立由各方代表参加的专家考核组，对保送生会考成绩、中学一贯表现、本人专长及特长等进行全面审核并面试，最终决定是否录取①。

60多年高考制度的发展历史表明，由于高考"统"的特征过于明显，其对选拔个性独特及具有某方面特殊专才的人才具有较大的局限性。因此，要求自主选拔录取中取消对统一高考成绩要求的社会公众不在少数。诚如上面这位学者所言，取消统考在一定程度上有利于减轻学生负担，发展其个性，使得自主选拔录取试点招收"专才"和"特殊人才"成为可能，但社会公众仍然无法消除他们对这一招生录取过程的公平性的质疑。2006年复旦大学实行脱离高考，依靠面试的自主招生改革，社会公众随即对此表现出强烈的不信任。根据《中国青年报》社会调查中心与新浪教育频道联合进行的网络调查结果显示，有59.2%的人对面试决定招生并不赞同，38.9%的人认为"很难做到真正的公平"，原因在于他们认为"没有分数做标准的选拔，会掺杂更多的人为因素"②。也有人指出，"这有些荒唐，空口承诺接受'条子生'不行，没有制度保障，没有有效监督，仅靠招生单位和招生人员的自律能行吗？如果招生改革后招上来一群'后门生'，还真不如退回'分数定高低'的办法，至少那比这要公平得多吧"③。还有人说，对于普通老百姓而言，高考是一种相对来说比较公平的竞争方式，同时也可能是生活在社会底层的人们改变命运的唯一途径。面试这样的"印象分"是非常主观的，高校通过这种方式招生，可能会产生一种"获得者获得"效应：特权者更加

---

① 杨德广：《对两种"自主招生"改革的剖析》，《招生考试研究》2007年第1期，第48页。

② 唐勇林：《调查显示公众对高校自主招生心态矛盾》，《中国青年报》2006年3月13日。

③ 《脱离高考　面试招生如何保证公平》，新华网，2006-04-04，http：//news.xinhuanet.com/forum/2006-04/04/content_4377956.html。

“特权”，招生中的一些腐败现象也会名正言顺地从私下走上台面①。

对于社会公众对复旦大学面试公平的不信任，有学者指出，这是因为“面试录取隐藏着的不公”是一种大环境（社会道德和诚信环境）。复旦也许可能通过努力改变小环境，做到力所能及的公平，但对“大环境”却无能为力。复旦不是教育的“独立王国”，不能脱离“大环境”把面试录取公平提升到一个理想的高度。因此，面试录取的公平只是一种想象的公平，归位到现实环境中之后，想象的公平会因为整体环境的复杂而变得不可控。从这个角度看，高考虽然有许多弊端，也存在许多不公，但在既有的“大环境”下，通过它实现的公平却是相对最可控的公平②。

综上所述，由于高校自主选拔录取在推行中存在着一定的利益不均等，官民之间、地区之间、城乡之间产生了极大的利益落差，这是对招考公平的最大威胁。然而应该指出的是，各校招生计划的地区分布、资格学校的选择、资格学生的认定有其自身的利益考虑，或出于“效率优先”，或出于“权力寻租”，但是招生的成本是阻碍其招生计划难以面向全国考生的重要原因。从这个角度上看，“效率”影响着招考公平的实现。因此，社会应该将对其公平性的关注重心放在程序的公平性上，除了逐渐建立有效的招生监督机制之外，继续利用统一考试也是维护其公平、公正的有效手段。

第三节　高考内容的公平性

与高考形式的公平性相比，社会公众对高考内容公平与否的关注一直相对较少。近年来，随着高考内容由知识立意向能力立意转变，能力考试逐渐成为高考命题的重点，考试题型减少了记忆性和知识性问题，增加了灵活性和开放性问题。同时，高考越来越突出应用性，注重理论与实践的结合，强调学以致用，要求学生综合、灵活地运用各方面的知识解决生活和社会中的问题，反映其在生活中解决实际问题的能力。这些命题理念的转变，不仅深

① 唐勇林：《调查显示公众对高校自主招生心态矛盾》，《中国青年报》2006 年 3 月 13 日。

② 曹林：《面试录取不是可控的公平》，《新京报》2006 年 4 月 4 日。

刻影响着学生的知识和能力结构，也对中学的教学提出了更高的要求。由于处于不同社会阶层的中学生掌握的教育、社会资源存在巨大差异，特别对那些缺乏足够物质资源、权力资源以及处于信息不对称处境的中下阶层考生而言，高考命题立意的转变在一定意义上意味着阶层的差距进一步扩大。因此，考试命题的公平性逐渐为越来越多的公众所关注。

一、国内相关研究概述

城乡差异是多数学者考察高考内容的公平性时采取的角度之一。他们认为，我国城乡二元结构以及城乡制度政策的不合理，加剧了城乡教育之间的差距，而某些特定的教育政策、教科书以及考试中的文化倾向则更加强化了这一不平等。

（一）刘海峰、李立峰的研究

刘海峰教授认为，考测能力与公平客观的矛盾是当前高考改革需要认真面对和思考的矛盾之一。现阶段，中国存在相当大的城乡差别，农村学生受教育的条件远不如城市学生，在高考竞争中从一开始就处于不同的起跑线上。在过去偏重考查知识面和记忆力的情形下，刻苦攻读、记诵不辍也可能取得高分；而当高考日益侧重于考测能力的时候，应该承认勤奋刻苦的因素在高考成绩中所起的作用有所下降，而受教育的条件和环境所起的作用有所上升①。因此，为了避免高考命题立意可能会产生的对农村考生的不公平，高考命题一方面应该增加能力考查，给考生发挥创造性的空间；另一方面试题应避免出现性别、城乡及文化背景的歧视内容②。

李立峰认为当前高考政策已出现“城市价值”，在制定政策时主要以城市学生的学力为依据而制定全国统一大纲、统一教材和统一标准，不仅没有照顾到农村考生的利益，而且还明显地存在着城市价值中心的倾向，在原本就已经不公平的起点上，又将政策向城市考生倾斜，这对农村和边远地区的考生无疑是很不公平的③。

---

① 刘海峰：《高考改革中的全局观》，《教育研究》2002 年第 2 期，第 22 页。

② 刘海峰：《高考改革中的公平与效率问题》，《教育研究》2002 年第 12 期，第 83 页。

③ 李立峰：《高考科目与内容改革中的公平问题》，转引自：《公平与效率：21 世纪高等教育改革与发展》，福建教育出版社，2003 年，第 405 页。

（二）鲁子问的研究

学者鲁子问在《高考政策的国家利益优先性探讨》一文中指出，高考政策作为国家公共政策，应充分体现国家利益，保证国家利益的优先性，但是当前高考政策中存在一些基础教育领域国家利益优先性体现不够充分的现象。例如，某发达地区以外语听力测试的设备、环境以及监考人员的要求较高，突发因素多，怕在测试过程中出现问题，从而无法维护高考安全、有效、公平、公正为由，放弃高考英语听力试题，导致许多高三年级放弃英语听力教学，扰乱了中学英语教学秩序，带来高中英语教学质量的下降。此外，分省命题中部分试题质量偏低，导致考试的效度下降，带来国家利益优先性体现不充分。以某省 2004 年英语试题中某书面表达试题为例，该书面表达试题具体为：假设你是一位生活在某城市的中学生，暑假打算去乡村度假。请根据下面两幅图提供的信息，写一篇短文。简要说明城市生活环境的不足，重点说明你去乡村度假的原因。作者认为，这一试题存在明显的非城市化的价值取向，内容说明“城市生活环境的不足”，而这与农村的城市化、城镇化的社会发展取向是不一致的。这与国家利益在一定程度上是相冲突的①。以上两例在一定意义上可以理解为是对高考公平的维护，特别是后一例，在某种程度上是对高考“城市中心”取向意义的一种“反歧视”，但在实践中却会出现更大的问题。因此，高考内容的公平问题是一个十分复杂和敏感的问题。

（三）余秀兰的研究

余秀兰在“中国教育的城乡差异”的研究中，以高考语文试题为切入点，分析了高考作为教育评价标准中的文化倾向，考察学校教育中的文化再生产现象，以及其与中国教育的城乡差异的关系。她统计了 1992 年至 2001 年 10 年间的高考语文试题，分析试卷的结构和试卷内容的选择，认为试卷中存在着一定程度的文化偏向，从而不利于农村考生。具体表现为：

（1）语文试卷内容较多地反映城市生活。

语文试卷所反映的热门话题或时代话题，多是城市背景下的。有些内容，农村孩子非常陌生，甚至是从未听说过的。反映农村生活的考题极少。

---

① 鲁子问：《高考政策的国家利益优先性探讨》，《考试研究》2006 年第 2 期，第 39、44 页。

这集中反映在句子的考查、现代文的阅读和作文上。

(2) 考试对语言、文字的要求非常规范。

考试完全排斥口语和乡土的、不规范的东西，这在对音、字、词、句、标点的考核中得到最明显的反映。这套规范与农村孩子平时的生活相去甚远，他们要掌握这套全然外在的、陌生的符号，就必须完全抛弃在家庭或乡村中已经习得的那套符号，并接受非常规范、严格、扎实的基础教育。

(3) 考试的综合性、技巧性、创造性越来越高。

考试要求考生具有扎实的基础知识、宽广的阅历、丰富的想象、多元的思维。事实上，语文考试一向是“功夫在诗外”，书本上的内容考得很少。这些在句子的仿写、文学鉴赏、文言文阅读、现代文阅读以及作文中都有很好的体现。这样，考生平时的积累、课外的阅读和训练就显得格外重要，而这对条件有限的农村考生显然不利。

(4) 信息不对称。

有些考题选自报纸、有关文章、书籍，这对信息不灵、缺乏报刊书籍、资料较少的农村考生来说，显然是不公平的①。

为此，有人指出，高考实际上是乡村与城市的一种竞争，以贫困乡村的匮乏资源与城市的雄厚资源竞争，乡村地方难免要付出些人道的代价②。

法国学者布迪厄 (Pierre Bourdieu) 作为文化再生产理论的杰出代表人物，一直强调文化过程对于维护现存社会经济结构的重要性，认为教育有助于维护一个不平等的、分化为阶级的社会，并使之合法化。教育通过被构建为有利于统治阶级的文化而实现了文化再生产③。在他看来，考试的选拔是非常不公平的，考试并不只是学校价值和教育系统暗含的选择的最明显表现。在它把知识和表现知识的方式的社会定义作为值得大学认可的东西强加于人的时候，它向主文化及其价值的灌输工作提供了它最有效的工具之一。……它通过掩饰以技术选择为外衣的社会选择，通过利用把社会等级变为学

① 余秀兰：《中国教育的城乡差异——一种文化再生产现象的分析》，教育科学出版社，2004 年，第 151～152 页。

② 李书磊：《村落中的“国家”——文化变迁中的乡村学校》，浙江人民出版社，1999 年，第 148 页。

③ 余秀兰：《中国教育的城乡差异——一种文化再生产现象的分析》，教育科学出版社，2004 年，第 25 页。

校等级从而使社会等级的再生产合法化，为某些阶级提供了这种服务[①]。因此，考试含有明显的文化偏向，从而有利于一些群体而不利于另一些群体。这些都不禁让人怀疑中国高考试题的公平性与公正性。到底高考内容有没有出现上述研究中指出的对乡村考生不利，对高考试题进行统计学上的项目功能差异（DIF）分析为把握高考试题的公平性提供了一个有效的分析视角。

二、高考试题的项目功能差异（DIF）分析——以某自主命题省份为例

DIF即英文Differential Item Functioning的缩写，译为中文是项目功能差异。DIF最早始于20世纪60年代美国教育界对跨文化团体的项目偏差研究，目的在于寻找一套方法以区分出对少数民族团体不利的项目。

（一）DIF的概念及其对高考研究的意义

理解DIF的含义，需要将其同项目偏差相区别。项目偏差是指如果来自不同团体的具有相同能力或熟练的个体对某题正确回答的概率不同，则这道题就是有偏差的[②]。例如，某个测验项目要求学生计算关于地铁速度和距离问题，测验编制者的目的是了解学生的计算能力，但由于大城市的学生和边远农村的学生对于“地铁”的了解程度不一样，因而大城市学生在这题上的得分比具有相同计算能力的边远农村学生高，这题对农村学生不利，即有偏差。用这个测验分数做推论时，就会产生不公平现象。而DIF，即项目功能差异，指的是对于某个特定项目，如果在来自同一目标特质的两批平行被试组中，显现出不同的统计特性，那么该项目就存在功能差异[③]。

高考是全国范围内的统考，我国幅员辽阔，民族众多，各地区之间经济、文化发展很不平衡，城乡差异很大，在很大范围内实行统一考试，必然会造成许多因素影响考试的公平性和有效性。因此，对其进行项目功能差异

---

① 布迪厄：《再生产——一种教育系统理论的要点》，邢克超译，商务印书馆，2002年，第154、165页。

② 曾秀芹、孟庆茂：《项目功能差异及其检测办法》，《心理学动态》1999年第2期，第42页。

③ 董圣鸿、马世晔：《三种常用DIF检测方法的比较研究》，《心理学探新》2001年第1期，第43页。

的分析是保证高考公平性和有效性的重要环节①。

（二）某省 2007 年高考语文、英语试题的 DIF 分析

从 2004 年开始，全国陆续有省市参加高考自主命题，到 2007 年参加分省命题的省市已达到 17 个。随着参与此改革的省份不断增多，公众对各省命题的质量的关注也不断增加。十余年来，不少省份由于主观和客观的原因，出现了各年间高考试卷难度不稳定的现象，一定程度上影响了高考的质量，实践中已有人开始对此进行批评。分析高考试题的公平性，也是提高命题质量的重要一环。因此，这里选择了某自主命题省份，对其高考语文和英语试题进行 DIF 分析。

1. 研究方案设计

(1) 研究对象。

本研究采用某省 2005 年高考语文、英语试卷，对两份试卷中的选择题（1、0 记分制）进行分析。本研究的数据资料由该省招办提供，对当年的考生进行随机抽取，获取了语文 2 140 人，英语 2 069 人。各组考生在语文、英语考试选择题上的成绩分布如表 5-34、表 5-35 所示：

表 5-34 各组考生在 2005 年某省语文高考的选择题上的分布情况

	性别		城乡	
	男	女	城市	农村
人数	1045	1095	950	1190
平均分	91.56	93.63	92.99	92.94
标准差	12.856	12.429	13.44	11.54

表 5-35 各组考生在 2005 年某省英语高考的选择题上的分布情况

	性别		城乡	
	男	女	城市	农村
人数	1007	1062	905	1164
平均分	73.34	82.90	76.15	79.88
标准差	23.24	22.072	24.664	21.754

(2) 研究工具。

本研究采用由 Shealy、Stout 和 Roussos 等人开发的 SIBTEST 程序

① 曾秀芹、孟庆茂：《项目功能差异及其检测办法》，《心理学动态》1999 年第 2 期，第 42 页。

(Simultaneous Item Bias Procedure)。

(3) 实验设计。

本次研究分别把男生组、城市组作为参照组，把女生组、农村组作为目标组。抽取两个样本大小相同的小组。各门考试每组人数分布如表 5-36 所示：

表 5-36　语文、英语、数学（文）各小组分数分布表

	男生组（人）	女生组（人）	城市组（人）	农村组（人）
语文	1045	1045	950	950
英语	1000	1000	783	783

用 SIBTEST 的自动检测程序，逐项对语文考卷中的 14 道、英语考卷中的 75 道选择题进行男生/女生、城市/农村的 DIF 检测。

2. 检测结果与数据分析

利用 SIBTESE 进行性别和城乡的 DIF 检测后，得到的结果如表 5-37 所示：

表 5-37　2005 年某省高考语文、英语试题中的性别 DIF 与城乡 DIF

DIF 类型 / 试卷	参照组/目标组	参照组/目标组
	男/女	城市/农村
语文	6（道）	3（道）
英语	13（道）	10（道）

如表 5-37 所示，2005 年高考语文和英语试卷中都存在 DIF。其中存在性别 DIF 的题目数量分别为：语文 6 道、英语 13 道，分别占客观题总题量的 42.9%、17.3%；存在城乡 DIF 的题目数量分别为：语文 3 道、英语 10 道，各占客观题总题量的 21.4%、13%。其中，两项考试中性别 DIF 更明显。这表明，高考语文和英语考试试题在男生与女生之间产生了较大的差异。至于这种差异是利于男生还是利于女生，利于城市还是利于农村，还需要对表 5-38 的 DIF 分布情况进行分析。

表 5-38　2005 年某省高考语文选择题中出现 DIF 的题号及统计值

	性别 DIF：男/女		城市 DIF：城市/农村	
题号	Beta 值	P-value	Beta 值	P-value
1	−0.053	0.012983E	−0.064	0.0042E
3			0.060	0.0046E
6			0.079	0.00473E

续表

	性别 DIF：男/女		城市 DIF：城市/农村	
题号	Beta 值	P-value	Beta 值	P-value
7	0.052	0.020828E		
8	0.044	0.03022E		
9	0.068	0.000438E		
11	−0.061	0.002781E		
14	0.047	0.00045E		

注：Beta 值的正负显示了利于的组别，正值表示有利于参照组，负值表示有利于目标组。P 值表示显著水平，P≤ 0.05 表示结果有差异，P≤ 0.01 表明有显著差异，P≤0.001 表明差异十分显著。

如表 5-38 所示，高考语文试题中出现性别 DIF 的分别为第 1、7、8、9、11、14 题六题。P 值均小于 0.05，有的甚至小于 0.01，表明差异十分显著。在出现的性别 DIF 中，Beta 值的正负有特定的含义。若 Beta 值为正值，表明利于参照组；若为负值则表明利于目标组。根据上表显示的，第 7、8、9、14 题的 Beta 值为正值，因此利于参照组（男生）；第 1、11 题利于目标组（女生）。同理，第 1、3、6 题出现城乡 DIF，其中第 1 题利于农村考生，第 3、6 题利于城市考生。

表 5-39　2005 年某省高考英语选择题中出现 DIF 的题号及统计值

	性别 DIF：男/女		城市 DIF：城市/农村	
题号	Beta 值	P-value	Beta 值	P-value
2			−0.056	0.015E
3			−0.066	0.003E
6			−0.111	0.000E
11	0.051	0.011E		
13	0.049	0.030E		
14	−0.064	0.005E		
15	0.043	0.042E		
21	−0.067	0.002E		
23	−0.053	0.002E		
27			−0.059	0.008E
28	−0.069	0.002E		
36	0.057	0.002E		
37	0.061	0.005E		
38	−0.053	0.005E		
43			0.053	0.035E

续表

题号	性别 DIF：男/女		城市 DIF：城市/农村	
	Beta 值	P-value	Beta 值	P-value
50	0.090	0.000E		
55			−0.032	0.095E
59	−0.061	0.005E		
62			0.065	0.008E
64			0.048	0.044E
65	−0.036	0.000E		
66	−0.041	0.021E	0.053	0.009E
67			0.065	0.006E

注：Beta 值的正负显示了利于的组别，正值表示有利于参照组，负值表示有利于目标组。P 值表示显著水平，P≤0.05 表示结果有差异，P≤0.01 表明有显著差异，P≤0.001 表明差异十分显著。

如表 5-39 所示，高考英语试题多次出现 DIF，其中性别 DIF 高于城乡 DIF。14 道出现性别 DIF 的试题中，有 6 道利于男生，8 道利于女生；而 10 道出现城乡 DIF 的试题中，利于城市考生的和利于农村考生的试题各为 5 道。

3. 结论与分析

经过对上面的数据进行分析，可以得出以下结论：

(1) 与性别有关的 DIF 比与城乡有关的 DIF 更加明显。

利用 SIBTEST 方法对 2005 年某省高考语文和英语试题进行 DIF 检测可以看出，这两项考试都存在一定数量的 DIF 试题。其中与性别有关的 DIF 项目在这两项考试中都占较大比重。语文试卷 14 道选择题中，与性别有关的 DIF 项目有 6 道：其中优于男生的有 4 道，占 66.7%；优于女生的有 2 道，占 33.3.%。而 75 道英语选择题中，共有 13 题出现性别 DIF：其中优于男生的有 6 道，占 46.2%；优于女生的有 7 道，占 53.8%。与性别有关的 DIF 项目占较大比重，原因之一在于男生与女生的差异很大。研究已表明，男女两性在生理、一般心理、智力结构、情绪与情感、自我意识等方面都存在差异，这些差异造成男生与女生在认知方式、认知结构和兴趣爱好等方面都产生很大差别。

以语文试卷为例，与性别有关的 6 道 DIF 项目中，利于男生的 4 题均为阅读题，具体分布为：现代文阅读题 3 道，文言文阅读题 1 道。其中现代文阅读题中，社会科学类文章的 1 道，自然科学类文章的 2 道。

我们不妨来看看这篇自然科学类的文章内容。该年科技文阅读的主题是关于“恐龙灭绝”之谜的假说，是当前有关学科领域的新观点。该文选自《科学画报》2005 年第 1 期，文章介绍了一种有关恐龙灭绝原因的新观点，即“凡尔纳爆炸”理论，具有前沿性，属于科普类读物。这里无法列出整篇文章的内容，但可以把出现 DIF 项目的两道题目的题干列出来进行分析。

8. 下列有关克拉通的表述，不正确的一项是：

A. 克拉通分裂常伴随着陨石撞击地球的发生

B. 克拉通是一种厚实坚固、状态稳定的大陆地块

C. 克拉通下存有大量的气体和岩浆

D. 克拉通分裂即稳定地块的裂开，其发生周期约为 1 亿年

9. 下列对于“凡尔纳爆炸”理论的理解，不正确的一项是：

A. 根据“凡尔纳爆炸”理论，陨石撞击地球不是造成恐龙最终灭绝的原因

B. “凡尔纳爆炸”是指克拉通分裂时积蓄其下的气体引起的巨大爆炸

C. “凡尔纳爆炸”的喷发机制是摩根受《从地球到月球》小说中的巨型枪原理启发而发现的

D. “凡尔纳爆炸”释放的能力可能相当于 1200 亿吨炸药，可以把岩石抛到高空，岩石落回地面时撞出大坑

如果从阅读兴趣以及这篇文章对学生考查的逻辑推理能力来看，这两题可能更利于男生。男生与女生在逻辑思维上存在差别，男生擅长抽象逻辑思维，而女生则更擅长形象逻辑思维。自然类的科普文章通常与价值无涉，内容相对理性和不带感情色彩，而且相对逻辑严密，体系完整。这对大多数男生而言，不管涉及的内容是否会引起他们的兴趣，他们相对对这类文章的阅读不存在情感上的抗拒。与男生相比，大多数女生对形象的、富有感情的现代文学作品更感兴趣，自然类的科普文章则比较不容易引起她们的关注。从这一角度上看，男、女考生对这一类型试题的作答就可能存在差异。

再来看看试卷中利于女生的试题。出现 DIF 项目的 2 题均为字词题。具体试题如下：

1. 下列词语中加点的字的读音完全相同的一组是：

A. 暂且 砧板 战栗 明修栈道 技艺精湛

B. 与会 峪口 熨帖 瑕不掩瑜 钟灵毓秀

C. 陌路 蓦然 病殁 拐弯抹角 没齿不忘

D. 强劲 根茎 颈椎 大相径庭 不胫而走

11. 对下列句子中加点的词的解释，不正确的一项是：

A. 如是三年，国衰，诸侯谋之　　谋：为……谋划

B. 请治剑服　　治：备办

C. 庄子入殿门不趋　　趋：小步快走

D. 王乃校剑士七日　　校：使……较量

以上两题字词题，考查的是学生对字词的音、形、义的掌握和理解，精确性的要求更高。一般而言，男生与女生对语言的敏感度不同。从平均水平上看，女生相对更加细致、耐心，对字词的记忆、理解更加精确，对词句中表达的感情也有更深刻的体会和准确的把握。而男生就平均水平而言，其细致和耐心程度不及女生，特别对记忆性的东西，其精确性、准确度、持久度通常低于女生。因此，在这两道考查对字词的精确理解题上，女生的优势可能相对更大。

(2) 高考语文、英语试题中存在与城乡有关的 DIF，但城乡差异总体较小。

同与性别有关的 DIF 相比，高考试题中出现城乡 DIF 相对较少。具体来看，语文 3 道、英语 10 道，各自占语文、英语客观题总题量的 21.4%、13%。对于这种现象，有学者指出，城乡学生的差别只是由于他们从小接触的事物和所受的教育条件有所不同，但所受的课程教育大部分是相同的，他们在学校要求掌握的知识结构差异不大，因而与城乡有关的 DIF 较少①。

笔者认为对此类问题还可能存在的原因之一在于，高考命题过程中对公平性的指导原则的强调发挥了一定的作用。笔者在调研中了解到，长期以来，国家一直强调高考命题始终要求以公平原则作为基本原则。具体来说，就是要确保学生的能力得到客观、公正的评价。试题对所有应考者是公平

① 曾秀芹等：《英语高考试题的项目功能差异（DIF）分析》，转引自教育部考试中心《中国考试》杂志社组编：《1999 年考试研究论文专集》，高等教育出版社，1999 年，第 26 页。

的，要保证试题的原创性，避免与现有模拟试题相似或雷同。描述试题的素材内容、参考答案和评分标准要考虑到全体应考者，要避免与某些被试群体经济不相干的试题，避免因种族、民族、地域、风俗、性别等社会部门、行业间的差异引起的不公正结果，避免对某个或某些特定的群体产生与考试目的无关的过激反应，从而影响考试质量。就笔者所选择的该省，经济发展水平在全国属中上，且高考的命题水平也在全国处于领先地位，所以这个可能也是城乡 DIF 较少的原因之一。

（3）高考语文、英语命题是较为成功的，试题也是相对公平的。

尽管从语文、英语试题中检测的 DIF 项目占各自试题总量的相当分量，但从整体上看，其在参照组和目标组之间的分布大致是相当的。例如，语文考试中性别 DIF 有 6 题，其中利于男生的有 4 题，利于女生的有 2 题；城乡 DIF 有 3 题，其中利于城市考生的有 2 题，利于农村考生的有 1 题。英语考试中性别 DIF 有 13 题，其中利于男生的有 6 题，利于女生的有 7 题；城乡 DIF 有 10 题，其中利于城市和农村考生的各为 5 题。两门考试都没有出现 DIF 项目完全偏向参照组或目标组的现象。

根据 DIF 的检测标准，若试卷中各试题不出现完全偏向一组而忽视另一组，DIF 项目在参照组和目标组的分布大致相当，这样的试题就是相对公平的。因此，从上述语文和英语高考中的 DIF 分布来看，我们可以说，该省当年的高考语文和英语命题对保持客观题的公平性是较为成功的。

三、某省高考语文作文题的公平性分析

由于 SIBTEST 方法在检测 DIF 时只能用于（1、0）记分制的客观题，对于非（1、0）记分制的或主观题则不适用。因此，要检测高考语文作文题是否存在性别和城乡的差异，可采用统计学上的两独立样本的 T 检验。这里仍以上面某省的高考试卷为例。

（一）研究假设与统计方法

考察不同性别以及来自不同城乡背景的考生是否在高考语文作文的得分上存在差异，可拟下列基本假设：

Ho2.1：高考作文分不因性别不同而产生差异。

Ha2.1：高考作文分因性别不同而产生差异。

Ho2.2：高考作文分不因生源地不同而产生差异。

Ha2.2：高考作文分因生源地不同而产生差异。

在统计方法的选择上，可采用两个独立样本的T检验，即作平均数的差异检验。具体来说，就是分别检验两类四组群体（男生、女生；城镇学生、农村学生）高考语文作文的平均分是否存在差异。若存在差异，拒绝零假设，表明高考作文分因性别和生源地不同而产生差异；反之则无差异。

（二）统计结果与分析讨论

利用SPSS11.5对上述省语文高考中2 138人的作文成绩进行统计，得出以下统计结果：

1. 描述性统计

高考语文作文题中，不同性别、城乡来源地的考生作文得分情况如表5-40、表5-41所示。其中N为样本总量，Mean为平均值，Std. Deviation为标准差。

表5-40　不同性别考生的高考作文得分分布

	性别	N	Mean	Std. Deviation	Std. Error Mean
T25	1	1043	45.57	3.608	0.112
	2	1095	46.96	3.359	0.102

注：1为男生，2为女生。

表5-41　不同生源地考生的高考作文得分分布

	生源地	N	Mean	Std. Deviation	Std. Error Mean
T25	1	951	46.32	3.685	0.119
	2	1187	46.25	3.439	0.100

注：1为城市，2为农村。

根据表5-40、表5-41反映的，2 138名考生中，男生1 043人，女生1 095人，男、女考生的高考作文平均分分别为45.57分和46.96分，男生的平均分低于女生。而他们的生源地分布为，城市考生951人，农村考生1 187人，高考作文平均分分别为46.32分和46.25分，城市考生的平均分稍高。

2. 性别对高考作文分的影响——对Ho2.1假设的检验

通过SPSS11.5对样本进行方差齐性检验和T检验，得出以下统计结果：

表 5-42　高考作文成绩分性别方差齐性检验与 T 检验结果

Independent Samples Test

	Levene's Test for Equality of Variances		T-test for Equality of Means						
	F	Sig.	T	df	Sig. (2-tailed)	Mean Difference	Std. Error Difference	95% Confidence Interval of the Difference	
								Lower	Upper
T25 Equal variances assumed	1.813	0.178	−9.183	2136	0.000	−1.38	0.151	−1.679	−1.088
Equal variances not assumed			−9.167	105.708	0.000	−1.38	0.151	−1.680	−1.088

如表 5-42 所示，方差齐性检验中 F 值为 1.813，相伴概率为 0.178>0.05，因此，要选择上行（Equal variances assumed，即假设方差相等）的数据作为 T 检验结果数据。T 值为−9.183，相伴概率为 0.000<0.01，因而应该拒绝零假设 Ho2.1，接受备择假设，即表明高考作文分因性别不同而产生差异。由于均值之差（Mean Difference）为−1.38，即表明男生的高考作文得分低于女生。

3. 考生生源地对高考作文分的影响——对 Ho2.2 假设的检验

通过 SPSS11.5 对样本进行方差齐性检验和 T 检验，得出以下统计结果：

表 5-43　高考作文成绩分城乡方差齐性检验与 T 检验结果

Independent Samples Test

	Levene's Test for Equality of Variances		T-test for Equality of Means						
	F	Sig.	T	df	Sig. (2-tailed)	Mean Difference	Std. Error Difference	95% Confidence Interval of the Difference	
								Lower	Upper
T25 Equal variances assumed	0.149	0.699	0.462	2136	0.644	0.07	0.155	−0.232	0.374
Equal variances not assumed			0.458	1970.036	0.647	0.07	0.156	−0.234	0.377

如表 5-43 所示，方差齐性检验中 F 值为 0.149，相伴概率为 0.699>

0.05，因此，要选择上行（Equal variances assumed，即假设方差相等）的数据作为T检验结果数据。T值为0.462，相伴概率为0.644＞0.05，因而我们不能拒绝零假设Ho1.1，表明高考作文分不会因生源地不同而产生差异，城市考生和农村考生在高考作文得分上不存在差异。

4. 结论与分析

从上面数据显示的结果看，大致可以得出以下结论：

（1）高考作文得分因性别产生差异。

对该省高考作文题的检测反映出，男生与女生在语文作文的得分上存在差异，女生的作文成绩高于男生。男生与女生之间在语言上的差异前文已论及，与男生相比，女生对音、字、标点、词、句等的把握和理解更擅长，准确性也更高。先天自然因素的影响与后天社会角色的强化，使得女生在语言学习上的平均水平高于男生，特别是后天的强化，更是产生了明显的作用。心理学的研究表明，女生对其在学习语言上的优势的认定，在很大程度上是一种心理暗示与社会强化的结果。女性由于社会角色和个性的原因一般较为耐心细致，为语言学习提供了一定的便利条件，因此女性“具有语言学习的优势”的观念逐渐被社会所认同。在家长和社会的鼓励与认同下，越来越多的女性开始从事语言学习，又在很大程度上强化了社会对这一优势的认定，也促使女性更加努力学习语言，从而提高学习的能力和水平。这反映到高考中来，表现出语文和英语这两门语言科目都受到女生的欢迎，从而高考的语文作文得分体现出一定的性别差异。

（2）高考作文得分不受考生城乡差异的影响。

利用SPSS11.5统计后的数据表明，高考作文分不会因生源地不同而产生差异，城市考生和农村考生在高考作文得分上不存在差别。这似乎与大多数人想象中的结果不同。为此，笔者访谈了部分中学语文教师和统计学专业的教师，了解产生这一结果的原因。通过综合他们的意见，笔者拟提出以下可能存在的原因：

第一，原先人们脑子里对城市学生的语言能力强于农村学生的观念是与实际不符的。语言能力中最主要的是口头表达能力和书面表达能力。在很多情况下，人们从城乡掌握的教育资源差异，以及运用语言表达能力的机会和条件等角度看，一般都觉得农村学生处于劣势地位。例如，城市学生容易获得更多的知识信息，他们接触社会的机会多，知识面也相对较广，而且在语言的口头表达上更为主动、积极，容易提高语言能力；而农村学生接触社会的面有限，也很难获得像城市学生那么多的信息资源，加之他们主动、积极参与口头锻炼的机会（各类演讲、朗诵等）相对较少，因此容易形成其语言水平弱于城市考生的感觉。这种由个性不同表现出来的表达语言的差异（如愿意表达、不愿意表达），也许并不真正意味着他们在语言能力上存在差距。

第二，口头表达能力与书面表达能力并不时常表现出一致性。口头表达能力与书面表达能力是一个人语言能力的最主要方面，二者之间互相促进、互相影响。口头表达能力的增强在一定程度上会有助于书面表达能力的提高，反之亦然。但这二者的关系并不是必然的。这两种能力在不同人之间存在很大差别，有的人语言能力强，有的人语言能力弱；即使对同一人也会产生差异，有的人口头表达能力强，有的人则书面表达能力更强。因此，不能因为城市学生敢于表达、愿意表达（口头），因为他们所体现出来的较好的口头表达能力，就认定其书面表达能力也一定强。语文作文是重要的书面表达方式，对上述数据进行检测的结果表明，作文得分不因为考生生源地的不同而产生差异，笔者认为，可能就是出于上面的两点原因。

综上所述，就笔者掌握的这些数据以及采用的方法而言，该自主命题省份的高考语文和英语试题是较为公平和成功的。

结语：利益调整和协调中的高考形式与内容改革

受益群体和利益分配是任何社会改革都无法回避的问题，“为谁改革”“是谁受益”“谁来分配”通常是决定改革成功与否的关键因素。社会改革是一个过程，也是一个系统，包括多个阶段，涉及个人、组织和各子系统，从而引起许多连锁反应。个体、组织和利益集团通过受外部力量控制的正规或非正规纽带联系在一起，改革的成败在很大程度上取决于这些因素之间的相互关系及力量①。

当前，高考制度已成为一个充满利益纠葛和利益冲突的矛盾体，由于各个利益主体、利益群体在具体利益目标上存在差异，由于各种新旧利益关系的不断转换和更替，各个利益主体、利益群体间发生摩擦和冲突不可避免。他们从自身利益追求出发，以各自利益的最大化为目标，若不加以调控，会导致一定的利益混乱格局。马克思曾经指出：利益就其本性说是盲目的、无止境的、片面的，一句话，它具有不法的本能②。因此，为了更好地实现人们各自的利益，推进高考形式与内容改革，就需要对改革涉及的利益冲突不断进行协调。

一、高考利益纠葛的两个维度

目前，高考改革中利益纠葛从以下两个维度展开：

（一）各利益主体间的利益冲突

厘清不同主体之间的利益诉求是推进高考改革的起点之一。各利益主体

① 波尔·达林：《教育改革的限度》，刘承辉译，重庆出版社，1991年，第32页。

② 《马克思恩格斯全集》第1卷，人民出版社，1956年，第179页。

的独立存在及其相互关系，构成了高考改革中的基本利益格局，形成了各种利益观念并相应产生了各种利益行为。

高考制度自建制以来一直处于不断的变革与调整之中，近30年来改革的范围与力度逐渐增大，高考制度中的利益关系和利益格局也发生了深刻的变化，这表现在：

1. 利益主体多元化

从过去以国家和集体为单位的整体化的利益主体格局，变成了包括国家(政府)、高校、中学、考生和家长等在内的多元利益主体格局。各利益主体之间的关系更加复杂。从整体上看，改革是朝着不断突出高校地位，反映中学、考生和家长要求的方向发展。高校、中学、考生和家长在改革中的力量与地位正被重新调整和确定。

2. 利益冲突显性化

由于多元利益格局逐渐形成，高校、中学、考生和家长的地位得到一定程度的肯定和提高，其利益追求活动的客观性也不断为社会所承认。这就为各主体从自身需要出发，调整其与招考政策的关系，最大限度地满足自己的利益要求奠定了基础。由于高等教育资源的稀缺性，高考的竞争异常激烈，反映到各主体的利益追求活动中来，就表现出他们之间的利益冲突日益激化，在某些条件下甚至出现白热化，导致部分主体在逐利活动中出现一定的机会主义行为倾向。

（二）不同社会阶层的利益博弈

社会不同阶层的力量对比，在一定意义上反映着一个社会的民主和平等程度。赵奎礼在《利益学概论》中将我国社会各阶层按照其职业和经济关系分为五大利益群体，即工人阶层利益群体、农民阶层利益群体、知识分子阶层利益群体、干部阶层利益群体、个体劳动者阶层利益群体等①。社会学中的社会阶层划分更为细致，根据中国社会科学院“当代中国社会结构变迁研究”课题组提出的“以职业分类为基础，以组织资源、经济资源和文化资源的占有状况为标准”来划分，社会阶层主要包含以下十大群体：国家与社会管理者阶层，经理人员阶层，私营企业主阶层，专业技术人员阶层，办事人员阶层，个体工商户阶层，商业服务员工阶层，产业工人阶层，农业劳动者

---

① 赵奎礼：《利益学概论》，辽宁教育出版社，1992年，第163页。

阶层，城乡无业、失业、半失业者阶层。无论社会阶层的划分标准如何，不同阶层的利益分配是社会改革关心的话题。

从经济体制改革的情况来看，当前各社会阶层之间已呈现出“利益分配差距化”局面。随着平均主义被打破，各种要素收入合法化和改革的分化效应日益加深，不合理性和不合法收入差距与合理合法的收入分化同时并存，市场性和效率性分化与非市场性和非效率性分化甚至纯粹隐蔽性和权力性收入分化同时并存，收入畸高现象和赤贫现象同时并存，造成了社会收入分配不公和贫富分化的加剧①。各阶层在改革中的收益出现越来越大的差异。这体现在教育领域，也反映出大致相同的结论。以高等教育资源的分配为例，根据张玉林（1995 年）和谢维和等（1998 年）的研究，就各职业阶层了女在不同层次院校的分布来看，农民子女的比例随着院校层次的上升而降低②。农民子女与工人、干部、企业管理人员和专业技术人员子女进入高等学校的可能性之比为 1∶2.5∶17.8∶12.8∶9.4，其中在第一层次高校是 1∶4∶31.7∶22.6∶17.4③。这表明高校层次越高，农民子女与其他职业阶层子女间的入学机会差距就越大。

由于高考是分配教育资源的手段，因此直接受到这种阶层利益分配不均的影响。社会大众习惯以此利益不均作为指责高考不公平的依据，这在一定程度上影响到高考制度的发展与存亡。因此，改革必须正视这一不断扩大的阶层差异。

二、多元利益格局与高考改革方式的确立

在长期的高考改革争论中，一直存在着一种激进的力量，即认为要消除当前统一高考的弊端，减缓其对中小学产生的一系列负面影响，就必须废除统考，改行高校单独招考或推荐制。它与坚持统一高考的力量构成了一对“革命一守成”的关系，让人不禁联想到经济体制改革中的“激进式”与“渐进式”改革方式。

① 柳新元：《利益冲突与制度变迁》，武汉大学出版社，2002 年，第 170 页。

② 谢维和等：《高等教育公平性的调查与研究报告》，转引自曾满超：《教育政策的经济分析》，人民教育出版社，2000 年，第 257 页。

③ 张玉林等：《中国的职业阶层与高等教育机会》，《北京师范大学学报》（社会科学版）2005 年第 3 期，第 25～31 页。

激进式和渐进式是经济体制改革中的两种改革方式。激进式改革也被称为“休克疗法”（shocktherapy），是一种大爆炸式（bigbang）的跳跃性的制度变迁方式，在较短时间内完成大规模的整体性制度变革；而渐进式改革是一种演进式的分步走的改革方式，具有在时间、速度和次序选择上的渐进特征。它一般指中国的改革方式，并没有特别确定和详细的定义，是相对于激进式改革的一种改革方式①。随着经济体制改革的影响不断扩大，这两种改革方式也逐渐为其他领域的改革所用。

“教育改革不是突变，而是新质代替旧质的渐变过程。”② 因此，有学者指出，教育改革相对经济体制改革来说，在总体战略上更需谨慎小心，以相对渐进的方式来推行为好③。作为教育改革的一种，高校招生考试制度改革也是需要渐进推进、稳妥推行的改革之一。当前对待高考“存废争论”，要求保留高考、改革高考的意见始终是主流思想，其中部分原因源于“文革”期间激进式的改革——废除高考产生了激烈的社会震荡，导致了一系列直到目前也难以弥补的知识和人才断层的恶果。此外，笔者认为，当前高考采取改革、改进方式胜于革命、激进方式的原因在于改革者对基于高考形成的多利益格局的性质和特点的清醒认识。具体来说，有以下两点：

（一）高考改革中各主体之间的利益冲突不是“对抗性”的冲突

经济学中一般认为，苏联采用激进式改革的原因之一在于，当时绝大多数社会成员已在旧体制中没有多少既得利益需要保护，因为苏联的经济在其解体之前已经崩溃，保持这一制度对绝大多数人都没有多大好处④。尽管这一结论是经济学中的观点，但是，无论是经济改革还是教育改革，都涉及最根本的利益调整和利益分配。因此，以上结论同样可为高考改革所借鉴。

当前，基于高考制度形成的利益格局中，各主体之间的利益博弈并不是

---

① 开文明：《激进式和渐进式改革的评价》，《世界经济情况》2007 年第 2 期，第 1 页。

② 李均：《开拓历史通往现实之路——潘懋元先生在高等教育史研究上的建树》，《教育发展研究》1999 年第 3 期，第 73～80 页。

③ 潘懋元、王伟廉：《高等教育学》，福建教育出版社，1995 年，第 313 页。

④ 柳新元：《利益冲突与制度变迁》，武汉大学出版社，2002 年，第 62 页。

“零和博弈”，而是一种“非零和博弈”。“零和博弈”是指博弈的结果产生一方赢，另一方输；而“非零和博弈”则指一方的成功并不导致对方的失败。从高考改革的目标上看，各主体间并不想出现“你死我活”的局面，而是期望在利益博弈中达成互惠互利。这样的关系比较容易形成一定的共同利益，为改革的推进提供了条件。

此外，就各主体的受益而言，高考制度并未出现只保护某一主体，而完全忽视另一主体的现象。尽管不同阶层的群体之间会存在收益大小多少的差别，但对于大多数社会阶层的群体来说，高考仍然是其子女公平获取高等教育资源的重要途径。因此，在当前高考多元化的利益格局中，并不存在像苏联经济体制改革中那种大多数人没有利益可保护的现象。改革不是以全面否定高考为前提的，因此，不需要采取那种“釜底抽薪”的激进式改革——废除统一高考。

（二）改革进程的公共选择性质决定高考改革必然采取渐进式改革方式

由于高考制度涉及面广，影响范围大，通常它的一项细小的改革都会引发社会激烈的争论，因此对这一制度的改革异常困难。与此同时，由于人的社会科学知识储备和认知能力的有限性，对高考制度变迁的方向、过程、目标和方法等方面的认识是不全面的，只有“边干边学”，只有“摸着石头过河”，“在游泳中学会游泳，在斗争中学会斗争”，进而更好地接受、实施新制度①。这是高考改革实行渐进式方式的另一重要原因。

高考改革是不同利益主体、集团相互博弈后形成的一种社会公共选择过程。改革在初始意义上都存在一个既存的利益格局和相应的权力结构，由于参与改革的主体都是依据各自的成本最小化和收益最大化来决定改革方案的取舍，也由于改革方案的最终选择是相互冲突和相互作用的利益主体达成一致同意（妥协）的公共选择，所以能照顾到各方利益（或使各方利益达到平衡）并为各方所接受的方案只能是在既定的制度基础上缓慢地推进。因此，高考改革采取渐进式的方式，对原有合理的制度框架加以改进、完善，才能对不同利益主体的利益诉求都有所照顾。

---

① 林晓华：《中国式渐进改革道路的若干思考》，《发展研究》2005年第10期，第47页。

总之，渐进式改革的特点，不在于其慢，而在于改革的前期不是立即取消旧体制，而是在暂不触动旧体制的情况下，先发展新体制①，等到条件成熟后，再改变旧体制。就高考改革而言，与废除统考、建立单独招考或推荐制相比，当前以全国普通高校招生统一考试录取为主、多样化考试评价和多样化选拔录取相结合的招考形式比较稳妥、顺利，既大大降低了改革的成本，又减少了利益受损群体范围和他们受损的程度，减轻了改革的阻力以及社会激烈震荡的程度。

三、各主体、集团利益的协调——高考形式与内容改革的内在要求

利益协调的过程其实就是人们对彼此之间利益关系进行重新调整并使之秩序化的过程。从人类社会利益协调的历史来看，利益冲突的缓解往往是利益冲突各方妥协、退让的结果②。就高考改革而言，利益调整的结果是对每个利益主体逐利行为的规范与约束。从表面上看，利益的协调是对个体逐利活动的否定，而且某些个体甚至会因此而出现利益妥协；但实际上，这一看似否定个人活动的现象，恰好是为了在更大范围内实现社会整体利益。只有个体的逐利活动有序化、合理化，其他个体才能因此而实现自己的利益诉求。因此，改革需要不同主体根据其他主体的活动，调整自己的逐利行为，从而实现双赢。博弈论中的纳什均衡就是这个道理。

（一）利益协调的原则

原则是一种规范，是人在行动过程中应该遵守的。当前，高考改革中的利益协调应遵循以下基本原则：

1. 公正原则

公正，又称“公平”“公道”“正义”。它是评价人的行为和社会制度是否合理的基础性尺度和准则。罗尔斯在《正义论》中指出，正义是社会制度的首要价值，正像真理是思想体系的首要价值一样。一种理论，无论它多么精致和简洁，只要它不真实，就必须加以拒绝或修正；同样，某些法律和制

① 刘德龙、高伟：《试论我国渐进式改革的优势、缺陷及改进对策》，《山东社会科学》2000年第5期，第6页。

② 张玉堂：《利益论——关于利益冲突与协调问题的研究》，武汉大学出版社，2001年，第240页。

度，不管它们如何有效率和有条理，只要它们不正义，就必须加以改造或废除①。可见，公正对于制度的意义重大。

在社会发展中，每个人都有着与他人相同和相异的利益诉求。一方面，由于社会合作，存在着一种利益的一致，它使所有人有可能过一种比我们仅依靠自己的努力独自生存所过的更好的生活；另一方面，由于这些人对由他们协力产生的较大利益怎样分配并不是无动于衷的（因为为了追求他们的目的，他们每个人都更喜欢较大的份额而非较小的份额），这样就产生了一种利益冲突，就需要一系列原则来指导在各种不同的决定利益分配的社会安排之间进行选择，达到一种有关恰当的分配份额的契约。这些所需要的原则就是社会正义原则，它提供了一种在社会的基本制度中分配权利和义务的办法，确定了社会合作的利益和负担的适当分配②。

高校招生考试制度的推行，客观上需要依靠国家、高校、中学、考生和家长等不同主体的共同参与，只有主体之间亲密合作，互相配合，才能形成利益的“共赢”局面。与此同时，不同利益主体又有着自己独特的利益诉求，甚至其中的某些利益诉求是以牺牲他人利益为代价的。因此，改革必须以公正原则来协调不同个体、群体之间的利益冲突。从这个角度讲，公正就是人与人之间所得与应得、权利与义务、利益与负担之间的“相称”关系、“恰当”关系③。

前文已表明，当前高考制度以渐进式改革为主。经济学的研究表明，这种以政府为主导型的渐进式改革在保持改革平稳过渡的同时，也存在一系列的缺陷。其中之一就在于它会使中央政府及其官员集团以及其他与之休戚相关的特殊利益集团共同构成的强势利益集团因自利行为而结盟，而对弱势利益集团产生不利的影响，导致改革进程的利益矛盾积累④。这也是高考改革需要正视的问题，社会各阶层在基础教育资源、高等教育入学机会上的差异久已存在，产业工人、农民和城乡无业者等阶层一度处于社会弱势地位，随

① 约翰·罗尔斯：《正义论》，何怀宏等译，中国社会科学出版社，1988年，第3页。

② 约翰·罗尔斯：《正义论》，何怀宏等译，中国社会科学出版社，1988年，第3页。

③ 张玉堂：《利益论——关于利益冲突与协调问题的研究》，武汉大学出版社，2001年，第317页。

④ 柳新元：《利益冲突与制度变迁》，武汉大学出版社，2002年，第83页。

着渐进式改革对原有既得利益集团利益的保证，更容易造成高社会阶层和低社会阶层间的不平等。因此，对这二者利益的调整，就需要采取罗尔斯提出的第二个原则中的第一次序原则，即社会和经济的不平等应当这样安排，使它们在与正义的储存原则一致的情况下，适合于最少受惠者的最大利益①。

2. 平等原则

严格来说，公正与平等是有区别的。公正可能是平等的，也可能是不平等的；同样，平等的有可能是公正的，也有可能是不公正的。给一个优秀的工人和一个懒惰的工人支付同样的报酬，这是平等的，但它不是公正的。给质量不同的劳动支付不同的报酬，这是公正的，但它并不是平等的②。当然平等与公正有着密切的联系，没有平等的公正就如同没有公正的平等一样不可想象。

社会制度在本质上是利益制度，是利益激励、约束、保护、协调和整合的制度。高考改革的目的在于建立相对符合各主体利益的新制度。由于公平、公正是高考改革的底线，因此新制度也必须体现公平、公正，体现“考试面前人人平等”。从这个角度上看，当前高考改革在进行利益协调、建立利益制度的过程中也必须贯彻平等原则。平等最基本的含义就是“权利的平等”或“机会的平等”，因此，要坚持利益协调在权利上的平等原则，必须坚持在各项协调政策的制定和执行上，每个考生都享有平等的权利和义务。决不允许一部分人单纯地拥有受益权，而另一部分人却只拥有承担损失的义务。

3. 权责平衡原则

权责平衡原则，是针对部分利益主体在逐利过程中，只行使权力获取利益，而不承担责任与义务而提出的。因此，设置这一原则，就是要科学合理地规定政府、高校、中学、考生和家长的权力与责任、权利与义务，并以行使权力与承担责任、享受权利与履行义务相一致为基础。

当前高考形式改革中不乏此种主体权利不明、责任不清的例证。例如，高校自主选拔录取中，部分中学就难以做到权责一致。由于部分中学受升学率与名牌大学录取率利益的驱使，为求稳妥，在向大学推荐生源时“推良不

---

① 约翰·罗尔斯：《正义论》，何怀宏等译，中国社会科学出版社，1988 年，第 61 页。

② 柳新元：《利益冲突与制度变迁》，武汉大学出版社，2002 年，第 320 页。

推优”，把那些成绩不错但不是有十分把握（考取该大学）的学生推荐给大学；同时也推荐一些学生干部，学校以这种方式对他们付出的劳动给予一定回报①。这就与高校要求的推荐特优生、特高生和有潜力的特长生的目标相去甚远，在一定程度上影响了高校组织单独考核的实际效益。因此，要实行改革，进行利益调整时，应根据各受益群体权利、利益的大小加强约束制度建设，从而达到利益的相对均衡。具体来说，在约束与监督高校自主招考的同时保障其正当权益，在赋予中学推荐生源权利的同时加强对中学的监督。

（二）利益协调的途径

当前高考形式与内容改革中已逐渐出现众说纷纭，“公说公有理、婆说婆有理”的复杂局面。对高考形式或内容的某一方面的变革或推进，都会招致社会不同利益群体的支持和反对意见，使得改革不可避免地陷入僵局，行政权力已越来越难以承担利益关系主要调节者的角色。因此，要协调社会利益冲突，必须求助于社会各利益主体自身根据既定的“游戏规则”来解决利益矛盾和冲突。具体来说，须加强以下方面的机制建设。

1. 完善利益表达机制

在当前存在着利益差异和利益竞争的情况下，关于高考形式与内容的任何一项改革政策的制定和出台都不能不考虑各个利益群体之间的利益均衡问题。而要实现利益均衡，不能单凭政府的主观愿望和主观意志，也不能仅寄希望于高校或者国家管理干部，而要充分尊重民意。因此，需要建立综合多元利益群体意志的利益表达机制。

利益表达的实质就是要把自己的利益要求通过正当合法的途径向全社会、向公共利益的代表——政府反映出来。对政府而言，就是要充分吸纳制定社会公共政策的尽可能齐备的信息。只有建立在充分的信息基础上，社会公共政策的制定才不会出现偏差和失衡，才不会导致多元利益群体的差别扩大化②。

现阶段，各利益主体以及社会各阶层的利益群体由于权力的不平衡、主体意识的自觉性程度不平衡，以及掌握的社会资源的不平衡，导致其在高考的利益表达上存在很大的差别。例如，某些掌握着大量权力资源、物质资源

---

① 《高校自主招生无才可选谁之过?》，《北京青年报》2004 年 11 月 22 日。

② 方同义：《多元利益群体的利益表达与和谐社会建设》，《浙江社会科学》2006 年第 6 期，第 12 页。

的既得利益集团会利用这些便利条件，表达自身的利益要求，并使其合理化、制度化。而广大基层老百姓，尤其是处于弱势地位的群体，他们的利益要求很难被有效地表达，并成为影响政府决策的信息依据。很明显，长期以来要求废除统一高考，建立多元标准选拔的高考“独派”很难是处于社会基层，或是真正了解基层民众需要的学者。对于部分学者不断提出的要求废除高考的动议，有人指出，高考制度“不要成为少数人呼吁的牺牲品”①。改革只有广泛倾听来自高校、中学、上层国家干部、中层普通大众、底层弱势群体的要求，才能得到更多的支持力量。

2. 完善改革参与机制

高考改革从统一走向多元的一个重要原因，就在于“一张试卷”无论在形式上还是内容上，已难以兼顾有着各种不同诉求的高校的利益需要。由于高校最清楚自己的生源需要，而中学教师最了解学生的知识、能力和素质水平，因此科学的高考形式和内容方案设计，无法离开这些有着不同利益诉求却又密切联系的主体的共同参与；但是，统一高考长期以来一直以整体的国家利益和集体利益作为改革的目标，对高校和中学的特殊要求考虑甚少。因此，政府之外的各种利益主体的地位和权力十分有限，他们参与改革的意识比较弱，主体能动性比较低，加之他们自身存在一些从某种意义上说与集体利益相冲突的特殊利益，导致他们逐渐被排除在高考改革之外。20 世纪 90 年代末以来，高考形式在兼顾国家、大学和中学方面作了相当的努力。高校自主选拔录取、自主招生等试点，扩大了高校、中学的招考自主权，对招考形式的安排和内容的设定，也使得高校主体意识有所增强。因此，改革应该继续为多主体参与提供条件，在承认不同利益主体平等地位的基础上，实现利益博弈的协调与均衡。

3. 完善社会监督机制和权力制约机制

“权力导致腐败，绝对权力导致绝对腐败。”② 权力一旦失去控制和约束，就会产生权力异化和腐败，这是一条普遍的规律。因此，加强对权力的制约与监督是全世界的普遍现象。

长期以来，高校招生中或明或暗的腐败，几乎成了众所周知的

① 《高考制度不要成为少数人呼吁的牺牲品》，中青在线网，2006-09-19，http：//zhaosheng.cyol.com/content/2006-09/19/content_1515603.html。

② 阿克顿：《自由与权利》，商务印书馆，2001 年，第 342 页。

秘密[①]。一方面，招生权力与个体的利益直接相连，招生人员始终面临着滥用权力、谋取私利的诱惑[②]；另一方面，部分高校在招生中也没有采取切实有效的措施对招生权力进行实质性监督与节制，出现了招生权力的异化。近年来，随着高考改革逐渐走向多样化，原本集中于中央政府的权力不断下放，普通高校拥有了越来越多的自主权，可以根据自身专业的特点、办学需要招收选拔优秀生源，学校的积极性在不断提高。权力的下放也有不可回避的消极影响。在高校尚具有一定招生自主权的年代，招生腐败已无法避免，所以社会公众有理由担心，当前高校招生自主权的不断扩大更会招致腐败和不公平。因此，加强对高校招生过程的权力制约和社会监督迫在眉睫。

高校自主选拔录取和自主招生（复旦大学、上海交通大学等的改革）试点是扩大高校招生自主权的最典型代表。要对高校、中学和考生加强社会监督，就必须坚持信息公开。因此，对高校而言，要继续加强管理和监督，做到标准刚性化、程序规范化、招生办法公开化、录取结果公示化。无论是制定自主选拔录取方案、考核标准和考核办法，还是确立入选考生的名单、最终录取哪些考生都需要向社会公布，接受全社会的监督。对于中学可能存在的“推良不推优”以及推荐材料弄虚作假，应着重加强对推荐对象的全面考核。同时，中学的推荐对象也需要公示，接受社会监督。当中学推荐对象出现上述问题时，应该保留高校对该类学校进行惩罚性处理的权利。

四、高考形式与内容改革的基本走向

高考是社会各种利益群体利益博弈的集中点，其牵涉面太广，社会负担太重，不仅使高考改革左右为难，也让围绕高考的考生、家长以及学校、教师长期为之所累。考虑到当前高考改革需要正视这些如此复杂和多样的利益纠葛，笔者认为，高考形式和内容改革会呈现出以下发展特征：

（一）“多元化”是改革的方向，但“统考”仍是重要环节

高考是利用考试作为手段为高校选拔合适生源的制度，其发挥着连接中等教育与高等教育的桥梁作用。一方面，作为评价手段，高考反映了中学生

① 《北航高考招生索贿事件：招生腐败危害教育公平》，《中国青年报》2004 年 8 月 17 日。

② 覃红霞：《普通高等学校招生考试法治研究》，厦门大学博士学位论文，2005 年，第 157 页。

受教育水平，在一定程度上保证了高等教育生源的质量；另一方面，高等学校又以高考作为中介，通过高考内容和形式反映着高校的生源要求，发挥着对中等教育的导向作用。当中等教育与高等教育各自的实际和要求存在矛盾时，双方都会将需要调整的部分反映到高考内容和形式上，因此高考内容和形式总处于不断变化和调整之中。

近年来，随着高校、中学和考生的地位不断提升，高考改革越来越需要兼顾他们的需求。一方面，高等教育多层次、多类型的发展实际影响和制约着考试形式、考试内容的发展与变革，要求改变原先一张考卷、一次考试的局面，满足不同层次、种类高校的生源要求；另一方面，中小学素质教育的发展、学生个性的张扬以及主体性的提高，也要求改变考试形式与内容，建立多元多样的考试体系，为水平和个性爱好不同的考生选择适应自己的考试创造条件。因此，高考形式与内容改革的趋势是建立多元多样、层次和类别分明的考试体系。

同时，高考改革也应该体现其代表社会公共利益的要求。我国高考改革一贯坚持以公平为准绳，为维护考试的公平公正，长期实行标准统一、内容统一的国家统一高考，不仅满足了社会民众崇尚考试、重视公平的心理，而且在很大程度上维护了社会的安定和民族的融合。在很长时间内，统一高考被认为是最公平的社会制度。尽管当前高考制度存在种种弊端，但在目前的社会环境下，与其他各种方式比较，统一高考仍然是唯一的、能够为所有受教育者提供公平机会的手段。尽管它不是最好的，却是最有效的。此外，统一考试也使得高等学校招生考试工作统一化、标准化以及通用化，对于提高招生效率、减轻学校和考生负担都起了很大的作用。因此，高考形式改革仍然不能忽视统考的作用。

改革可以通过增加考试次数、拓宽考试种类、设置不同考卷、发挥不同组织主体的作用来促进高考形式和内容的多样化；但受招考效率、社会诚信等多种条件的限制，多层次、多样化考试体系的建立是一个长期的过程。高考形式与内容改革不能忽视改革的现实条件，但也不能回避社会和教育的发展要求，因此统一考试与分散考试的结合有着必要性和必然性，建立以统一高考为主体的分层分类、多样多次考试体系是当前我国高考改革的目标。

（二）高考公平性与科学性的矛盾将随着招考的多样化而日益激烈

高考从统一走向多元，从注重“共性”到强调“个性”，在很大程度上是应招考的科学性要求所致。高考建制60多年来，提高高考的科学性主要集中在科目与内容改革方面，主要是将现代统计与测量理论运用于考试试题设置、题库建立等方面，不断提高高考的信度、效度。经过长期的考试技术的研究与试验，高考内容的科学性得到不断增强。然而，随着近年来高考改革的逐渐深入，高考地位的日益突出，仅仅局限于利用考试技术来提高高考的科学性已越来越难以适应改革的实际要求，高考的科学性问题也渐次从考试的科目、内容扩充到高考形式、高考录取等各个领域。

就高考形式和内容而言，由于统一高考利用一次考试为所有层次、类型高校选拔生源，尽管效率高，但在考试内容、考试标准上根本无法兼顾所有高校的要求，因此其科学性与合理性不断地受到质疑。从理论上看，要提高高考形式与内容的科学性，需要依靠高校的参与。设置针对不同类型和层次高校生源要求的考试内容，无法离开高校的直接与间接参与。从这个意义上说，分散性考试、高校的单独招考比一次统考更有利于体现人才选拔的科学性；但是，由于统考形式的变化，即考试组织主体和考试类型的多样化又隐含着对考试公平的削弱，特别在我国当前的政治、经济和文化背景下，社会对高考公平性的强烈诉求，导致了对统一高考的过分依赖。正如有的学者所言，由于优质高等教育资源的稀缺性导致了激烈的高等教育入学机会竞争，加之社会诚信缺失，因此社会对高校招生考试的关注程度始终很高，甚至有片面苛求之嫌①。在改革朝向多样化方向发展，并逐渐强化和提高高校招考自主权的背景下，二者之间的矛盾将进一步凸显。

（三）高校和中学的关系将会随着高考形式与内容的多样化而变得更为密切

高校以中学毕业生为选拔对象，客观上要求以招考制度为中介加强同中学的联系。但自1952年以来，高校招生主要依靠独立于高校之外的统一高考。高校与中学都只跟高考发生联系，彼此之间却少有关系，二者逐渐成为独立的、泾渭分明的两个系统。中学不甚了解高校的生源需要，高校也不很清楚中学的教学实际，导致二者产生了一定的隔膜。

近年来的高考改革逐渐沿着“放权”的方向发展，增强高等学校的招考

① 罗立祝：《我国高校招生考试政策研究》，厦门大学博士学位论文，2006年，第268页。

自主权的趋势已越来越明显。如在自主选拔录取中，部分高等学校可以参与设置招考形式和内容，也可以选择既成的考试形式和内容，高校的独立性更加突出，其利用新的招考形式与中学发生联系的可能性就越大，二者之间的关系也随之变得更为密切。

（四）高考内容与形式的结合是改革推进的关键

尽管高考形式与内容改革一直是作为两项独立的改革而各自进行的，但实际上这二者的关系是十分密切的。高考无论采取何种形式选拔新生，都涉及具体的考试命题；而高考命题要体现不同层次、类型的高校生源选拔要求，也需要依靠考试形式表现出来。

当前，高考内容要既导向中学素质教育，又满足不同类型、层次高校的人才选拔要求，需要设置考试标准不同、命题要求各异、考测目标多样的试题。“一次高考”“一张考卷”无法反映考试内容多样化的需求，必须推进高考形式的改革，利用考试形式的多样化来分解不同目标，缓解不同矛盾。反过来，高考形式改革的多样性，无论是国家统考还是地方考试，是统一考试还是单独考试，其实都离不开具体的考试命题、考试标准制定以及考试内容选择，而这一切均有赖于高考内容改革的实际水平。因此，高考改革要反映不同高校的生源需求，需要借助高考形式和内容的密切配合。

中国已进入利益博弈时代，社会改革中出现的各种利益群体，无论他们的利益要求是否在改革预想之中，都是无法回避的。与其否认、指责和压制这些客观存在的，甚至在一定程度上妨碍改革进行的利益群体，或者因此而干脆取消改革，不妨将权力与利益结合起来考虑，利用利益的获得和损失来制衡权力，一方面保证权力在一定范围内不被滥用，另一方面也使各方利益要求得到相应保障，从而获取改革的更大效益。同样，这一点也适用于高考形式和内容改革。

参考文献

普通图书

[1] 潘懋元. 多学科观点的高等教育研究 [M]. 上海：上海教育出版社，2001.
[2] 潘懋元，王伟廉. 高等教育学 [M]. 福州：福建教育出版社，1995.
[3] 刘海峰. 科举考试的教育视角 [M]. 武汉：湖北教育出版社，1996.
[4] 侯德础. 抗日战争时期中国高校内迁史略 [M]. 成都：四川教育出版社，2001.
[5] 曲士培. 中国大学教育发展史 [M]. 太原：山西教育出版社，1993.
[6] 杨学为，廖平胜. 考试社会学问题研究 [M]. 武汉：华中师范大学出版社，2003.
[7] 唐佐明，黄国勋. 高校招生体制改革研究 [M]. 桂林：广西师范大学出版社，2000.
[8] 谢青，汤德用. 中国考试制度史资料选编 [M]. 合肥：黄山书社，1992.
[9] 谢青，汤德用. 中国考试制度史 [M]. 合肥：黄山书社，1992.
[10] 刘海峰，等. 中国考试发展史 [M]. 武汉：华中师范大学出版社，2002.
[11] 厦门大学校史编委会. 厦大校史资料第一辑 (1927—1937) [M]. 厦门：厦门大学出版社，1987.
[12] 大塚丰. 现代中国高等教育的形成 [M]. 黄福涛，译. 北京：北京师范大学出版社，1998.

[13] 杨学为. 高考文献：上 [M]. 北京：高等教育出版社，2003.
[14] 杨学为. 中国考试改革研究 [M]. 北京：北京大学出版社，2001.
[15] 王瑞琦. 中国大陆大学联招与高教之发展 [M]. 台北：台湾文笙书局股份有限公司，1994.
[16] 贾非. 各国大学入学考试制度比较研究 [M]. 沈阳：辽宁教育出版社，1990.
[17] 贾非. 考试制度研究 [M]. 成都：四川教育出版社，1995.
[18] 廖平胜. 考试是一门科学 [M]. 武汉：华中师范大学出版社，2003.
[19] 符娟明. 比较高等教育 [M]. 北京：北京师范大学出版社，1987.
[20] 康乃美，蔡炽昌. 中外考试制度比较研究 [M]. 武汉：华中师范大学出版社，2002.
[21] 葛大汇. 升学考试的问题与对策研究——对“应试教育”的剖析 [M]. 上海：华东师范大学出版社，2001.
[22] 韩家勋，孙玲. 中等教育考试制度比较研究 [M]. 北京：人民教育出版社，1999.
[23] 大学入学考试中心. 各国大学入学制度介绍：国家篇 [M]. 台北：世新大学出版中心，1999.
[24] 于钦波，杨晓. 中外大学入学考试制度比较与中国高考制度改革 [M]. 成都：四川教育出版社，2000.
[25] 王承绪，徐辉. 战后英国教育研究 [M]. 南昌：江西教育出版社，1992.
[26] 孙启林. 战后韩国教育研究 [M]. 南昌：江西教育出版社，1995.
[27] 布鲁贝克. 高等教育哲学 [M]. 王承绪，等，译. 杭州：浙江教育出版社，2001.
[28] 林正范. 中韩教育比较 [M]. 杭州：浙江教育出版社，1998.
[29] 田以麟. 今日韩国教育 [M]. 广州：广东教育出版社，1996.
[30] 阿瑟·奥肯. 平等与效率 [M]. 王奔洲，译. 北京：华夏出版社，1999.
[31] 刘海峰，谢作栩. 公平与效率 [M]. 福州：福建教育出版社，2003.
[32] 邱泽奇. 社会学是什么 [M]. 北京：北京大学出版社，2002.
[33] 孙绵涛. 教育行政学 [M]. 武汉：华中师范大学出版社，1998.

[34] 王伟廉. 高等教育学 [M]. 福州：福建教育出版社，2001.
[35] 波尔·达林. 教育改革的限度 [M]. 刘承辉，译. 重庆：重庆出版社，1991.
[36] 钱穆. 中国文化史导论 [M]. 北京：商务印书馆，1994.
[37] 马文卿，刘文超. 中国高考走向 [M]. 济南：山东人民出版社，2002.
[38] 阿什比. 科技发达时代的大学教育 [M]. 北京：人民教育出版社，1983.
[39] 吴文侃，杨汉清. 比较教育学 [M]. 北京：人民教育出版社，1989.
[40] 叶存洪. 考试理论与实践 [M]. 南昌：江西高校出版社，2000.
[41] 张宝昆. 大规模教育考试的社会控制功能研究 [M]. 昆明：云南大学出版社，1999.
[42] MAXA ECKSTEIN, HAROLD J. NOS. 迈向大学之路：各国的考试政策与实务 [M]. 陈坤田，等译. 台北：心理出版有限公司，1996.
[43] 蒋超. 高考对话录——困惑与希望 [M]. 北京：中国人民大学出版社，1993.
[44] 张人杰. 国外教育社会学基本文选 [M]. 上海：华东师范大学出版社，1989.
[45] 金一鸣，唐玉光. 中国素质教育政策研究 [M]. 济南：山东教育出版社，2004.
[46] ALEXANDRA B. Myths and Tradeoffs: The Role of Tests in Undergraduate Admissions [M]. Washington: National Academy Press, 1999.
[47] CROUSE J, TRUSHEIM D. The Case Against the SAT [M]. Chicago: The University of Chicago Press, 1988.
[48] ZWICK R. Fair Game?: The Use of Standardized Admissions Tests in Higher Education [M]. New York: Routledge Falmer, 2002.
[49] 布迪厄. 继承人——大学生与文化 [M]. 邢克超，译. 北京：商务印书馆，2004.
[50] 张敏强. 教育与心理统计学 [M]. 北京：人民教育出版社，1993.

[51] 张行涛. 必要的乌托邦：考选世界的社会学研究 [M]. 北京：北京师范大学出版社，2003.
[52] 布迪厄. 再生产——一种教育系统理论的要点 [M]. 邢克超，译. 北京：商务印书馆，2002.
[53] 熊明安. 中华民国教育史 [M]. 重庆：重庆出版社，1990.
[54] 潘懋元，刘海峰. 中国近代教育史资料汇编 [M]. 上海：上海教育出版社，1993.
[55] 张思敬，等. 国立西南联合大学史料：教学、科研卷 [M]. 昆明：云南教育出版社，1998.
[56] 李书磊. 村落中的“国家”——文化变迁中的乡村学校 [M]. 杭州：浙江人民出版社，1999.
[57] 谢作栩. 中国高等教育大众化发展道路的研究 [M]. 福州：福建教育出版社，2001.
[58] 张亚群. 科举革废与近代中国高等教育的转型 [M]. 武汉：华中师范大学出版社，2005.
[59] 余秀兰. 中国教育的城乡差异——一种文化再生产现象的分析 [M]. 北京：教育科学出版社，2004.
[60] 罗伯特·蒙哥玛利. 考试的新探索 [M]. 黄鸣，译. 桂林：广西人民出版社，1984.
[61] 何怀宏. 选举社会及其终结——秦汉至晚清历史的一种社会学阐释 [M]. 北京：生活·读书·新知三联书店，1998.
[62] 王建成. 考试学概论 [M]. 南昌：江西科学技术出版社，1997.
[63] 科塞. 社会冲突的功能 [M]. 孙立平，译. 北京：华夏出版社，1989.
[64] 马克思恩格斯全集 [M]. 北京：人民出版社，1956.
[65] 霍尔巴赫. 自然的体系：上 [M]. 管士滨，译. 北京：商务印书馆，1964.
[66] 王浦劬. 政治学基础 [M]. 北京：北京大学出版社，1995.
[67] 郑杭生. 转型中的中国社会和中国社会的转型 [M]. 北京：首都师范大学出版社，1996.
[68] 赵奎礼. 利益学概论 [M]. 沈阳：辽宁教育出版社，1992.

[69] 赵家祥，李清昆，等. 历史唯物主义［M］. 北京：北京大学出版社，1992.
[70] 张玉堂. 利益论——关于利益冲突与协调问题的研究［M］. 武汉：武汉大学出版社，2001.
[71] 李淮春. 马克思主义哲学全书［M］. 北京：中国人民大学出版社，1996.
[72] 柳新元. 利益冲突与制度变迁［M］. 武汉：武汉大学出版社，2002.
[73] 袁方，等. 社会学家的眼光：中国社会结构转型［M］. 北京：中国社会出版社，1989.
[74] 顾杰善. 当代中国利益群体的多维透视——现阶段社会结构分析的理论与实践［M］. 哈尔滨：黑龙江教育出版社，1993.
[75] 亚当·斯密. 国民财富的性质和原因的研究：下卷［M］. 郭大力，王亚南，译. 北京：商务印书馆，1996.
[76] 康晓光. 权力的转移——转型时期中国权力格局的变迁［M］. 杭州：浙江人民出版社，1999.
[77] 钱茂伟. 国家、科举与社会——以明代为中心的考察［M］. 北京：北京图书馆出版社，2004.
[78] E. A. 罗斯. 社会控制［M］. 秦志勇，毛永政，译. 北京：华夏出版社，1989.
[79] 麦克·F. D. 扬. 知识与控制——教育社会学新探［M］. 谢维和，朱旭东，译. 上海：华东师范大学出版社，2002.
[80] 吴永军. 课程社会学［M］. 南京：南京师范大学出版社，1999.
[81] 陈伯璋. 意识形态与教育［M］. 台北：师大书苑有限公司,1988.
[82] 卢梭. 社会契约论［M］. 何兆武，译. 北京：商务印书馆,1980.
[83] 杨学为. 中国高考史述论（1949—1999）［M］. 武汉：湖北人民出版社，2007.
[84] 黄涛. 博弈论教程——理论·应用［M］. 北京：首都经济贸易大学出版社，2004.
[85] 迈尔森·R. B. 博弈论矛盾冲突分析［M］. 于寅，费剑平，译. 北京：中国经济出版社，2001.
[86] 迈克尔·W. 阿普尔. 文化政治与教育［M］. 阎光才，等译. 北京：

教育科学出版社，2005.
[87] 吴刚. 知识演化与社会控制——中国教育知识史的比较社会学分析［M］. 北京：教育科学出版社，2002.
[88] 东方，岳龙. 追问3+X［M］. 福州：福建教育出版社，2000.
[89] 陈奎喜. 教育社会学［M］. 台北：台湾三民书局，1980.
[90] 何怀宏. 公平的正义：解读罗尔斯《正义论》［M］. 济南：山东人民出版社，2002.
[91] 约翰·罗尔斯. 正义论［M］. 何怀宏，等译. 北京：中国社会科学出版社，1988.
[92] 钱穆. 中国历代政治得失［M］. 台北：三民书局有限公司，1974.
[93] 张宝昆. 大规模教育考试的社会控制功能研究［M］. 昆明：云南大学出版社，1999.
[94] 余建英，何旭宏. 数据统计分析与SPSS应用［M］. 北京：人民邮电出版社，2003.
[95] 中国大辞典编纂处. 汉语词典［M］. 商务印书馆，1991.

论文集、会议集

[96] 刘海峰. 公平与效率：21世纪高等教育改革与发展［G］. 福州：福建教育出版社，2003.
[97] 刘芃，等. 中国考试史论文集［G］. 北京：高等教育出版社，1997.
[98] 教育部考试中心《中国考试》杂志社. 1999年考试研究论文专集［G］. 北京：高等教育出版社，1999.

学位论文

[99] 薛成龙. 近代中国高校招生考试研究［D］. 厦门：厦门大学硕士学位论文，1999.
[100] 丁鑫. 素质教育与高考制度改革探析［D］. 大连：辽宁师范大学硕士学位论文，2002.
[101] 罗立祝. 我国高校招生考试政策研究［D］. 厦门：厦门大学博士学

位论文，2006.
[102] 郑若玲. 考试与社会之关系研究——以科举、高考为例 [D]. 厦门：厦门大学博士学位论文，2006.
[103] 管美蓉. 大学入学考试制度与教育控制——台湾地区的历史考察(1949—2001) [D]. 台北：政治大学博士学位论文，2005.
[104] 李立峰. 我国高校招生考试中的区域公平问题研究 [D]. 厦门：厦门大学博士学位论文，2006.
[105] 王伟宜. 中国不同社会阶层子女高等教育入学机会差异研究 [D]. 厦门：厦门大学博士学位论文，2006.
[106] 覃红霞. 普通高等学校招生考试法治研究 [D]. 厦门：厦门大学博士学位论文，2005.
[107] 唐滢. 美国高等院校招生考试制度研究 [D]. 厦门：厦门大学博士学位论文，2005.
[108] 杨李娜. 台湾的大学入学考试制度研究 [D]. 厦门：厦门大学博士学位论文，2003.
[109] 刘清华. 高考与学校教育的关系研究 [D]. 厦门：厦门大学博士学位论文，2003.
[110] 李立峰. 高考科目与内容改革研究 [D]. 厦门：厦门大学硕士学位论文，2003.

期刊

[111] 刘海峰. 高考改革的教育与社会视角 [J]. 高等教育研究，2002 (9).
[112] 刘海峰. 高考改革中的两难问题 [J]. 高等教育研究，2000 (3).
[113] 刘海峰. 高考改革中的全局观 [J]. 教育研究，2002 (2).
[114] 刘海峰，李立峰. 高考改革与政治经济的关系 [J]. 教育发展研究，2002 (6).
[115] 张亚群. 理性认识高考负面影响 [J]. 粤海风，2003 (2).
[116] 张亚群. 从单独招考到统一招考——民国时期高校招生考试变革的启示 [J]. 中国教师，2005 (6).

[117] 张亚群. 高校自主招考的制度选择 [J]. 湖北招生考试, 2006 (8).
[118] 张亚群. 大学自主招生考试的制度选择 [J]. 复旦教育论坛, 2006 (3).
[119] 张亚群. 高考改革中的综合评价问题 [J]. 湖北招生考试, 2006 (10).
[120] 郑若玲. 高考改革: 历史与现实的思考 [J]. 厦门大学学报 (哲学社会科学版), 2003 (1).
[121] 郑若玲. 高考竞争与科目改革 [J]. 高等教育研究, 2000 (4).
[122] 郑若玲. “举国大考”何去何从 [J]. 招生考试研究, 2007 (1).
[123] 郑若玲. 高考改革必须凸显公平 [J]. 教育研究, 2005 (3).
[124] 郑若玲. 高考改革的理想与现实 [J]. 上海机电技术高等专科学校学报, 2004 (6).
[125] 郑若玲. 高考改革与公平 [J]. 湖北招生考试 (理论版), 2004 (10).
[126] 郑若玲. 考试公平与区域公平: 高考录取中的两难选择 [J]. 高等教育研究, 2001 (6).
[127] 郑若玲. 高考指挥棒的双向作用 [J]. 粤海风, 2002 (5).
[128] 郑若玲. 试析高考的指挥棒作用 [J]. 厦门大学学报 (哲学社会科学版), 2002 (2).
[129] 杨学为. 高考改革与国情 [J]. 求是, 1999 (5).
[130] 杨学为. 废科举百年祭——兼议《美国标准化测验一百年: 争论和反复》[J]. 中国考试, 2003 (10).
[131] 杨学为. 关于高考考能力的问题 [J]. 教育研究, 2005 (3).
[132] 张珏. 2000—2002 年全国高等教育发展形势分析 [J]. 教育发展研究, 2003 (10).
[133] 袁小鹏. 高等教育大众化与招生考试改革 [J]. 湖北招生考试, 2002 (4).
[134] 叶赋桂. 大学入学考试制度改革: 比较的观点 [J]. 比较教育研究, 2001 (5).
[135] 陈娟, 等. 从社会流动的观点看中日高考竞争的形成 [J]. 比较教育研究, 1992 (6).
[136] 蔡克勇. 高等学校“入学门槛多元化”——世界高等教育发展的重要

趋势 [J]. 上海高教研究，1996 (3).
[137] 沈骊天. 一种新的高校招生制度的设想 [J]. 高等教育研究，1997 (4).
[138] 胡东成. 试论入学考试和新生教育——高等教育质量链中的第一环节 [J]. 清华大学教育研究，2002 (2).
[139] 杨德广，张兴. 关于高等教育公平与效率的哲学思考 [J]. 北京大学教育评论，2003 (1).
[140] 廖平胜. 深化高考改革 促进人的全面发展 [J]. 高校招生，2002 (5).
[141] 潘懋元. 中国高等教育大众化的理论与政策 [J]. 高等教育研究，2001 (11).
[142] 张耀萍. 高考形式改革的公平性与科学性 [J]. 湖北招生考试（理论版），2004 (2).
[143] 田建荣. 高考形式的统一性与多样性 [J]. 高等教育研究，2000 (4).
[144] 为之. 关于高考几个问题的思考 [J]. 中国考试，1995 (1).
[145] 陆震. 论全国统一考试的导向作用和影响——兼论统一高考的作用（上）[J]. 中国考试，1993 (3).
[146] 陆震. 论社会考试的导向作用和影响——兼论统一高考的作用（下）[J]. 中国考试，1993 (4).
[147] 金彪. 坚持统一考试 发展统一考试 [J]. 中国考试，1993 (4).
[148] 孙绍振. 废除全国统一高考体制——孙绍振对高考说“不” [J]. 艺术·生活，1998 (6).
[149] 杭连生. 高校招生体制改革的几点思考 [J]. 江苏高教，1998 (3).
[150] 臧铁军. 两次能力考试的构想——关于一种新的高考模式的分析研究 [J]. 教育研究，1990 (9).
[151] 冯增俊. 全国统一高考制度与中华民族创新精神 [J]. 华东师范大学学报（教育科学版），2001 (12).
[152] 熊贤君. 20 世纪上半叶中国高等学校自主招生的回顾 [J]. 教育研究与实验，2002 (4).
[153] 舒云. 高考殇 [J]. 北京文学，2005 (10).

[154] 赵洪涛. 冷眼看高考 [J]. 云南教育, 2006 (6).
[155] 张耀萍. 关于“二次高考”的理论思考 [J]. 考试研究, 2003 (2).
[156] 宋葆初. 单独—联合—统招：忆新中国建国初期全国高校统招制度形成的过程 [J]. 高校招生, 2001 (5).
[157] 曹振宇. 关于高考改革和素质教育 [J]. 中学化学教学参考, 2000 (1/2).
[158] 朱永新. 高考不改，素质教育难行 [J]. 河南教育, 2006 (3).
[159] 王子文. 高考指挥棒下何谈素质教育 [J]. 北京文学, 2006 (8).
[160] 曲天立. 南京高考之痛　拷问素质教育 [J]. 师道, 2005 (1).
[161] 张东娇. 两种主要价值取向下中国高中教育双重性格的分析 [J]. 教育理论与实践, 2004 (6).
[162] 谢小庆. 为什么要进行高考改革 [J]. 中国教师, 2007 (4).
[163] 郑挺, 萧庆璋, 陆勤. 上海高校招生制度改革的调查报告 [J]. 上海高教研究, 1993 (4).
[164] 郑晓江. 又是质疑高考时 [J]. 粤海风, 2002 (5).
[165] 许纪霖. 高考制度：迫不得已的荒谬? [J]. 新闻周刊, 2005 (27).
[166] 边星灿. 考试与社会——关于考试社会学的探讨 [J]. 中国考试, 1993 (2).
[167] 秋风. 大学独立从自主招生开始 [J]. 新闻周刊, 2004 (24).
[168] 雷颐. 大学自主考试招生的前提 [J]. 粤海风, 2005 (2).
[169] 林蕙青. 与时俱进　乘势而上　全面推进高考改革 [J]. 高校招生, 2003 (1).
[170] 刘茜. 高考改革方案看得失 [J]. 新闻周刊, 1999 (38).
[171] 杨德广. 对两种“自主招生”改革的剖析 [J]. 招生考试研究, 2007 (1).
[172] 张耀萍. 区域性高考改革中应协调的几对关系——兼论福建省新高考改革的走向 [J]. 福建教育, 2006 (12).
[173] 赵平俊. 利益矛盾、利益冲突及协调的手段 [J]. 新东方, 2005 (1/2).
[174] 易炼红. 论我国社会的利益格局与调整 [J]. 湖湘论坛, 1994 (3).
[175] 唐昊. 转型期中国社会利益群体的政治分析 [J]. 学术论坛, 2000 (4).

[176] 陆平辉. 利益冲突的理念与实证分析 [J]. 南京社会科学, 2003 (5).
[177] 马西恒. 论新时期我国社会利益格局的变迁 [J]. 毛泽东邓小平理论研究, 1999 (4).
[178] 陆平辉. 利益冲突的理念与实证分析 [J]. 南京社会科学, 2003 (5).
[179] 赵长茂. 正确认识利益主体多元化 [J]. 瞭望, 2001 (10).
[180] 林莉. 个人: 市场经济的利益主体 [J]. 南京政治学院学报, 2004 (4).
[181] 李军. 权力与利益 [J]. 实事求是, 2000 (2).
[182] 杨帆. 我国计划经济转轨至市场经济之研究 (上) [J]. 管理世界, 1997 (4).
[183] 戴潮黄. 利益主体多元化的形成、负面影响及对策 [J]. 法学, 1996 (10).
[184] 汪信砚. 社会稳定及其基本特征探微 [J]. 武汉大学学报 (哲学社会科学版), 1999 (1).
[185] 林丽芳, 林永煌. 政府社会管理职能的定位 [J]. 发展研究, 2005 (11).
[186] 马敬仁. 中国政府、企业与社会管理——中国管理情结解析 [J]. 中国行政管理, 1996 (1).
[187] 陈振明, 等. 政府社会管理职能的概念辨析——《"政府社会管理"课题的研究报告》之一 [J]. 东南学术, 2005 (4).
[188] 吴忠民. 从平均到公正: 中国社会政策的演进 [J]. 新华文摘, 2004 (8).
[189] 蓝剑平. 政府利益内涵的理论分析 [J]. 中共福建省委党校学报, 2005 (1).
[190] 沈百福, 王红. 我国普通高校学费分析 [J]. 长春工业大学学报 (高教研究版), 2006 (4).
[191] 马永霞. 多元主体利益冲突的高等教育供求结构失衡 [J]. 教育研究与实验, 2006 (2).
[192] 侯定凯. 高等教育如何步入"大众化"时代——兼评"宽进严出"观

点 [J]. 上海高教研究，1996 (3).
[193] 雷颐. 教育与社会 [J]. 中国教师，2004 (2).
[194] 刘玉蓉. 析政府利益与公共利益的关系 [J]. 四川行政学院学报，2004 (4).
[195] 涂晓芳. 政府利益形成的原因分析 [J]. 求是，2003 (1).
[196] 易本钰. 论转型时期我国社会利益冲突的法律控制 [J]. 南昌大学学报 (人文社会科学版)，2004 (1).
[197] 王晶. 加入 WTO 后我国高等教育入学机制改革分析 [J]. 云南师范大学学报 (哲学社会科学版)，2002 (5).
[198] 韩家勋. 高考内容改革探析 [J]. 中学化学教学参考，2001 (1-2).
[199] 傅盛宁. 倾斜的高考录取分数线 [J]. 焦点，2000 (6).
[200] 余人. 细数高考的不公 [J]. 北京文学，2006 (7).
[201] 余小波. 当前我国社会分层与高等教育机会探析——对某所高校2000级学生的实证研究 [J]. 现代大学教育，2002 (2).
[202] 张雅君. 教育起点的不公平与学校教育公平的实现 [J]. 常州工学院学报 (社会科学版)，2007 (2).
[203] 李骏，罗忆源. 转型中国的高等教育、社会分层与社会公平 [J]. 上海交通大学学报 (哲学社会科学版)，2005 (1).
[204] 孙东平. 高考制度优劣之我见 [J]. 北京文学，2006 (6).
[205] 王肃. "高考热"与社会公平缺失 [J]. 北京文学，2006 (4).
[206] 赵国珍. 多听听高中老师的意见 [J]. 北京文学，2006 (7).
[207] 刘清华. 高校自主招考的教育意义 [J]. 招生考试研究，2007 (1).
[208] 张继明. 从高等教育大众化角度审视高校自主招生 [J]. 湖北招生考试，2005 (8).
[209] 庞守兴. 质疑高校自主招生改革方案 [J]. 教育发展研究，2003 (10).
[210] 鲁子问. 高考政策的国家利益优先性探讨 [J]. 考试研究，2006 (2).
[211] 曾秀芹，孟庆茂. 项目功能差异及其检测办法 [J]. 心理学动态，1999 (2).

[212] 董圣鸿，马世晔．三种常用 DIF 检测方法的比较研究 [J]．心理学探新，2001 (1).
[213] 张玉林，等．中国的职业阶层与高等教育机会 [J]．北京师范大学学报（社会科学版），2005 (3).
[214] 开文明．激进式和渐进式改革的评价 [J]．世界经济情况，2007 (2).
[215] 林晓华．中国式渐进改革道路的若干思考 [J]．发展研究，2005 (10).
[216] 刘德龙，高伟．试论我国渐进式改革的优势、缺陷及改进对策 [J]．山东社会科学，2000 (5).
[217] 方同义．多元利益群体的利益表达与和谐社会建设 [J]．浙江社会科学，2006 (6).
[218] 顾海兵．中国高考制度批判：计划经济式的考试可以休矣！[J]．中国改革，2001 (10).
[219] 肖雪慧．最刺眼的不公正——2001 再谈高考录取线 [J]．社会科学论坛，2001 (11).
[220] 李均．开拓历史通往现实之路——潘懋元先生在高等教育史研究上的建树 [J]．教育发展研究，1999 (3).
[221] 陈晓云．中外高校招生制度比较与研究 [J]．比较教育研究，2003 (4).
[222] 田以麟．日本、韩国大学招生制度比较 [J]．外国教育研究，2001 (6).
[223] 陈铭．课程作业——英国中小学生学业评定的主要形式 [J]．外国教育研究，1996 (4).
[224] 高军．论美国高校的层次和类型对其招生的影响及其特点 [J]．湖北招生考试，2003 (10).
[225] 何薇．SAT 模式适合中国吗——中美大学入学考试制度比较 [J]．湖北招生考试，2003 (6).
[226] 赵宏，黄志成．英国高考制度概览 [J]．湖北招生考试，2002 (12).
[227] 徐树成，鲁樱樱．英国 GCSE 考试制度的特色及其对我国会考制度

的借鉴意义 [J]. 河西学院学报，2003 (3).
[228] 田以麟，张春浩. 韩国《2002 学年度大学招生制度方案》述评 [J]. 湖北招生考试，2002 (6).
[229] 卢艳红. 我国普通高校高考形式改革初探 [J]. 沈阳师范学院学报 (社会科学版)，2002 (2).
[230] 张克辉. 韩国高等学校招生制度及其改革启示 [J]. 汕头大学学报 (人文科学版)，1995 (1).
[231] 李水山. 韩国教育改革的得与失——重大改革项目与发展进程 [J]. 高等农业教育，2004 (1).
[232] 杨金成. 韩国大学招生制度研究 [J]. 外国教育研究，1995 (5).
[233] 马丁·特罗. 从精英向大众高等教育转变中的问题 [J]. 王香丽，译. 外国高等教育资料，1999 (1).
[234] 刘海峰. 传统文化与高校招生考试改革 [J]. 上海高教研究，1995 (3).
[235] 刘海峰. 高考存废与科举存废 [J]. 高等教育研究，2000 (2).
[236] 刘海峰. 高考改革中的公平与效率问题 [J]. 教育研究，2002 (12).
[237] 刘海峰. 为什么要坚持统一高考 [J]. 上海高教研究，1997 (5).
[238] 刘海涛. 中国传统文化与日韩两国高校招生考试制度 [J]. 广西大学学报 (哲学社会科学版)，1996 (5).
[239] 刘海峰. 高考改革的统独之争 [J]. 教育发展研究，2006 (11A).
[240] 刘海峰. 高考并非万恶之源 [J]. 北京文学，2006 (1).
[241] 刘海峰. 高考并非“一试定终身”[J]. 高等教育研究，1997 (5).
[242] 刘海峰. 高考竞争的本质与现象 [J]. 高等教育研究，2006 (12).
[243] 刘海峰. 高考改革何去何从 [J]. 教育研究，2005 (3).
[244] 张亚群. 高考的“改”与“不改”[J]. 社会观察，2006 (9).
[245] 张亚群. 高校招生体制改革的契机与导向 [J]. 教育发展研究，1999 (9).
[246] 张亚群. 高校自主招生不等于自行考试 [J]. 教育研究，2005 (3).

报纸

[247] 唐勇林. 调查显示公众对高校自主招生心态矛盾 [N]. 中国青年报, 2006-03-13.
[248] 曹林. 面试录取不是可控的公平 [N]. 新京报, 2006-04-04.
[249] 青年话题编辑部. 北航高考招生索贿事件: 招生腐败危害教育公平 [N]. 中国青年报, 2004-08-17.
[250] 姜言东, 赵正元. 京皖部分高校试行两次招生 [N]. 中国教育报, 1999-12-18.
[251] 刘华蓉, 俞路石. 高考形式重大改革　全国首次举行二次高考 [N]. 中国教育报, 2000-01-20.
[252] 金志明. 上海实施高校两次招考改革 [N]. 中国教育报, 1999-12-18.
[253] 冯华, 王瑜琨. 2004 年春季高考招生政策新变化 [N]. 中国教育报, 2003-12-03.
[254] 甘冰. 本科专科同步　广西今年二次高考有调整 [N]. 中国青年报, 2003-01-10.
[255] 晏扬. 高考的"百病之源"[N]. 生活时报, 2002-08-01.
[256] 贺春兰, 田青. 改革高考制度　涤荡应试文化 [N]. 人民政协报, 2003-11-12.
[257] 黄全愈. 取消高考招生制度刍议 [N]. 南方周末, 2003-09-26.
[258] 杨曾宪. 关于高考改革方向的几点思考 [N]. 南方都市报, 2002-08-21.
[259] 李晓明. 现行高考制度亟待改革和完善 [N]. 光明日报, 2004-12-15.
[260] 顾海兵. 论高考的不能统一 [N]. 南方周末, 2005-06-02.
[261] 张英, 等. 自主招生: 拖着一条叫"高考"的尾巴 [N]. 南方周末, 2005-05-25.
[262] 雷新勇. 应该理性地对待高考分省命题 [N]. 中国教育报, 2006-09-

27.
[263] 王珲. 透视 2004 年 22 所高校自主招生政策新变化 [N]. 现代教育报，2004-01-13.
[264] 魏彤. 自主招生能否公平效率兼顾 [N]. 北京青年报，2004-02-23.
[265] 殷国安. 高考不是社会管理的工具 [N]. 华南新闻，2005-04-27.
[266] 胡百良. 素质教育讨论：片面追求升学率害苦了谁 [N]. 中国教育报，2005-10-19.
[267] 周大平. 高校自主招生如何突破 [N]. 瞭望，2004-04-26.
[268] 周春林. 高校自主招生无才可选谁之过？ [N]. 北京青年报，2004-11-22.
[269]“大突击”景象散记 [N]. 光明日报，1979-10-16.
[270] 方奕晗. 民调显示高考已成举国大考 [N]. 中国青年报，2004-06-14.
[271] 于泽远. 中国学生课业负担过重 [N]. 联合早报，2001-04-03.
[272] 朱丽亚，等. 高考不减，学生负担能降下来吗？——重庆“减负令”遭家长反弹 [N]. 中国青年报，2007-03-19.
[273] 陈星际. 反思：与课本基本脱钩的高考命题模式 [N]. 中国青年报，2006-01-18.
[274] 罗新宇，陈志文. 倾斜的高考分数线 [N]. 中国青年报，2000-02-24.
[275] 郑琳. 全国政协委员建议高考应统一分数线 [N]. 中国青年报，2000-03-15.
[276] 朱振国. 加快高考制度实质性改革——访全国政协常委、苏州市副市长朱永新 [N]. 光明日报，2004-08-12.
[277] 扈中平. 高考招生改革：挑战社会诚信 [N]. 光明日报，2006-11-18.

电子文献

[278] 复旦大学录取“偏才少年” [J/OL]. 星辰在线网. [2001-01-31]. http://www.csonline.com.cn/gb/content/2001-01/31/content_155.

html.

[279] 脱离高考 面试招生如何保证公平 [J/OL]. 新华网. [2006-04-04]. http://news.xinhuanet.com/forum/2006-04/04/content_4377956.html.

[280] 高考制度不要成为少数人呼吁的牺牲品 [J/OL]. 中青在线. [2006-09-19]. http://zhaosheng.cyol.com/content/2006-09/19/content_1515603.html.

[281] 孙宇挺. 中国高等教育毛入学率达百分之十七 [J/OL]. 中国新闻网. [2004-01-07]. http://www.chinanews.com.cn/n/2004-01-07/26/388987.html.

[282] 新浪教育. 2004 年全国新增九省市单独组织高考命题工作 [J/OL]. 新浪网. [2004-02-19]. http://edu.sina.com.cn/l/2004-02-19/61294.html.

[283] 袁新文. 高考调查：七成公众认为高考制度大体公平 [J/OL]. 人民网. [2007-06-28]. http://edu.people.com.cn/GB/1053/5920928.html.

[284] 莱莉. 家有考生，你以为考生家长容易吗？[J/OL]. 人民网. [2002-06-20]. http://www.people.com.cn/BIG5/kejiao/40/20020620/756845.html.

[285] 王骏勇，戴劲松. 家长护考近荒唐，飞机都想不让飞了 [J/OL]. 新华网. [2006-06-08]. http://news.xinhuanet.com/edu/2006-06/08/content_4662376.html.

[286] 邬焕庆. “高分复读”现象调查：高考变成了“考高” [J/OL]. 新华网. [2005-07-20]. http://news.xinhuanet.com/edu/2005-07/20/content_3249273.html.

[287] 柳斌：关于素质教育的再思考 [J/OL]. 芜湖教育信息网. [2002-09-16]. http://www.whedu.net/cms/data/html/doc/2002-09/16/24487/index.html.

[288] 殷建光. 应试教育造就的十大恶果 [J/OL]. 人民网. [2005-11-20]. http://view.news.qq.com/a/20051120/000001.html.

[289] 教育部. 2007 年进行自主招生的 59 所普通高校名单 [J/OL]. 中国

高等教育学生信息网. [2006-12-19]. http://gaokao.chsi.com.cn/gkxx/zzzs/200612/20061219/728953.html.

[290] 王骏勇，蔡玉高. 高校自主招生面临尴尬：高分考生“另攀高枝”[J/OL]. 新华网. [2004-02-10]. http://news.xinhuanet.com/newscenter/2004-02/10/content_1305079.html.

[291] 王晓樱，魏月蘅. 高考改革之路　苏粤鲁琼各地新方案 [J/OL]. 中原新闻网. [2006-10-13]. http://www.zynews.com/jiaoyu/2006-10/13/content_423650.html.

[292] 叶建平. 高考，想说“恨”你不容易 [J/OL]. 博联社. [2007-06-04]. http://yejianping.blshe.com/post/229/59985.

[293] 高考自主选拔录取，哪些学生从中受益 [J/OL]. 南方网. [2003-03-07]. http://www.southcn.com/edu/zhuanti/zizhuzhaosheng/discuss/200303270534.html.

后　　记

本书是在笔者博士学位论文的基础上修改而成的。在校改过程中，求学厦门的记忆扑面而来，让我百感交集。光阴荏苒，稍纵即逝，我初入厦门大学似乎还是不久前的事，然而时光飞逝，如今已毕业。论文的完成，意味着一个人生重要阶段的结束，回首三年来的博士学习生活，我真是感慨万千，短短一篇后记，实在是难以叙尽这段求学的心路历程。

每一篇博士学位论文的背后，都有一段喜怒哀乐交织的过程。人常说，要完成一篇博士学位论文，非“剥一层皮”不可。也许不是每个人都会有此感受，但过程中出现的辗转反侧，时而亢奋、欣喜，时而低落、焦虑，相信是大多数曾经和正在经历论文写作的人都有所体会的。现在时常回味这段记忆，对“痛并快乐着”有了更深刻的体会。

屈指算来，笔者求学厦门已有六年。六年的日子里，我经历了许多，成长了不少。身处厦门大学高教所，我感受着学术自由之风，濡染师长的风采，分享学友的志趣，收获的不只是知识，更是人生的宝贵财富。博士学位论文的完成，倾注了众多人的心血，尽管文稿粗糙，我仍想用它来表达所有的感谢之情。

感谢我的导师刘海峰教授。本人自攻读硕士学位开始，就有幸一直师从刘海峰教授。六年来，导师时常教导学生“为学如为人”“为学先为人”，他也始终身体力行、严谨务实治学、谦逊和蔼待人、乐观面对生活，使我在治学与为人方面深受教诲，受益匪浅。本论文是在导师的悉心指导下完成的，从资料收集、框架构建到修改中的字斟句酌，导师都倾注了大量心血。每每论文写作遇到困难时，导师又给予学生积极鼓励和耐心教导，使得该论文得以顺利完成。无奈本人资质愚笨，深感论文有负导师期望，唯有继续努力才能报答导师的培育之恩。

我感谢我的良师益友郑若玲教授。六年来，无论在学习上还是在生活中，她都给了我无微不至的关爱与照顾。我开心时，她是“分享者”；我痛苦时，她又是“分担者”。我进步时，她是“鼓励者”；我气馁时，她又是“打气筒”。在笔者撰写论文期间，她不仅提供资料，给予中肯的建议与支持，还积极为我排忧解难，让我在写作过程中动力源源不断。这份不是亲人却胜似亲人般的师生之情、姐妹之情，我将永远铭记于心。

我感谢厦门大学高教所这一有着强大凝聚力的集体。学术泰斗潘懋元先生长期恪守“学高为师、身正为范”，孜孜以求、诲人不倦。虽年近耄耋，他仍笔耕不辍。他大师的风范和人格的魅力激励着后辈们积极投身学术研究，也让笔者深受鼓舞。同时，我感谢邬大光、谢作栩、张亚群、李泽彧、史秋衡、杨广云等老师（恕不一一列举）六年来的教导与关怀；感谢宋毅、文新兰、冯波、范孝平、叶燕、谢永平、吴晓君等老师的辛勤劳动；感谢师兄清华、李兵、兴德，师姐红霞、唐滢等在论文写作过程中给予的指导和帮助；而与玮萍、立峰、本富、小燕子、根洲等建立的深厚友谊，将伴随我一生。

此外，实习、调研和论文修改过程中我得到天津市教育招生考试院乔丽娟、岳伟、张景华等领导，以及李占伦、赵彤璐、古光启、赵州魁、肖燃、许志勇等老师的鼎力相助；论文中的实证分析得到了董圣鸿、邓远平、涂冬波、熊红星等老师和同学的热心指导与帮助；洪培钦校长也为笔者对中学的调研提供了便利的条件，在此我一并表示感谢。

同时，我还要感谢远在异国他乡的洪龙杰博士。在我论文撰写和修改期间，他不顾自己的繁重课业压力，为我查找、复印了大量的英文资料，不仅承担了部分翻译工作，也为论文中统计软件的使用、统计数据的处理以及图表的制作付出了不少的辛劳。在这场艰难的论文写作过程中，他还不时地承受着我跌宕起伏的情绪变化，甚至有时无理取闹的发泄，但他始终以其宽大的心胸包容我、体谅我，并尽力为我解决各种难题。书稿付梓有他的一份功劳。

最后还要感谢我的父母和小妹，他们是我的精神支柱。多年来，正是因为有了他们的支持与鼓励，才使得我能够无后顾之忧地学习、生活，我借本书的出版感谢他们多年来的辛劳与奉献。

张耀萍
于天津市教育招生考试院
2008 年 8 月 9 日